DICTIONNAIRE

DE LA LÉGISLATION

DES

DROITS DE DOUANE.

Se trouve à Paris,

Chez Ant. Bailleul, imprimeur-libraire, rue Helvétius, n°. 71;

Et à Strasbourg,

Chez F.-G. Levrault, imprimeur-libraire, rue des Juifs.

DICTIONNAIRE

DE LA LÉGISLATION

DES

DROITS DE DOUANE;

SUIVI

D'UN ÉTAT TOPOGRAPHIQUE DES BUREAUX,

Y COMPRIS CEUX ÉTABLIS POUR LES SELS.

Ouvrage utile aux préposés des douanes, aux juges, aux hommes de loi, aux employés des Droits réunis, et à un grand nombre d'autres personnes, notamment aux négocians, armateurs, commissionnaires, etc.

Par M. MAGNIEN,

ADMINISTRATEUR DES DOUANES.

PARIS,

DE L'IMPRIMERIE D'ANTOINE BAILLEUL.

1807.

OBSERVATIONS

PRÉLIMINAIRES.

L'ORDONNANCE de février 1687, qui concernait tant nos relations commerciales avec l'étranger que celles à la circulation, avait seule, jusqu'en 1791, servi de fondement à la régie des traites; mais, nulles lois n'étant sujettes à plus de variations que celles relatives à cette partie, il avait été fait tant de changemens à celles existantes, que l'on sollicitait vivement une loi unique. Pour la préparer, il fallait un commentaire; je le fis imprimer au commencement de 1786.

Quelques éclaircissemens qu'il en résultât, l'ensemble de cet ouvrage était loin de suffire à la formation d'un code convenable au nouveau régime. On venait déjà de supprimer les jurisdictions des traites, les amirautés et les cours des aides : on avait également ôté aux intendances et aux commissions du conseil, les attributions dont elles avaient été investies. Les tribunaux de district étaient seuls institués pour connaître, en première instance, des affaires des douanes, et on projetait beaucoup de changemens dans le mode de procéder : dès-lors, un code absolument neuf était indispensable. Je dus chercher à prendre l'idée de ce code dans l'ordonnance dont M. de Trudaine avait rédigé le plan, en 1764; je commençai par mettre au courant ce travail, trop anciennement conçu pour les circonstances.

C'est à M. Mollien que l'on est redevable de son ensemble ; et l'on conçoit combien ses opinions étaient propres à éclairer sur la législation et les autres projets dont on était occupé. Ce ne fut qu'après qu'il eut rédigé ses observations, et que je m'en fus pénétré, que je soumis au comité de commerce de l'assemblée constituante, le projet du nouveau code.

Il l'adopta d'autant plus volontiers, que la nouvelle loi accordait aux redevables des facilités dont les privait l'ancienne , et cependant prévenait la fraude d'une manière plus efficace que par le passé ; que l'on y distinguait les contraventions qui annoncent une volonté déterminée de tromper le fisc, de celles qui ne sont que la suite d'erreurs ou de négligences, ou du fait des voituriers. Le comité désira encore que je discutasse ce code , article par article, avec ceux de MM. les députés du commerce qui avaient été envoyés auprès de l'assemblée nationale , et je le fis en présence de M. Begouen, Conseiller d'état , alors membre de l'assemblée constituante , l'homme le plus propre à donner des éclaircissemens sur cette matière , et qui fournit tous ceux qui lui furent demandés. Le plan ainsi rectifié devait être présenté , en cet état , au corps législatif; mais il ne fut pas possible de vaincre les préjugés de quelques-uns de ses membres. Ils s'opposèrent à ce qu'on laissât à la police frontière la même étendue qu'elle avait depuis plus d'un siècle. J'objectai en vain que les douanes intérieures, qui étaient une seconde et quelquefois une troisième barrière contre la contrebande allant être supprimées, il serait imprudent d'affaiblir la garde des frontières. On craignit qu'en maintenant la police des quatre lieues près de l'étranger, il n'en résultât trop de gêne. L'exagération qui dirigeait ces craintes, porta à limiter à deux lieues seulement cette police, sans considérer que cette restriction aurait de grands inconvéniens ; que l'espace de deux lieues étant facile à parcourir, la contrebande devait nécessairement échapper à la poursuite des brigades, sur-tout lorsque des moyens de force la seconderaient; et que les marchandises étrangères entrées frauduleusement, se naturaliseraient au-delà des deux lieues. On ne put également tomber d'accord sur les cas où la réfraction des droits, pour cause d'avarie, serait ou non accordée. De son côté, la section de législation s'opposa à ce que le code contînt aucune disposition relative

aux inscriptions de faux , aux prévarica-
tions et autres délits des employés, au
crime de séduction , aux assureurs de contrebande , aux rebellions , voies de fait ,
etc.,prétendant qu'il suffisait de renvoyer,
pour ces divers objets , aux lois générales
de l'Empire. On fut obligé d'adopter ces
opinions , afin de n'être pas privé plus
long-tems d'un code approprié au nouveau régime des douanes, et qu'il était
instant de promulguer. M. Bertin , chargé
de rédiger ces changemens , s'en acquitta
avec tant de célérité , et d'une manière
si conforme aux vues du comité, qu'il
en reçut généralement des témoignages
de satisfaction.

Par ces suppressions , la loi sanctionnée
le 22 août 1791 , dut être très-incom-
plette.

Un décret du 4 germinal an 2 , ne remplit pas ces lacunes ; il rendit même la
législation plus obscure.

L'Administration des douanes, qui s'oc-
cupa des moyens d'y remédier , obtint
seulement les décrets des 5 septembre

x

1792 ; 16 juillet et 15 août 1793 ; 3 brumaire an 2; celui du 11 nivose an 3, qui supprima les franchises des ports; ceux des 12 pluviose et 14 fructidor de la même année; des 1er. vendémiaire, 2 brumaire et 4 floréal an 4 ; les lois des 10 brumaire an 5, 19 vendémiaire an 6 et 9 floréal an 7 ; mais le code des douanes serait encore loin du degré de perfection qu'il a atteint, et qui lui était nécessaire, si sa Majesté Impériale ne s'était pénétrée de la nécessité d'adopter, dans l'intérêt de nos fabriques et des finances, les vues qui lui ont été soumises par M. le Conseiller d'état Directeur général.

Il en est résulté, entre autres, les arrêtés et décrets impériaux des 22 thermidor an 10 ; 16 frimaire et 4e. complémentaire an 11 ; 11 thermidor an 12 ; 7 et 28 août 1806 ; et les lois des 21 ventose, 8 et 13 floréal an 11 ; 22 ventose an 12, 1er. pluviose an 13 et 30 avril 1806.

Les avantages qui sont résultés de ces dispositions, sont sensibles : l'arrêté du 22 thermidor, qui ordonne de refuser des

expéditions pour la circulation dans l'é-
tendue de la police frontière, des objets
de la nature de ceux prohibés ou assujettis aux droits d'entrée de 20 fr. par quintal, ou de 10 pour $\frac{0}{0}$ de la valeur, s'ils
n'ont été déclarés et inscrits dans un bureau de douane, sur la représentation d'un
acquit de payement du droit d'entrée,
ou d'une expédition justificative de leur
extraction de l'intérieur, a été un frein
salutaire à la contrebande, qui, auparavant, pénétrait avec beaucoup de facilité
dans cette étendue.

L'importance de cette mesure a été tellement sentie, que les dispositions de cet
arrêté, qui était spécial à la frontière depuis Anvers jusqu'à Versoix, ont été, par
décret du 11 thermidor an 12, rendues
communes aux frontières de la 27e. division militaire, et à celles des départemens
des Alpes-Maritimes et du Léman; par
décret du 7 août 1806, aux départemens
de Gênes et des Apennins, ainsi qu'aux
états de Parme; et par celui du 28 du
même mois, aux frontières des Hautes

xij

et Basses - Pyrénées et de la Haute-Garonne.

L'article 75 de la loi du 30 avril 1806,
a mis un obstacle de plus aux importations et exportations frauduleuses, en ne
permettant d'établir d'usines dans l'étendue du territoire formant la ligne des
douanes, que sur l'avis des directeurs de
cette partie, constatant que la position
de ces établissemens ne peut favoriser la
fraude.

Une disposition encore plus indispensable, est celle portée par l'art. 84 de la
loi du 8 floréal an 11, qui a restitué à
la police frontière de terre (1) les quatre
lieues de profondeur qu'elle avait antérieurement au code de 1791.

_____

(1) La nécessité de cette police avait été démontrée
dans un rapport lumineux fait au corps législatif, le
15 germinal an 5, par le respectable sénateur Ver-
nier, qui avait été du même avis à l'assemblée constituante, et dont les opinions ont été constamment
marquées au coin de la sagesse On conçoit aisément,
est-il dit au rapport, que, si, pour se mettre à l'a-

La police établie, par l'article 85 de la loi citée, dans les deux lieues des côtes et rivières affluentes à la mer, n'est pas moins intéressante.

C'est par les articles 74, 75 76 et 83 de ladite loi, que l'on a voulu prévenir,

---

bri du payement des droits d'entrée et de sortie, il suffisait de franchir la ligne ou le point physique de séparation des territoires respectifs, et si la fraude ne pouvait être saisie qu'au moment où elle se consomme, elle demeurerait impunie, de quelque nombre d'employés que cette ligne indivisible fût garnie. Il a donc fallu soumettre à la formalité des expéditions, tout ce qui circule dans une certaine étendue des frontières, et y défendre tout magasin ou entrepôt. Sans ces précautions, la plupart des habitans de ces frontières auraient été des agens, des commissionnaires de fraude, tant d'importation que d'exportation, sans qu'il fût possible d'en empêcher ni arrêter l'effet. L'orateur ne dissimulait pas que cette police était une gêne, un embarras; mais il observait que l'établissement des douanes ne pouvant subsister sans elle, l'intérêt particulier de quelques localités et de certaines classes de citoyens, devait fléchir devant l'intérêt général.

Le législateur qui avait émis de pareils principes, a dû considérer l'article 75 cité, comme étant la conséquence de son opinion.

autant que possible, les abus qui se commettaient souvent dans les transports d'un port à un autre de France.

L'article 14 de l'arrêté du 5 frimaire an 11, et la loi du 13 floréal suivant, ont eu pour objet de contenir, par la sévérité et la publicité des peines, les individus tentés d'importer, exporter, protéger et assurer la contrebande ou la fraude effectuées par attroupement, armes ou violences, et les préposés des douanes qui leur prêteraient faveur.

C'est par la loi du 22 ventose an 12, article 26, que l'on a soumis à l'emprisonnement de six mois, pour la première fois, et d'un an pour la seconde, tout individu surpris au moment où il introduirait des marchandises prohibées ou en fraude des droits.

On ne saurait disconvenir de la justice autant que de la nécessité des dispositions adoptées par la loi du 13 floréal, contre les contrebandiers attroupés et armés : en effet, si la contrebande est par elle-même un délit anti-social, on ne peut user de trop de rigueur contre les individus qui la font avec attroupement et port d'armes; ils se sont constitués ainsi en état de guerre contre la société; ils sont devenus ses ennemis ; ils ont dès-lors appelé contre eux la plus grande sévérité. Les assureurs étant une espèce de fléau public, puisque , sans eux , la contrebande serait réduite à une filtration presqu'insensible, ne méritaient pas plus d'indulgence.

Enfin les préposés, qui, gagés pour écarter ce fléau, se laissent séduire à prix d'argent par les assureurs ou leurs agens pour livrer le passage, commettant un vol domestique, indépendamment du crime de prévarication, ne peuvent être punis trop sévèrement : on regrette seulement que les hommes qui cherchent à les corrompre, n'aient pas été désignés d'une manière spéciale.

On voit que les lois, décrets et arrêtés intervenus, à dater du 22 thermidor an 10, en y joignant les réglémens antérieurs, notamment le code du 22 août 1791 , et le décret du 4 germinal an 2 , forment la Législation des douanes. Il était essentiel d'y ajouter les arrêts de la cour de cassation, qui ont dissipé les fausses interprétations que certains tribunaux - avaient données aux lois. Ces arrêts ont été classés avec les détails nécessaires à les faire apprécier.

On ne pouvait présenter l'ensemble de ce travail sous une forme plus convenable que celle d'un Dictionnaire de législation. Puisse ce Dictionnaire remplir le but que je me suis proposé, celui de faciliter aux préposés et au commerce les recherches qui leur sont nécessaires, et propager l'instruction, qui peut seule garantir d'erreurs les uns et les autres !

DICTIONNAIRE

DE LA
LÉGISLATION
DES DOUANES.

ABANDON *d'une marchandise.* Lorsqu'il a été fait par écrit, par celui à qui elle est adressée, on est dispensé d'en payer les droits : la marchandise est vendue, et il est disposé du produit de la manière indiquée pour les marchandises restées dans les douanes, faute de réclamateurs. *Loi du 22 août* 1791, *tit.* 1er. *art.* 4.

Abandon de marchandises dans une douane, faute de réclamation ou de déclaration en détail.

Les ballots, balles, malles et futailles restés dans les douanes, faute de déclaration en détail, doivent être inscrits, dans la huitaine du jour de leur dépôt dans les bureaux, sur un registre à ce destiné, avec mention des marques, numéros et adresses qu'ils présentent. Chaque article du registre sera signé par le receveur et le contrôleur. *Même loi, tit.* 9*, art.* 1ᵉʳ.

A défaut de déclaration détaillée, les marchandises doivent être retenues ou déposées dans le magasin de la douane pendant deux mois, et les propriétaires tenus de payer un pour cent de droit de magasinage, en sus des droits. S'il n'y a pas réclamation et déclaration en détail après ce délai, les marchandises seront vendues au profit de l'Etat. *Décret du* 4 *germinal an* 2*, tit.* 2*, art* 9.

L'ouverture des balles, ballots, etc., doit être faite en présence du juge de paix et du procureur impérial près le tribunal de première instance, assistés du greffier de la justice de paix.

L'inventaire des effets y contenus sera dressé. *Titre* 9*, art.* 3 *de la loi de* 1791.

S'il s'y trouve des papiers, il en sera dressé un état sommaire, et lesdits papiers, paraphés par le juge, seront déposés au greffe du tribunal, pour être remis, sans frais, à ceux qui justifieront de leur propriété. Le préposé de l'administration des douanes informera en conséquence du dépôt, les propriétaires auxquels les papiers paraîtront appartenir, et sans être tenu d'aucune formalité à cet égard. *Même article.*

L'inventaire sera affiché à la porte du bureau,

dans la place publique, et autres lieux accoutumés. *Art.* 4.

La vente et le jour auquel elle devra être faite seront annoncés par de nouvelles affiches, apposées dans la forme ci-dessus indiquée. *Même article.*

Au jour fixé, les effets seront vendus au plus offrant et dernier enchérisseur, en présence du préposé à la perception ou de celui qui le remplace; à la charge du payement des droits, s'il en est dû, ou du renvoi à l'étranger, si l'entrée des marchandises est prohibée. *Art.* 5.

Le produit net de la vente sera versé au trésor public, comme les autres produits. *Même article.*

La présence du juge, du procureur impérial, et l'ordonnance qui permettra la vente, seront sans frais: il sera seulement alloué au greffier, pour l'inventaire et l'expédition qui devra en être fournie à l'administration, une taxe faite par le juge sur le produit de la vente, et qui ne pourra excéder dix centimes par franc dudit produit. *Art.* 6.

ABRÉVIATIONS. Elles ne doivent être employées dans les registres, procès-verbaux et autres actes relatifs aux douanes. *Loi de* 1791, *tit.* 13, *art.* 26.

Accommodement. Acte par lequel on termine une saisie ou toute autre affaire. (*Voyez* Transactions.)

Accusateur public. Ses fonctions près la cour de justice criminelle sont remplies par le procureur général impérial.

Acquit est une expédition de bureau qui fait la preuve qu'on s'y est présenté, conformément aux lois qui ordonnent cette formalité.

On en distingue deux sortes : l'acquit-à-caution et l'acquit de payement.

Acquit-à-caution : son objet et quand est-il exigible.

L'objet d'un acquit-à-caution est d'assurer l'arrivée d'une marchandise à la destination qui lui est donnée. On doit expédier par acquit-à-caution toute marchandise qui, sujette à des droits, si elle était exportée, pourrait, sous prétexte de circuler d'un port à un autre de l'Empire, ou d'un lieu de France à un autre, par emprunt du territoire étranger, passer à l'étranger, ou y rester en fraude de ces droits. *Loi de* 1791, *tit.* 3, *art.* 1.

Même nécessité d'un acquit-à-caution dans les deux cas précédens, pour le transport des marchandises dont la sortie est prohibée. *Art.* 4.

Idem pour les marchandises dont la sortie est défendue ou assujettie à des droits, transportées par allége d'un lieu où il y a bureau dans un autre où il y a aussi bureau. *Tit.* 13, *art.* 11.

Pour celles anglaises provenant de prises ou de saisies, qui, d'après la loi du 10 brumaire an 5, ne peuvent être vendues qu'à la charge de la réexportation.

Ce qui transite, doit aussi être expédié par acquit-à-caution, pour prévenir les versemens sur la route.

Obligations de l'expéditeur.

1°. Faire la déclaration des marchandises et les soumettre à la vérification. *Loi de* 1791, *tit.* 3, *art.* 2.

S'il s'agit de cabotage, la déclaration à la douane de l'enlèvement, doit énoncer la valeur. *Loi du* 8 *floréal an* 11, *art.* 74 (1).

2°. Fournir soumission de rapporter, dans

-----

(1) Si, lors de la vérification au départ, les préposés reconnaissent que la quantité est inférieure à celle portée sur la déclaration et que le déficit excède

le délai fixé à raison de la distance des lieux (1) (sous les peines énoncées à l'article *Certificat de décharge non rapporté*), le certificat de l'arrivée ou du passage des marchandises **au** bureau désigné. *Loi de 1791, tit. 3, art. 2.*

5°. Donner caution *solvable*, laquelle s'oblige, solidairement avec lui, au rapport du certificat, à moins qu'il ne préfère de consigner le simple droit, lorsqu'il s'agit d'une marchandise qui y serait sujette, ou le montant des condamnations qu'il pourrait encourir, s'il est

---

le vingtième des marchandises ou denrées déclarées, la valeur des quantités manquantes sera réglée suivant le prix courant du commerce au moment de l'expédition, et le déclarant obligé de payer, à titre de confiscation, la somme ainsi réglée, et de plus l'amende de 500 francs. *Art.* 74.

Si les marchandises se trouvent être d'espèces différentes de celles déclarées, elles seront saisies et confisquées, et le déclarant condamné à payer, à titre de confiscation, une somme égale à la valeur des objets portés dans la déclaration, suivant le prix courant du commerce, et une amende de 500 francs. *Art.* 75.

(1) Pour le transport par terre, on ne doit accorder qu'un jour pour six lieues en été, et pour cinq lieues en hiver : pour les distances moins éloignées, deux heures par lieue.

question de marchandise prohibée : dans ce cas, le registre de déclaration et l'acquit-à-caution portent reconnaissance de la somme consignée. *Même article.*

Le capitaine d'un bâtiment chargé d'approvisionner une escadre en biscuits, etc., doit se soumettre à rapporter certificat de réception du commandant de l'escadre.

Obligations des commis.

Ils doivent refuser l'expédition quand le transport peut s'effectuer directement sur les terres de l'Empire. *Arrêté du 5 prairial an 5, art.* 1er.

Si l'emprunt est indispensable, l'acquit indiquera le bureau auquel les objets doivent être représentés. *Art.* 2.

Lorsqu'il s'agit de marchandises prohibées à la sortie, l'estimation des marchandises doit être énoncée dans la soumission. *Tit.* 5, *art.* 4 *de la loi de* 1791.

Idem pour celles provenant de prises ou de saisies, dont l'importation et la consommation sont défendues : on doit, pour celles-ci, exiger la soumission de payer, à défaut de rapport du certificat de décharge, la valeur desdites marchandises, et l'amende triple de cette valeur.

A défaut de caution ou de consignation, l'acquit doit être refusé.

Les juges ne peuvent en délivrer, ni rendre de jugement pour en tenir lieu. *Tit.* 11 *, art.* 2 *de la même loi.*

Plombage des marchandises expédiées par acquit-à-caution.

Les caisses, balles et ballots qui contiennent des marchandises expédiées d'un port pour un autre de France, ou transportées directement par terre d'un lieu à un autre de l'Empire, en empruntant le territoire étranger, doivent être cordés et plombés, si la marchandise expédiée est sujette à un droit de sortie ou prohibée à la sortie ; et encore s'il s'agit d'étoffes, toilerie, passementerie, quincaillerie ou d'autres marchandises qui, quoique exemptes du droit de sortie, devraient à l'entrée, si elles venaient de l'étranger, au moins dix pour cent de la valeur. *Loi de* 1791 *, tit.* 3 *, art.* 3.

Certificat de décharge ; que faire pour l'obtenir.

Le capitaine du bâtiment sur lequel se trouvent des marchandises expédiées par acquit-à-caution, qui veut obtenir un certificat de décharge, doit les présenter au bureau de leur destination en mêmes qualité et quantité que celles énoncées dans l'acquit. Cet acquit ne peut être déchargé qu'après vérification faite de l'état des cordes et plombs, du nombre des ballots et *des marchandises y contenues* (1). *Loi de 1791, tit. 3, art. 6.*

Les voituriers et conducteurs par terre sont tenus à la même représentation au bureau de passage ou d'arrivée. *Même article.*

Il n'est rien dû pour ces certificats, qui doivent être inscrits au dos des acquits-à-caution et signés au moins de deux préposés, dans les bureaux où il y a plusieurs commis (2). Il est défendu aux préposés, à peine de tous dépens, dommages et intérêts, de différer la remise des-

---

(1) Il ne suffit pas que les cordes et plombs ne paraissent point avoir été déplacés, parce qu'il est facile de les remettre dans l'état où ils ont été apposés : il faut encore s'assurer que la marchandise est en mêmes quantité et qualité que lors de l'expédition.

Lorsque l'acquit-à-caution a été donné pour pouvoir emprunter le territoire étranger, on ne doit expédier le certificat de décharge que dans le bureau indiqué par l'acquit. *Arrêté du 5 prairial an 5, art. 2.*

(2) Tous les commis du bureau et deux employés de la brigade doivent signer ces certificats. *Lettre du 15 floréal an 6.*

dits certificats , lorsque les formalités prescrites par les acquits-à-caution auront été remplies , ou qu'il sera rapporté des procès-verbaux dans la forme indiquée par l'article 8 et pour justifier du refus, le conducteur des marchandises sera tenu d'en faire rédiger acte, qui sera signifié sur-le-champ au receveur du bureau , et aucune preuve par témoins ne sera admise à cet égard. *Méme article.*

Les certificats de décharge doivent être refusés, quand la marchandise est présentée au bureau de la destination ou du passage, après le tems fixé par l'acquit-à-caution. *Art. 7.*

Mais les capitaines et maîtres de bâtimens sont admis à justifier qu'ils ont été retardés par des cas fortuits, comme fortune de mer , poursuite d'ennemis et autres accidens, en produisant des procès-verbaux rédigés à bord et signés des principaux de l'équipage, ou des rapports faits aux juges de paix du lieu de la destination , affirmés devant eux et déposés au bureau des douanes. *Art. 8 de la méme loi , et décret du 4 germinal an 2 , tit. 7, art. 2.*

Les conducteurs des marchandises transportées par terre sont aussi admis à justifier des retardemens qu'ils ont éprouvés dans leur route, en rapportant aux bureaux de l'administration, des procès-verbaux en bonne forme , faits par

les juges de paix (1) des lieux où ils auront été
retenus, et à défaut, par les officiers municipaux; lesquels procès-verbaux feront mention
des circonstances et des causes du retard. Dans
ces cas, les acquits-à-caution auront leur effet,
et les certificats de décharge seront délivrés par
les préposés de la régie. *Même article 8.*

Cette disposition a été confirmée par arrêt
de la cour de cassation, du 30 thermidor an 10,
qui a annullé un jugement contraire du tribunal civil de l'arrondissement de Bayonne : ce
jugement avait déchargé les soumissionnaires du
payement du double droit sur des tabacs expédiés de ce port pour un autre, et qui, au lieu
de suivre la destination indiquée, avaient été
vendus dans le trajet, en vertu d'un jugement
du tribunal de commerce qui les avait déclarés avariés.

Il ne peut être suppléé par la preuve testimoniale au défaut desdits rapports ou procès-
verbaux, qui ne seront admis qu'autant qu'ils
auront été déposés au bureau de destination ou
de passage en même tems que les marchandises y auront été représentées. *Même article.*

Ces certificats ne peuvent être expédiés par

---

(1) Le certificat d'un notaire serait insuffisant.

les juges ni par leurs greffiers, et aucun jugement n'en peut tenir lieu. *Loi de* 1791, *tit.* 11,
art. 2.

*Marchandise présentée au bureau de des-
tination ou de passage après le délai
fixé, ou trouvée différente. Que doivent
faire les commis, indépendamment du
refus du certificat de décharge.*

Si une marchandise expédiée par mer ou par
terre, en empruntant le territoire étranger,
est présentée au bureau de destination ou de
passage après le délai fixé pour son transport,
elle est sujette au droit d'entrée, comme si elle
venait de l'étranger. *Loi de* 1791, *tit.* 3,
art. 7.

Si, lors de la visite au bureau de destination ou de passage, la marchandise diffère dans
l'espèce de celle mentionnée en l'acquit-à-caution, elle est saisie pour être confisquée contre
le conducteur, avec amende de 100 francs,
sauf son recours contre l'expéditionnaire. *Art.* 9.

Si elle se trouve en moindre quantité, le certificat ne doit être délivré que pour la quantité reconnue.

Si la marchandise représentée excède celle

comprise dans l'acquit, l'excédant est soumis au double droit d'entrée. *Même article.*

Si elle est prohibée à l'entrée, il y a lieu à confiscation, avec amende de 500 francs. *Même article.*

Toutes ces condamnations sont indépendantes de celles à poursuivre au bureau du départ contre les soumissionnaires et leurs cautions, et d'après leurs soumissions. *Même article.* (V. Contraintes.)

Il y a une disposition particulière relativement à ce qui arrive d'un port de France dans un autre, dans le cas où les préposés du port de destination reconnaissent une quantité de marchandises plus considérable que celle énoncée sur l'expédition délivrée au bureau du départ; cet excédant est saisi, et la confiscation en est prononcée avec amende de 500 fr. Cependant si l'excédant n'est que du vingtième de la quantité portée sur l'expédition, il n'y a lieu qu'à la perception des droits imposés sur les marchandises ou denrées de même nature venant de l'étranger. *Loi du 8 floréal an 11, article 76.*

Certificat de décharge rapporté dans les délais.

Les soumissionnaires qui rapportent dans les délais les acquits-à-caution déchargés, doivent certifier au dos la remise qu'ils en font; ils sont tenus de déclarer le nom, la demeure et la profession de celui qui leur a remis le certificat de décharge, pour être procédé, s'il y a lieu, comme à l'égard des falsifications ou altérations de tout genre d'expéditions, soit contre les soumissionnaires ou les porteurs d'expéditions : dans ce dernier cas, les soumissionnaires et leurs cautions ne sont tenus que des condamnations purement civiles, conformément à leur soumission. *Loi de* 1791, *tit.* 3, *art.* 10.

Les soumissionnaires et cautions ne cessent d'être garans de la fidélité du certificat de décharge, qu'après quatre mois, pour le commerce en France, et six en Europe (1). *Décret du 4 germinal an* 2, *tit.* 7, *art.* 3.

---

(1) Ce délai est celui accordé pour s'assurer de la vérité des signatures apposées au certificat de décharge, et poursuivre, à raison du faux : celui pour exercer la contrainte est d'une année. *Article* 25 *du tit.* 13 *de la loi de* 1791.

Les droits consignés sont rendus et les soumissions annullées sur les registres, sans frais et en présence des soumissionnaires et de leurs cautions, en rapportant, par eux, les certificats de décharge en bonne forme. *Loi de 1791, tit. 3, art. 11.*

Certificat de décharge rapporté après le délai.

Si, dans le terme de six mois après l'expiration du délai fixé par l'acquit-à-caution, les soumissionnaires rapportent des certificats de décharge en bonne forme, délivrés en tems utile, ou les procès-verbaux du refus des préposés (1), les droits, amendes et autres sommes

---

(1) L'article 58 du titre 6 de l'ordonnance de la marine, voulant que les assureurs soient tenus de payer l'assurance d'un navire, si, après l'an expiré du jour de son départ, on n'en a aucune nouvelle, la soumission souscrite doit être annullée, si l'expéditionnaire justifie du payement de l'assurance. *Décision du ministre, du 25 mai 1792.*

Il en est de même, s'il justifie de la prise du navire.

La preuve que les scellés ont été apposés sur les papiers du correspondant chargé du renvoi de l'acquit déchargé, est encore un motif de justification.

qu'ils ont payés leur seront remis, sauf les frais faits par la régie, dont ils sont passibles jusqu'au jour du rapport. *Loi de 1791, tit. 3, art. 14.*

Après le délai de six mois, aucunes réclamations relatives auxdites sommes, ne sont admises. *Même article.*

Certificat de décharge non rapporté.

Si le certificat de décharge d'une marchandise expédiée d'un port français à un autre port français n'est pas rapporté au bureau du départ, *dans le délai fixé par l'acquit-à-caution,* et qu'il ne soit pas justifié des causes forcées du retard, les préposés des douanes doivent décerner contrainte contre les soumissionnaires et cautions, pour amende de 600 fr. et la valeur des marchandises. *Décret du 4 germinal, an 2, tit. 7, art. 1, 2 et 4.* (V. Contraintes.)

A l'égard des marchandises expédiées par terre et non prohibées à la sortie, s'il n'y a pas de consignation du simple droit, la contrainte sera décernée pour le payement du double droit de sortie. *Loi de 1791, tit. 3, art. 12.*

Si la marchandise est prohibée à la sortie, la contrainte doit être décernée pour la valeur et l'amende de 500 fr. *Art. 13.*

(17)

S'il s'agit de marchandises de prises expédiées en transit, admissibles en payant les droits d'entrée, c'est le double droit d'entrée qu'il faut exiger.

S'il s'agit de marchandises anglaises de prises ou provenant de saisies, on doit poursuivre pour le payement de la valeur de ces marchandises et l'amende de la triple valeur, d'après la disposition de la loi du 10 brumaire an 5, qui a prohibé, sous les mêmes peines, l'importation des marchandises des fabriques de l'Angleterre.

Certificats de décharge faux. (V. Falsifications.)

Acquit de payement est la quittance des droits qui ont été payés pour les marchandises qu'elle accompagne.

Ces acquits doivent énoncer le titre en vertu duquel se fait la perception. *Loi de* 1791 *, tit.* 13 *, art.* 29.

Indiquer les bureaux de contrôle par où les marchandises doivent passer. *Tit.* 2, *art.* 25.

Les conducteurs doivent les échanger contre des *brevets de contrôle. Même article.*

Les acquits de payement ne peuvent être suppléés par des jugemens. *Tit.* 11 *, art.* 2.

Ils ne doivent aucun droit particulier, mais le timbre sera remboursé. *Tit.* 1er. *art.* 7.

Actions judiciaires *relatives aux douanes.*

Pour connaître où elles doivent être intentées et portées, voyez Compétence.

S'il y a lieu à la procédure criminelle, l'action est dirigée suivant les règles prescrites par le code pénal et les lois sur la justice criminelle. *Loi du 4 germinal, tit. 6, art. 20.*

Pour les délais passé lesquels on ne peut en intenter, voyez Fin de non recevoir et Prescription.

Quoiqu'une saisie ait été faite par des personnes étrangères à l'administration des douanes, c'est à la requête du Conseiller d'état Directeur général, et des administrateurs de cette partie, que la confiscation et l'amende doivent être poursuivies. *Loi du 15 août 1793, art. 3.* La cour de cassation a jugé en conformité, le 26 vendémiaire an 9.

Administration des douanes. Elle est composée d'un Conseiller d'état Directeur général, et de quatre administrateurs. *Arrêté des consuls, du 29 fructidor an 9.*

La loi du 1er. mai 1791 en avait établi huit ; le nombre en fut réduit à trois, par un décret du 14 octobre 1792. En provoquant cette réduction, qui faisait porter sur trois personnes seulement un travail pour lequel on avait jugé que huit étaient indispensables, j'eus moins pour but l'économie, sur laquelle je motivai cette mesure, que d'empêcher que l'on portât à ces places des hommes qui n'auraient pas l'amour du travail et les connaissances qu'une grande pratique peut seule donner.

Neuf années d'expérience ont prouvé que trois administrateurs instruits et laborieux, ayant la ferme volonté d'opérer le bien et en faisant la base du choix des préposés et des avancemens, suffisaient. S'il en a été créé un quatrième en même tems qu'un Directeur général, c'est moins en raison de l'extension que les douanes devaient acquérir, qu'à cause de l'obligation imposée à chaque administrateur, par l'arrêté du 29 fructidor an 9, de faire une tournée par an.

AFFAIRES MIXTES. On nomme ainsi les affaires qui ont pour objet deux contraventions reconnues en même tems, dont l'une est de la compétence des juges de paix, et l'autre de celle des tribunaux correctionnels.

Dans ce cas, il convient de diviser l'action, en rédigeant pour chaque contravention un rapport distinct et séparé, dans chacun desquels on relatera que les objets arrêtés se trouvaient avec tels autres également saisis le même jour, et l'on donnera suite à chacun de ces rapports devant le tribunal compétent.

AFFICHES. Pour les cas où elles sont utiles, voyez ABANDON, BUREAUX, RAPPORT, *etc.*

AFFIRMATION. On nomme ainsi un acte par lequel ceux qui ont rédigé un rapport affirment, par serment, devant un juge, que ce rapport ne contient que la vérité.

Les rapports en matière de douanes seront affirmés au moins par deux des saisissans, devant le juge de paix, dans le délai donné pour comparaître. *Loi du* 9 *floréal an* 7 *, tit.* 4, *art.* 10.

Le délai pour cette affirmation ne peut excéder trois jours, à compter de celui où la fraude a été constatée. *Arrêté du* 4e. *complémentaire an* 11 *, art.* 6.

L'affirmation peut être faite avant le délai fixé pour la comparution : le tribunal civil d'Anvers ayant annullé un procès-verbal sous prétexte qu'il avait été affirmé avant ce jour, la cour de cassation a, par arrêt du 18 germinal an 13, réformé ce jugement, sur le motif que l'article 10 cité exigeant seulement l'affirmation dans le délai donné pour comparaître, tous les momens de ce délai étaient utiles.

Elle peut être faite devant le juge de paix de l'arrondissement du bureau où le dépôt s'effectue, lorsque ce bureau a été choisi comme plus sûr, et malgré que la citation ait été donnée devant le juge de paix de l'arrondissement du lieu où la saisie s'est opérée. Ainsi jugé par arrêt de la cour de cassation, du 15 floréal an 12.

Dans l'espèce, des marchandises saisies près Axel ayant été conduites au bureau d'Hulst, comme offrant plus de sûreté, on avait affirmé le rapport devant le juge de paix de l'arrondissement de ce dernier bureau, et le prévenu avait été cité devant le juge de paix de l'arrondissement d'Axel. Le tribunal civil du quatrième arrondissement de l'Escaut ayant annullé la saisie, sous prétexte que le rapport n'avait pas été duement affirmé, la cour a décidé que, dans l'hypothèse, les préposés avaient la faculté de pouvoir affirmer leurs rapports auprès du juge de paix de l'un ou de l'autre arrondissement.

L'affirmation devant un maire serait insuffisante.

Il n'est pas nécessaire que les préposés appellent la partie pour être présente à une affirmation ; aucune loi ne leur impose cette obligation : aussi la cour criminelle de l'Escaut ayant motivé la main-levée d'une saisie sur le défaut

de citation à la partie pour comparaître à l'affirmation, la cour de cassation a, par arrêt du 15
frimaire an 10, réformé ce jugement, comme
ayant forcé le sens des articles 3 et 4 de la loi
du 14 fructidor an 3.

Un arrêt de la même cour, du 21 germinal
an 13, en a cassé un de celle de justice criminelle du département de la Lys, qui avait annullé une saisie de marchandises anglaises sous
le même prétexte : il y est dit que la citation voulue
par l'art. 6 du tit. 4 de la loi du 9 flor. an 7, a seulement pour objet les contestations qui, en première instance, doivent être jugées par le juge
de paix ; qu'elle n'est d'ailleurs autre chose que
l'assignation à comparaître devant le juge de
paix, à l'effet de voir rendre le jugement, et non
pour voir affirmer le procès-verbal de saisie ;
que la cour criminelle avait fait une fausse application de cet art. 6 et excédé ses pouvoirs.

On doit énoncer dans l'acte d'affirmation, qu'il
a été fait lecture du rapport aux affirmans. *Loi
du 9 floréal an 7, tit. 4, art.* 10. Si cet acte n'en
contenait pas une mention expresse, les employés
prieront immédiatement le juge de réparer cette
omission. Cet acte doit être conçu comme suit :

L'an   , le   à   heures
avant (ou après) midi, sont comparus devant
nous (nom et prénoms), juge de paix du can-

ton de   les sieurs   saisissans
dénommés au rapport ci-dessus et d'autre part, lesquels en ont affirmé tout le contenu sincère et véritable, après que lecture leur en a été faite ainsi que du présent acte, et ont signé avec nous.

L'affirmation n'est point sujette à l'enregistrement. *Loi du* 22 *frimaire an* 7 , *art.* 70. C'est une suite de ce que l'affirmation, loin d'être un acte distinct et séparé du rapport, en est le complément.

Age *des employés des douanes* : doit être de 20 ans au moins. *Loi du* 22 *août* 1791 , *tit.* 13 , *art.* 12.

Agens. Le propriétaire des marchandises est civilement responsable du fait de ceux qu'il emploie. *Loi de* 1791 , *tit.* 13 , *art.* 20.

Alléges. On ne peut s'en servir pour transporter aucuns objets du port dans les navires, ni des navires dans le port, sans un permis du bureau, énonciatif des quantités et qualités dont chaque allége est chargée. *Loi de* 1791 , *tit.* 13 , *art.* 11.

S'il s'agit de marchandises prohibées à la

sortie ou assujetties à des droits, transportées par allége d'un lieu où il y a bureau dans un autre où il y a aussi bureau, elles doivent être déclarées et expédiées par acquit-à-caution pour en assurer la destination. *Même article.*

Dans ces deux cas, les versemens de bord à bord ainsi que les déchargemens à terre, ne peuvent avoir lieu qu'en présence des préposés, à peine de la saisie et de la confiscation des marchandises et de 100 fr. d'amende contre les conducteurs. *Même article.*

Amende de fol-appel. Elle est due par l'appelant qui succombe : sa quotité est de 5 fr., s'il s'agit de l'appel du jugement d'un juge de paix, et de 10 fr. sur l'appel d'un jugement de tribunal de première instance. *Code de procédure civile du 14 avril 1806, art. 471.*

Cette amende doit être consignée d'avance en faisant enregistrer l'acte d'appel, sauf à en ordonner la restitution si l'appel est jugé bien fondé. *Arrêté du 27 nivose an 10, art. 1er.*

L'administration des douanes est dispensée de cette consignation ; mais si elle succombe, elle doit l'amende, dont le recouvrement est fait par les employés de l'enregistrement. *Décision du ministre, du 18 floréal an 9.*

Amende pour pourvoi en cassation. Celui qui veut se pourvoir en cassation, en matière civile et de justice correctionnelle, doit préalablement consigner une amende de 75 fr., s'il s'agit d'un arrêt ou jugement par défaut, et de 150 fr. s'il s'agit d'un arrêt ou jugement contradictoire. *Réglement de 1738; lois des 1er. décembre 1790, 2 brumaire an 4 et 14 brumaire an 5.*

Cette consignation se fait entre les mains du receveur des amendes près la cour de cassation, et sa quittance doit être jointe à la requête. *Réglement de 1738.*

Depuis l'établissement de la subvention de guerre, on perçoit de plus sur les sommes ci-dessus un décime par franc.

L'Administration des douanes est dispensée de consigner cette amende. *Loi du 2 brumaire an 4, tit. 3, art. 17.* Mais quand son pourvoi est rejeté, elle est tenue d'en verser le montant dans la caisse du receveur de l'enregistrement, auquel il est même payé 28 c. pour le coût de la quittance qu'il en donne.

Ce préposé ne recevant, aux termes de la loi du 17 décembre 1790, cette amende qu'à la charge d'en compter aux parties auxquelles elle est adjugée, une partie qui actionnerait l'administration pour le payement d'une amende qu'elle aurait versée , devrait être renvoyée devant le receveur de l'enregistrement.

Si la demande en cassation est rejetée, le demandeur est condamné à 3oo fr. d'amende envers l'état, et en 15o fr. envers le défendeur ou les défendeurs collectivement, et en la moitié seulement de ces sommes, si le jugement attaqué était par défaut : dans ces sommes est comprise celle consignée d'avance.

Amendes pour contravention aux lois relatives aux importations et aux exportations.

Leur quotité, qui varie, est indiquée à chacun des articles qui règle des formalités, ou prononce des peines contre leur inexécution.

Celles prononcées contre plusieurs personnes pour un même fait de fraude, sont solidaires. *Loi de* 1791 *, tit.* 12 *, art.* 3.

Les juges ne peuvent les modérer ni en ordonner l'emploi au préjudice de la régie. *Art.* 4.

Les préposés de cette partie peuvent seuls en faire le recouvrement. *Circulaire du* 1ᵉʳ. *floréal an* 5.

Il n'en doit pas être prononcé lorsque les saisies sont jugées nulles par omission de formalités. *Lois de* 1791 *et du* 15 *août* 1793.

(27)

Appel est un acte par lequel la partie qui croit avoir raison de se plaindre d'un jugement, demande que l'affaire soit examinée et jugée de nouveau par un tribunal supérieur à la juridiction qui a d'abord prononcé.

On ne peut appeler d'aucun jugement préparatoire pendant le cours de l'instruction : les parties sont obligées d'attendre le jugement définitif, après lequel elles appellent, si elles le jugent convenable, tant de ce jugement que de celui préparatoire; mais on ne peut leur opposer ni le silence ni même les actes faits en exécution des jugemens de cette nature. *Loi du 3 brumaire an 2 , art.* 6. (V. encore *Jugemens préparatoires*).

Il en est autrement des jugemens interlocutoires, l'appel en est permis avant que le jugement définitif ait été rendu ; dans ce cas, il est donné expédition du jugement interlocutoire. *Code de procédure civile, art.* 31.

Les appels ne peuvent être interjetés que par les individus qui ont figuré au procès dans la première instance. *Lettre du ministre de la justice, relative à la saisie d'un bâtiment faite à Ostende, le 3 pluviose an* 6.

On voit au mot **Compétence**, où l'appel doit être porté.

Appel des jugemens des tribunaux de paix.

Il doit être notifié dans la huitaine de la signification du jugement ; après ce délai il n'est point recevable, et le jugement est exécuté purement et simplement. *Loi du 14 fructidor an 3, art.* 6.

Le délai pour appeler et notifier son appel ne courant que du jour de la signification du jugement, tant qu'il n'a pas été signifié, l'appel peut avoir lieu. Arrêt de la cour de cassation du 17 mars 1806 dans l'espèce suivante : un particulier avait obtenu à la justice de paix main-levée de chèvres saisies ; comme elles lui avaient déjà été rendues sous caution, il ne crut pas devoir lever ce jugement, et le faire signifier : la régie, intéressée à le faire réformer, s'en fit délivrer une expédition, et lui fit notifier son acte d'appel, avec assignation au tribunal civil de Monaco. Ce tribunal admit la fin de non-recevoir proposée par le saisi, sur le fondement que nulle loi n'autorise l'appel d'un jugement dont la signification n'est point justifiée ; que dans l'espèce rien n'indiquait qu'elle n'eût pas été faite ; qu'ainsi l'on ne pouvait reconnaître si l'appel avait été émis dans le délai prescrit.

La cour de cassation s'est décidée sur ce

que la faculté d'appeler est de droit commun
et général, et que, tant que la signification d'un
jugement n'a point été faite, aucune fin de
non-recevoir résultante de l'expiration du délai pour former l'appel, ne peut être opposée
et admise.

Il résulte encore de cet arrêt, que la partie
lésée par un jugement n'a pas besoin, pour
émettre l'appel, d'attendre que son adversaire
le lui signifie.

La déclaration de l'appelant doit contenir assignation à trois jours devant le tribunal civil
d'arrondissement. *Art. 6 de la loi du 14 fructidor an 3.*

Ce délai est augmenté d'un jour par chaque
deux myriamètres de distance entre la commune où siége le juge de paix, et celle où
siége le tribunal qui prononce sur l'appel. *Loi
du 9 floréal an 7, tit. 4, art. 14.*

Ces trois jours sont francs, tant d'après la
disposition de l'art. 6 du tit. 3 de l'ordonnance
de 1667, qui porte, que dans les délais des
assignations et des procédures, ne seront compris les jours de signification des exploits et
actes ni les jours auxquels échéront les assignations, que d'après l'art. 3 du tit. 11 de la
loi du 22 août 1791, qui veut que, dans les
procédures de saisies on se conforme à ce qui

est prescrit par les lois générales de l'empire.
Un arrêt de la cour de cassation du 3 messidor an 9, a, en conséquence, annullé un jugement du tribunal civil des deux Nèthes, qui
avait rejeté l'appel de l'Administration sur
le motif que l'assignation avait été donnée à
trois jours francs, ce qui entraînait un délai
de cinq jours, contre le vœu de la loi du 14
fructidor an 3. La cour s'est déterminée par
la considération que la loi de fructidor n'avait
abrogé ni les dispositions de l'art. 6 du tit. 3
de l'ordonnance de 1667 ni celles de l'art. 3
du tit. 11 de la loi de 1791.

On ne pourrait arguer de nullité la signification qui aurait été faite de l'acte d'appel par
des préposés déjà rédacteurs du rapport, sous
prétexte que, dans l'exploit, ils n'auraient pas
fait mention de leurs prénoms et domiciles.
Arrêt de la cour de cassation du 17 brumaire
an 8, réformant un jugement du tribunal civil de l'Escaut, lequel avait rejeté l'appel de
l'Administration. La cour s'est décidée sur ce
que ces préposés avaient, dans leur signification
d'appel, rappelé leur rapport qui contenait
leurs noms, prénoms, etc.; et qu'au surplus,
autorisés par l'article 18 du tit. 13 de la loi du
22 août 1791 à faire les significations relatives aux affaires des douanes, ils n'étaient pas

soumis aux formalités prescrites par l'art. 2 du tit. 2 de l'ordonnance de 1667.

Le tribunal d'appel est tenu de prononcer dans le délai fixé par la loi (huitaine) pour les appels des jugemens des juges de paix. *Loi du 14 fructidor an 3, art. 6.*

Appel au criminel. Il peut être interjeté par le condamné, la partie plaignante , le procureur impérial près le tribunal de police correctionnelle et le procureur général impérial près la cour de justice criminelle du département. *Art.* 193 *du code des délits et des peines.*

Le condamné, la partie plaignante ou le procureur impérial, qui veulent appeler, sont tenus d'en passer la déclaration au greffe du tribunal correctionnel (maintenant de 1re. instance), le dixième jour au plus tard après celui qui suit la prononciation du jugement (1): pendant ces dix jours, il est sursis à l'exécution du jugement. *Art.* 194.

----

(1) La déclaration est faite en tems utile le dixième jour après celui qui a suivi la prononciation du jugement Arrêt de la cour de cassation du 17 ventose an 11 : le jugement avait été prononcé à l'audience du 4 frimaire

La requête contenant les moyens d'appel est remise au greffe du tribunal correctionnel dans les dix jours accordés par la loi pour appeler : elle est signée de l'appelant ou de son fondé de pouvoir ; dans ce dernier cas , le pouvoir est joint à la requête d'appel, le tout à peine de déchéance de l'appel (1).

Art. 195.

La requête d'appel est envoyée par le pro-

---

précédent, et la requête d'appel avait été remise au greffe le 5 nivose. En défalquant le jour du jugement et le suivant, de la computation des dix jours accordés, le 5 nivose était le dernier jour utile. La cour a annullé un jugement du tribunal criminel du département du Mont-Blanc , lequel avait déclaré l'appelant déchu de son appel.

(1) La procuration est de rigueur, si l'appel de l'Administration est déclaré par un avoué ; il n'en est pas de même si c'est par un de ses préposés. (*Voyez Pouvoir.*)

La procuration remplit le but de cet article, dès qu'elle confère expressément le droit de faire tout ce qui peut être nécessaire aux fins de la requête d'appel : on ne peut pas se prévaloir de ce qu'elle n'énonce d'une manière précise que le pouvoir de remettre cette requête : en effet , cette première énonciation emporte implicitement le droit de faire la déclaration d'appel

cureur impérial, au greffe de la cour de justice criminelle du département, le lendemain
de la remise qui en a été faite au greffe du
tribunal correctionnel. *Art.* 196.

L'appel émis par le procureur général impérial n'est pas sujet aux dispositions des trois
articles précédens ; il a, pour le notifier au
prévenu, soit que celui-ci ait été acquitté, soit
qu'il ait été condamné, un délai d'un mois,
à compter du jour de la prononciation du jugement. *Art.* 197.

L'appel est jugé sur rapport fait par l'un
des juges, à l'audience de la cour de justice
criminelle, dans les dix jours à compter de ce-

---

qui est la base de la requête. Arrêt de la cour de cassation, du 29 prairial an 9, infirmatif d'un jugement
du tribunal criminel du département des Bouches du
Rhône, qui, sous ce prétexte, avait, par une fausse
application des art. 194 et 195, déclaré la régie déchue de l'appel du jugement d'un tribunal correctionnel.

Le même arrêt ne pouvait pas avoir plus d'égard
à l'allégation de la partie adverse, que la requête ne
contenait pas les moyens d'appel de la régie, dès
qu'elle énonçait que le tribunal correctionnel avait
méconnu les lois sur la matière des douanes, ce qui
devait être regardé comme une énonciation suffisante
des moyens d'appel.

lui où la requête d'appel est parvenue à son greffe. *Art.* 199 *du code, et art.* 6 *de la loi du* 11 *prairial an* 7.

Préalablement, la partie plaignante et le procureur général impérial ont dû être entendus à la suite du rapport. *Art.* 200 *du code.*

L'appelant ne peut former opposition à un arrêt que la cour criminelle aurait rendu contre lui, sur le motif qu'il était par défaut : ainsi jugé par arrêt de la cour de cassation, du 15 frimaire an 13, fondé sur ce que, si la requête contenant les moyens d'appel avait été remise au greffe, cette requête avait rendu l'instance contradictoire, et que si elle n'avait pas été remise, l'appel était non-recevable.

Appel des jugemens par défaut : n'est point admissible pour ceux des tribunaux de paix, étant susceptibles d'être attaqués par la voie de l'opposition. *Articles* 3 *et* 4 *de la loi du* 14 *octobre* 1790, dont l'application a été faite par arrêts de la cour de cassation des 13 brumaire an 7, 7 floréal an 10 et 16 prairial an 13, qui ont réformé autant de jugemens des tribunaux civils de Ceret et Briançon, lesquels avaient admis l'appel de jugemens par défaut, soit avant soit après les trois jours fixés pour y former opposition. Ces tribunaux avaient motivé ces admissions sur ce que la loi du 14 octobre 1790, qui déclarait définitifs les jugemens par défaut auxquels il n'avait pas été formé opposition dans les trois jours, n'était point applicable aux affaires de douanes, étant antérieure à celles qui attribuent la connaissance de ces sortes d'affaires aux tribunaux de paix. La cour s'est décidée sur ce que les lois des 4 germinal an 2 et 14 fructidor an 3, qui ont attribué aux juges de paix la connaissance du contentieux des douanes, n'ont point dérogé à celle du 14 octobre 1790, et que ces deux dernières lois, en parlant d'appeler, ont entendu que ce ne pouvait être que dans le cas où l'appel était recevable.

Par une exception particulière, les jugemens, même par défaut, des tribunaux de police correctionnelle, rendus pour contravention à la loi du 10 brumaire an 5, ne peuvent être attaqués que par la voie de l'appel déclaré dans la forme et le délai prescrits par les articles 194 et 195 de la loi du 3 brumaire an 4. Ce principe a été consacré par arrêt de la cour de cassation du 9 frimaire an 9. (V. *Jugemens par défaut.*)

Appel désert : on nomme ainsi celui qui est déclaré nul pour n'avoir pas été relevé.

Lorsque les deux parties comparaissent au jour indiqué par l'assignation donnée sur un appel, les juges ne peuvent pas déclarer cet appel désert, quoique l'assignation ne soit pas régulière. La cour de cassation l'a décidé par arrêt du 26 vendémiaire an 10, infirmatif d'un jugement du tribunal civil d'Anvers.

APPOINTEMENS *des préposés de l'Adminis-tration des douanes* : sont saisissables jusqu'à concurrence du cinquième sur les premiers mille francs et toutes les sommes au-dessous; du quart sur les 5000 fr. suivans, et du tiers sur la portion excédant 6000 fr., à quelque somme qu'elle s'élève, et ce jusqu'à l'entier acquittement des créances. *Loi du 21 ventose an 9.*

Le mot *saisissable* signifie que le traitement ne peut être arrêté que par voie de saisie, et cette voie exige toujours que le créancier ait un titre, soit exécutoire soit sous signature privée, revêtu d'ordonnance du juge : ainsi, les simples oppositions au payement du traitement d'un préposé n'autoriseraient pas à la retenue de ce traitement.

Ils peuvent encore être arrêtés pour sûreté du payement des contributions personnelles. *Loi du 17 juillet 1793, art. 3.*

Les appointemens ne peuvent être réclamés contre l'Administration, deux ans après leur échéance. *Loi du 22 août 1791, tit. 13, art. 25.*

ARRESTATION *de personnes en flagrant délit*: pouvait, d'après l'art. 15 de la loi du 10 brumaire an 5, avoir lieu dans le cas de contravention à cette loi : l'art. 1er. d'un arrêté du 4e. complémentaire an 11 l'a prescrite aux postes militaires, gendarmes, gardes nationales de service et autres fonctionnaires, à l'égard de tous individus introduisant des marchandises de fabrique ou du commerce anglais, les vendant ou les entreposant dans l'intérieur, ou tentant d'introduire des marchandises de contrebande, soit par versemens faits hors la présence des préposés, soit en évitant les bureaux frontières.

Les prévenus doivent être conduits à l'instant même de l'arrestation, dans les prisons du lieu, pour être traduits de suite devant le magistrat de sûreté. *Art. 3 du même arrêté.*

A l'égard de ceux qui n'ont point été arrêtés, on doit les dénoncer au procureur général impérial près la cour de justice criminelle, pour obtenir leur arrestation. (V. PROCUREURS GÉNÉRAUX IMPÉRIAUX.)

Quant aux individus trouvés saisis de marchandises naufragées, enlevées sans permission, ils doivent être arrêtés et conduits à la maison d'arrestation. *Loi du 22 août 1791, tit. 7, art 7.*

Arrêtés. On a donné cette dénomination aux réglemens que le Gouvernement a été autorisé à faire pour assurer l'exécution des lois.

Assignation. (V. Citation.) On ajoutera qu'elle ne peut être donnée qu'aux parties dénommées dans l'arrêt en vertu duquel on assigne : ainsi jugé par arrêt de la cour de cassation, du 28 prairial an 13, dans l'espèce suivante.

Le maire de Bienne s'étant pourvu en cassation contre deux arrêts qui condamnaient sa commune en des dommages et intérêts, par suite de rébellions éprouvées sur son territoire par les préposés des douanes, avait obtenu deux jugemens d'admission, et les avait fait signifier non-seulement aux préposés dénommés, mais encore au préfet du département et aux procureurs impériaux près les cours de première instance et d'appel.

La cour de cassation a rejeté les deux pourvois, en se fondant particulièrement sur l'art. 7, tit. 1er. de la 2e. partie du réglement du conseil, de 1738, qui déclare nulles toutes assignations données à autres que ceux qui sont nommés ou désignés dans les arrêts qui permettent de citer.

Assureurs *de la contrebande* : sont complices et punis comme les contrebandiers. *Loi du 13 floréal an 11, art.* 4. (V. en conséquence **Contrebandiers.**)

Attroupement *avec port d'armes.* (V. **Contrebande.**)

Autorité administrative. L'autorité judiciaire qui improuverait ses actes commettrait un excès de pouvoirs : ainsi jugé par arrêt de la cour de cassation, du 17 brumaire an 14.

Le préfet du département des Deux-Nèthes avait désigné un commissaire de police d'Anvers, pour assister les préposés et le commissaire à l'estampille dans des visites à domicile qui devaient se faire pour la recherche des marchandises anglaises, et par suite desquelles on avait saisi à Lierre diverses marchandises. Les tribunaux de première instance et d'appel avaient accordé main-levée sur le motif, entr'autres, que ce commissaire de police avait opéré hors de son arrondissement, et que, dès-lors, il n'avait plus caractère pour accompagner les préposés dans leurs visites.

La cour de cassation a décidé que la **cour**
criminelle des Deux-Nèthes ayant eu connaissance de l'arrêté du préfet, chef suprême de
l'Administration dans son département, qui nom-
mait ce commissaire, et était relaté au **rapport**,
elle avait, par son jugement, commis une usurpation de pouvoir formellement prohibé **par**
le paragraphe 6 de l'art. 456 du code des délits et des peines ; que lors même que ce préfet n'aurait pas eu le droit de donner l'autorisation dont il s'agit, il n'appartenait pas à l'autorité judiciaire d'improuver un acte de l'autorité
administrative.

Avoués. L'art. 94 de la loi du 27 ventose
an 8, qui attribue aux avoués le droit exclusif
de prendre des conclusions dans les affaires
portées devant les tribunaux près desquels ils
sont établis, n'est nullement applicable **aux**
douanes, en ce que cette loi générale pour
les matières civiles ordinaires, ne contient
nulle dérogation à la loi spécialement décrétée
pour les matières des douanes, notamment à
l'art. 17 du tit. 6 de la loi du 4 germinal an 2,
qui porte : « En première instance et sur l'ap-
» pel, l'instruction sera verbale sur simple mé-
» moire, et sans frais de justice à répéter de
» part ni d'autre ». Comment l'Administration

des douanes aurait-elle pu être assujettie à l'obligation de se servir du ministère des avoués,
sans avoir le droit d'en répéter les frais contre
les parties à la charge desquelles elle obtien-
drait condamnation? Ainsi jugé par arrêt de
la cour de cassation du 1er. germinal an 10:
il annulle une délibération du tribunal civil de
l'arrondissement de Turnhout, du 25 frimaire
précédent, qui déclarait ne pouvoir admettre
le receveur des douanes de cet arrondissement
à prendre des conclusions dans les causes en
matière de contravention aux lois des 10 brumaire et 26 ventose an 5, que par le ministère
d'un avoué.

Cet arrêt est une conséquence des lois sur
les douanes, d'après lesquelles les receveurs et
autres préposés de cette Administration peuvent
stipuler et conclure en son nom devant tous
tribunaux.

Ce principe a, de nouveau, été consacré par
arrêt de la même cour, du 16 messidor an 10,
rendu sur un pourvoi émis par l'Administration
de l'enregistrement contre un jugement du tribunal civil de Pithiviers.

B.

BALLE, BALLOT : leurs marques et numéros doivent se trouver sur les manifestes. *Décret du 4 germinal an 2, tit. 2, art. 1er.*

Leurs marques, nombre et contenu doivent être énoncés dans l'état détaillé à remettre aux bureaux des douanes. *Art. 4.*

Pour leur ouverture par les préposés, voyez BATIMENS.

Pour ceux trouvés en moindre ou plus grand nombre, voyez DÉFICIT et EXCÉDANT.

BATIMENS DE MER. Les préposés des douanes peuvent aller à bord de tous, même de ceux de guerre, entrant dans les ports ou rades ou en sortant, montant ou descendant les rivières; y demeurer jusqu'au déchargement ou sortie; ouvrir les écoutilles, chambres, armoires, balles, ballots, tonneaux, et autres enveloppes. *Décret du 4 germinal, tit. 2, art. 8.*

Ils peuvent en fermer les écoutilles au coucher du soleil, pour n'être ouvertes qu'en leur présence. *Art. 5.*

Si les capitaines et officiers d'un bâtiment refusent d'ouvrir les chambres et armoires, les préposés peuvent demander l'assistance d'un

juge pour en être fait ouverture en sa présence. S'il n'y a pas de juge sur le lieu, ou
s'il refusait de se transporter sur le bâtiment,
le refus étant constaté par un procès-verbal,
les préposés requerront la présence du maire
du lieu, ou de son adjoint, qui sera tenu de
les y accompagner. *Loi de* 1791, *tit.* 13,
art. 8.

Le même article portait que si les préposés
soupçonnaient que des caisses, ballots et tonneaux contenaient des marchandises prohibées
ou non déclarées, ils les feraient transporter
à l'instant au bureau, pour être procédé immédiatement à la visite ; mais on peut se dispenser de cette mesure, au moyen de ce que
le décret cité, du 4 germinal an 2, permet
d'ouvrir, dans le bâtiment même, les balles,
tonneaux, etc.

Bâtimens au-dessous de cent tonneaux.
(V. Navires.)

Bâtimens de la marine militaire. (Voyez
Vaisseaux de l'Etat.)

Bestiaux. Ils ne peuvent circuler, dans les
deux myriamètres frontières, sans être accompagnés de passavans. *Arrêté du directoire,*

du 25 *messidor an* 6, *art.* 1ᵉʳ. (V. cependant l'arrêté du 22 thermidor an 10, art. 9, au mot POLICE.)

Les individus qui en font paître au-delà des bureaux de douanes placés du côté de l'étranger, sont tenus de prendre dans ces bureaux des acquits-à-caution portant soumission de représenter lesdits bestiaux au retour des pâcages. *Art.* 2.

Les dispositions de cet article s'appliquent aux bestiaux venant de l'intérieur et à ceux des métairies situées dans les deux myriamètres. *Lettre du ministre de la justice.*

Lorsque des bestiaux ainsi envoyés au pâcage meurent, il doit en être fait immédiatement déclaration au bureau où l'acquit-à-caution a été délivré, afin que les préposés puissent se transporter sur les lieux, à l'effet de vérifier ladite déclaration. Les soumissions ne sont annullées que sur le certificat desdits préposés que la déclaration était exacte. *Arrêté du directoire, du* 1ᵉʳ. *brumaire an* 7.

BREVET DE CONTRÔLE : doit être donné sans frais. *Loi du* 22 *août* 1791, *tit.* 2, *art.* 25.

Les porteurs de ces brevets ont, pendant une année, la faculté de se faire représenter les acquits originaux de payement : ce délai expiré, les préposés sont dispensés de cette représentation. *Même article.*

Bureau des douanes. Les bureaux placés sur les côtes, servent en même tems à la perception des droits d'entrée et de sortie. *Loi du 22 août 1791, tit. 1er. art. 2.*

Sur les frontières de terre (où il existe deux lignes de bureaux), les droits d'entrée doivent être acquittés dans les bureaux les plus voisins de l'étranger, et les droits de sortie dans ceux placés sur la ligne intérieure, à moins que ceuxci ne soient plus éloignés du lieu du chargement que les bureaux d'entrée ; auquel cas les droits de sortie seront payés dans ceux-ci. Ces deux lignes de bureaux se contrôlent mutuellement, et surveillent leurs opérations respectives. *Même article.*

Le tableau indicatif du bureau doit être mis au-dessus de sa porte, dans un lieu apparent.

Les tarifs des droits et les différentes lois rendues pour leur exécution, doivent être dans tous les bureaux, pour être communiqués à ceux qui voudront en prendre connaissance. *Loi de 1791, tit. 13, art. 3.*

Les formalités que le commerce est tenu de remplir pour ses différentes expéditions, doivent être indiquées par des affiches apposées dans l'intérieur des bureaux. *Même article.*

Bureaux changés ou nouvellement établis. L'article 1er. du titre 13 de la loi de 1791, d'après lequel aucun bureau ne pouvait être établi ou supprimé sans un décret du corps législatif, n'est applicable qu'aux changemens de ligne nécessités par de nouvelles limites.

Quant aux changemens de bureaux d'un lieu à un autre, à la suppression de ceux reconnus inutiles et à l'établissement de ceux dont la nécessité est démontrée, l'Administration provoque l'autorisation du ministre, dont la décision est publiée dans les quatre communes les plus voisines, et annoncée par des affiches apposées à l'entrée du lieu où le bureau est établi, conformément au même article 1er.

Dans le cas de nouvel établissement (1), les

____

(1) Quand le nouveau bureau est placé avant celui où on était dans l'usage d'acquitter, cet article lui est applicable. Il ne le serait pas, si le nouveau bureau était situé après celui où on acquittait auparavant, puisque le voiturier serait toujours en contravention, pour ne pas avoir conduit ses marchandises au bureau où il était précédemment tenu de les présenter.

L'article n'a d'application qu'à un bureau établi

marchandises ne sont sujettes à confiscation, pour ne pas avoir été conduites ou déclarées au nouveau bureau, que deux mois après la publication du décret ou de la décision qui l'aura établi. *Art.* 2.

Bureaux ; où placés. Les bureaux, ainsi que les barrières, postes ou clôtures, peuvent être établis sur le terrain qui sera nécessaire, en payant aux propriétaires la valeur dudit terrain, de gré à gré, ou réglée par les administrations de département, sur l'avis d'experts convenus ou nommés d'office. *Loi du 22 août 1791, tit.* 13, *art.* 4.

Les bureaux de recette peuvent être placés dans les maisons les plus convenables au service public et à celui de la régie, autres néanmoins que celles occupées par les propriétaires, en payant le loyer desdites maisons sur le prix des baux, ou d'après estimation ; et encore à la charge des dédommagemens d'usage envers les locataires déplacés avant l'expiration de leurs baux. *Même article.*

---

dans un lieu où il n'en existait pas et non à un bureau transporté dans le même lieu d'une maison à une autre.

Les maires, et à leur défaut les préfets de département, sont tenus, lors des réquisitions qui leur sont faites par les chefs du service des douanes, de désigner les maisons et emplacemens propres à l'établissement des bureaux et au logement des préposés. *Arrêté du directoire, du 29 frimaire an 6, art. 1ᵉʳ.*

La désignation ne doit porter que sur les maisons ou emplacemens qui ne sont point occupés par les propriétaires, à moins qu'il n'y ait impossibilité absolue de s'en procurer qui soient vacans ou loués : dans ce cas, une partie du local tenu par les propriétaires sera provisoirement affectée au service des bureaux et au logement des préposés. *Art.* 2.

Les maires et préfets doivent prendre, sans délai, les mesures nécessaires pour que lesdites maisons et emplacemens soient mis à la disposition des préposés des douanes. *Art.* 3.

Le loyer des maisons et emplacemens doit être réglé sur le prix des derniers baux, et l'Administration des douanes doit faire payer les dédommagemens d'usage aux locataires qui seront déplacés à la fin de leur jouissance ; s'il n'y a point de baux et si le prix du loyer ne peut pas être fixé de gré à gré, il sera réglé par experts convenus devant le préfet du département, sinon nommés d'office. *Art.* 4.

Lorsque les circonstances et l'intérêt du ser-vice exigent le déplacement de ces bureaux, il doit être payé aux propriétaires, en les leur remettant, une indemnité qui est fixée confor-mément à l'usage des lieux. *Arrêté des con-suls, du 28 pluviose an 11.*

Bureaux ; heures de leur tenue. 1°. Les bureaux doivent être ouverts, du 1er. avril au 30 septembre, depuis sept heures du matin jusqu'à midi, et depuis deux heures après midi jusqu'à sept heures ; et du 1er. oc-tobre au 31 mars, depuis huit heures du ma-tin jusqu'à midi, et depuis deux heures jusqu'à six heures du soir. *Art. 5, tit. 13 de la loi de* 1791.

2°. Les préposés sont tenus de s'y trouver pendant lesdites heures, à peine de répondre des dommages et intérêts des redevables qu'ils auront retardés. *Même article.*

3°. Les marchandises qui arrivent après l'heure des bureaux, sont déposées dans les dépen-dances de ces bureaux , jusqu'au moment de leur ouverture ; à l'effet de quoi il y a, au-tant que faire se peut, des cours et hangards tenant auxdits bureaux. *Même loi , tit. 2 , art. 2.*

Bureaux de conciliation. Les affaires relatives aux douanes ne sont point assujetties aux citations préalables aux bureaux de conciliation. *Loi du* 14 *fructidor , art.* 6, *et code de procédure civile, art.* 49.

———————

C.

CABOTAGE. (V. CIRCULATION PAR MER.)

CAISSE. Ce qui est dit aux mots BALLE et BALLOT, est commun aux caisses et futailles.

CAPITAINE OU MAÎTRE DE BATIMENT. Arrivé dans les deux myriamètres (quatre lieues) des côtes, il est tenu de remettre aux préposés, copie de son manifeste. (V. MANIFESTE.)

Abordant dans un port à destination pour un autre, doit représenter au bureau des douanes, dans les 24 heures de son arrivée, ses charte-parties, connaissemens ou polices de chargement, à peine de 500 fr. d'amende. *Loi du 22 août* 1791 *, tit.* 2 *, art.* 4.

Il ne peut se mettre en mer ni sur les rivières y affluentes, sans une expédition du bureau des douanes, à peine de confiscation et de 100 fr. d'amende. *Art.* 13.

Cette disposition est applicable aux embarquemens faits sur les canaux qui se rendent dans la mer. *Lettre au directeur de Dunkerque, du* 29 *avril* 1806.

Doit, à son arrivée, déclarer son chargement.
(V. *Déclaration à l'entrée par mer.*)

Lesdits capitaines ou maîtres sont tenus, à peine de déchéance de leur grade et de 500 fr. d'amende, de recevoir les préposés des douanes, et de leur ouvrir les chambres et armoires de leurs bâtimens, à l'effet d'y faire les visites nécessaires pour prévenir la fraude ; s'ils se refusent à l'ouverture desdites chambres et armoires, elle sera faite en présence d'un juge ou d'un officier municipal, et il en sera dressé procès-verbal aux frais desdits capitaines et maîtres. *Loi de* 1791, *tit.* 13, *art.* 8.

Les capitaines et maîtres des bâtimens sont responsables de la fraude trouvée, même en leur absence, sur leur bord ; ils allégueraient en vain qu'elle y a été mise à leur insu, devant fermer leurs bâtimens pour qu'ils ne servent point d'entrepôt à la fraude. Ce principe a été confirmé par arrêt de la cour de cassation, du 20 prairial an 11, annullant un jugement du tribunal criminel de la Manche, qui n'avait prononcé aucune condamnation contre Jean Chaignon, capitaine d'un sloop de Granville, sur lequel il avait été trouvé, dans des malles et coffres, des étoffes anglaises, dont la majeure partie était convertie en habillemens, sous prétexte qu'il n'était pas prouvé que ce capitaine eût eu connaissance de l'embarquement de ces effets.

CAS FORTUITS. Les conducteurs de marchandises qui en allèguent, sont tenus de les prouver. (V. *Acquit-à-caution.*)

CASSATION. (V. COUR DE CASSATION *et* POURVOI.)

CAUTION. On nomme ainsi la personne qui s'oblige à remplir l'engagement de celui qu'elle cautionne, dans le cas où celui-ci n'y satisferait pas.

Dans un acquit-à-caution, la caution s'oblige solidairement avec l'expéditionnaire. (V. *Acquit-à-caution.*)

Pour les cas où les marchandises et voitures peuvent être remises sous caution, voyez MAIN-LEVÉE.

CERTIFICAT. On nomme ainsi un témoignage donné par écrit pour assurer la vérité d'un fait qu'il est nécessaire de prouver.

Certificats d'arrivée, de décharge, etc. (V. *Acquit-à-caution.*)

Certificat de bonnes mœurs : doit être rap.

porté par un préposé des douanes avant d'être admis au serment, et l'acte de prestation de serment doit en faire mention. Ces certificats doivent être délivrés, soit par les agens municipaux du lieu de la résidence ordinaire des préposés, soit par les officiers des régimens où ils auraient servi. *Loi de* 1791 *, titre* 13 *, article* 12.

Certificat d'origine. C'est une pièce qui accompagne une marchandise, pour justifier qu'elle provient du crû ou des fabriques de tel pays ; au moyen de quoi, elle n'est pas prohibée ou est sujette à de moindres droits que si la marchandise venait d'un autre pays.

Ce certificat est nécessaire pour jouir de la modération de droits accordée aux crêpes d'Italie. *Décret du* 26 *mars* 1806.

Pour l'admission des objets dont l'entrée n'est permise qu'autant qu'ils ont été fabriqués en pays neutre ou allié. *Art.* 3 *de la loi du* 1er. *mars* 1793 *, et* 13 *de la loi du* 10 *brumaire.*

Le certificat doit contenir la déclaration assermentée des envoyeurs, que les objets y énoncés ne proviennent point des fabriques ni du commerce des puissances en guerre avec la France; *Loi du* 19 *pluviose an* 5 ; et qu'ils ont été fabriqués dans les lieux mêmes où les certificats ont été délivrés. *Loi du* 1er. *mars* 1793 , *art.* 4.

Il est de rigueur que le certificat d'origine accompagne la marchandise, dont l'introduction n'est permise qu'à cette condition. Arrêt de la cour de cassation, du 8 prairial an 10. Le tribunal criminel des Deux-Nèthes avait donné main-levée d'une saisie de clous et chevilles de fer qui n'étaient pas accompagnés du certificat prescrit par la loi du 19 pluviose an 5, pour profiter de l'exception faite à la loi du 10 brumaire, en faveur de quelques objets. L'arrêt a jugé que les termes de la loi étaient exclusifs d'une justification postérieure à l'introduction ; qu'ainsi le tribunal criminel était contrevenu à la dernière disposition de l'article 1er. de cette loi.

.La déclaration insérée dans le certificat d'une municipalité suisse, que des marchandises sont de propriété suisse, n'équivaut pas et ne peut suppléer à l'attestation formelle requise par l'art. 4 de la loi du 1er. mars, pour la régularité du certificat d'origine, c'est-à-dire que les marchandises ont été fabriquées dans un pays avec lequel la France n'est point en guerre. Arrêt de la cour de cassation, du 29 frimaire an 10.

Le même arrêt a aussi jugé qu'un certificat d'origine ne pouvait s'appliquer qu'aux marchandises y énoncées et non à celles qui les accompagnaient, et que si des marchandises présentées avec un certificat d'origine étaient reconnues différentes en poids ou qualité, elles étaient réputées n'être accompagnées d'aucun certificat, et conséquemment sujettes à confiscation.

CHARGEMENT DES NAVIRES : ne peut avoir lieu que dans l'enceinte des ports où les bureaux sont établis, sauf les cas de force majeure, justifiés par un rapport fait dans les formes prescrites. *Loi du* 22 *août* 1791 *, tit.* 13 *, art.* 9.

Ils ne peuvent se faire qu'en plein jour, entre le lever et le coucher du soleil. *Décret du* 4 *germinal an* 2, *tit.* 6, *art.* 1er.

Et après un permis par écrit des préposés des douanes, et en leur présence. *Même article, et tit.* 2, *art.* 13, *et tit.* 13, *art.* 11 *de la loi de* 1791.

Les préposés nommés pour assister au chargement sont tenus de se transporter sur le lieu, à la première réquisition, à peine de répondre des événemens résultans de leur refus. *Art.* 13 *du tit.* 2 *de la loi de* 1791.

Pour ceux en relâche, voyez RELACHE FORCÉE.

Charte-partie. C'est l'acte d'affrétement sur l'Océan , et de nolissement sur la Méditerranée : c'est un contrat passé entre le capitaine ou le maître du bâtiment et le marchand affréteur ou noliseur, pour le prix du nolis ou fret d'une cargaison.

La charte-partie diffère du connaissement en ce que la première se fait pour l'entier affrétement d'un navire pour l'aller et le retour, et que le connaissement n'est qu'un acte particulier qui se fait pour l'aller ou le retour seulement.

Chemins obliques. Il est défendu d'en prendre aucun tendant à contourner et éviter les bureaux. *Loi de* 1791 , *tit.* 2 , *art.* 3. (V. **Importation et Exportation.**)

Chevaux , mules et mulets : ne sont point compris dans la dénomination générique de bestiaux. Arrêt de la cour de cassation, du 17 juin 1806.

Huit mulets avaient été saisis pour défaut d'expédition à la circulation dans les deux myriamètres : les tribunaux de première instance et d'appel séant à Bayonne, en avaient accordé la main-levée, en se fondant sur ce que l'art. 4 de la loi du 19 vendémiaire an 6 exempte de la formalité du passavant les bestiaux circulant dans la ligne des douanes, lorsqu'ils ne font pas route vers la frontière. La cour de cassation a réformé ces jugemens, sur le motif que les mules, mulets et chevaux n'étant point compris dans l'expression générique de bestiaux, il y avait eu, dès-lors, fausse application de l'article précité.

Chevaux et Voitures. (V. VOITURES.)

CIRCULATION PAR MER. Elle n'assujettit à aucun droit; mais on doit remplir les formalités prescrites pour prévenir les abus : ce qui est dit ci-après pour la circulation par emprunt de l'étranger, lui est applicable.

Les négocians ou commissionnaires qui veulent expédier des marchandises d'un port français à destination d'un autre port français, sont, en outre, tenus d'en déclarer la valeur au bureau de la douane du lieu de l'enlèvement. *Loi du 8 floréal an* 11, *art.* 74.

Si, lors de la vérification au départ, les préposés reconnaissent que la quantité est inférieure à celle portée sur la déclaration et que le déficit excède le vingtième des marchandises ou denrées déclarées, la valeur des quantités manquantes est réglée suivant le prix courant du commerce au moment de l'expédition, et le déclarant est obligé de payer, à titre de confiscation, la somme ainsi réglée, et de plus l'amende de 500 fr. *Même article.*

Si les marchandises se trouvent être d'espèces différentes que celles déclarées, elles sont saisies et confisquées, et le déclarant est condamné à payer, à titre de confiscation, une somme égale à la valeur des objets portés dans la déclaration, suivant le prix courant du commerce, et une amende de 500 fr. *Art.* 75.

Dans le cas où, lors de la visite au bureau du port de destination, les préposés reconnaissent une quantité plus considérable que celle énoncée sur l'expédition délivrée au bureau du lieu du départ, cet excédant est saisi, et la confiscation en est prononcée avec amende de 500 fr.: cependant si l'excédant n'est que du vingtième de la quantité portée sur l'expédition, il n'y a lieu qu'à la perception des droits imposés sur les marchandises ou denrées de même nature venant de l'étranger. *Art.* 76.

Circulation par emprunt du territoire étranger.

Les marchandises qui ne pourront être transportées directement par terre, d'un lieu à un autre de la France, qu'en empruntant le territoire étranger, ne sont sujettes à aucun droit d'entrée et de sortie ; mais elles sont soumises aux formalités ci-après. *Loi de* 1791, *tit.* 3, *art.* 1er.

Celles qui devraient des droits de sortie si elles étaient destinées pour l'étranger, doivent, après déclaration et visite, être expédiées par acquit-à-caution. *Art.* 2.

Il en est de même de celles prohibées à la destination étrangère. *Art.* 4.

Celles exemptes de droits peuvent être expédiées par simple passavant. *Art.* 3.

Celles qui rentrent de l'étranger en France, sans expédition, doivent être traitées comme étrangères.

Circulation dans la distance des quatre lieues des frontières. (V. Police, n°. 3.)

Citation : acte judiciaire, par lequel on somme un prévenu d'avoir à comparaître devant un tribunal, pour y répondre à des demandes ou se voir condamner à des peines.

Pour celles sur les rapports des saisies, voyez Rapport.

Dans le cas d'appel, voyez Appel.

Les contrevenans à la loi du 10 brumaire an 5, et à celle de ventose relative aux grains, doivent être cités à comparaître au tribunal de police correctionnelle. Les citations sont alors distinctes des rapports qui doivent être remis au directeur du jury : aussi la cour de justice criminelle du département de la Lys, ayant annullé un rapport sur le motif qu'il ne contenait pas la citation voulue par l'art. 6 du tit. 4 de la loi du 9 floréal an 7, la cour de cassation a infirmé, le 21 nivose an 13, cet arrêt pour fausse application de l'article précité, qui n'est relatif qu'aux contestations qui doivent être jugées en première instance par les juges de paix.

La même cour avait déjà annullé sur le même motif, le 11 floréal an 10, un jugement du tribunal criminel de l'Escaut, relatif à une saisie de grains.

Lorsque la citation est donnée directement au prévenu par la partie plaignante, elle doit contenir la plainte même, qui, dans cette circonstance, n'est sujette à aucune formalité. *Code pénal, art.* 181.

La citation ne peut être signifiée, et ne saisit le tribunal, qu'après avoir été visée par le directeur du jury, lequel ne la vise qu'après s'être assuré que le délit qui en est l'objet, est de la compétence du tribunal correctionnel. *Art.* 182.

Il suit du premier de ces articles, qu'en matière de douanes, toute citation doit contenir extrait du rapport.

La citation suivante peut servir de modèle dans tous les cas.

L'an   le   à la requête de M. le Directeur général et de MM. les administrateurs des douanes impériales, dont le bureau d'Administration centrale est à Paris, rue Montmartre, lesquels font élection de domicile, à l'effet des présentes, au bureau du sieur   receveur de la douane, à   y demeurant, j'ai (les noms et les qualités de celui qui fait la citation) soussigné, cité le sieur   demeurant à   en son domicile, en parlant à   à comparaître pardevant **MM.** les président et juges composant le tribunal correctionnel de l'arrondissement de séant en son auditoire ordinaire, audit le   heures du matin, par suite du rapport dressé le   par les préposés desdites douanes, à la résidence de   pour avoir été surpris, remettant et chargeant sur des voitures, en infraction de la loi du 10 brumaire an 5,   ballots de marchandises anglaises dont une chaloupe venait d'opérer le débarquement frauduleux, pour voir déclarer bonne et valable la saisie qui en a été faite , ensemble celle des chevaux et voitures servant au transport , et en conséquence en entendre prononcer la confiscation ; pour, en outre, se voir condamner à une amende triple de la valeur des objets saisis, et en autant de jours d'emprisonnement qu'il plaira au tribunal d'arbitrer, le tout conformément à la loi du 10 brumaire an 5, et aux dépens.

Cette citation, après avoir été visée par l'un des juges du tribunal de première instance, comme directeur du jury, et enregistrée, devrait être signifiée au prévenu. (V. SIGNIFICATION.)

Pour la comparution au tribunal, et la marche subséquente de la procédure, voyez PROCÉDURE, n°. 2.

CLEFS DES MAGASINS. Il doit être remis aux préposés des douanes une clef de ceux contenant les marchandises naufragées ou provenant de prises. *Loi du 22 août 1791, tit. 7, art. 2; loi du 3 brumaire an 4, art. 22, et décret du 2 prairial an 11, art. 78.*

COLLUSION *entre les préposés et les fraudeurs:* donne lieu à poursuite contre les préposés par la voie criminelle. *Décret du 4 germinal an 2, tit. 4, art. 5.*

Commandans militaires : pour la main-forte qu'ils sont tenus de faire prêter, voyez Main-forte.

Commissaires généraux de police : doivent veiller à l'exécution des lois et réglemens des douanes touchant la contrebande, et peuvent faire saisir les marchandises prohibées par les lois. *Décret du 23 fructidor an 13, art. 13.*

Ceux qui sont sur les frontières de terre ou de mer, exercent à ce sujet leurs fonctions dans la ligne des douanes et dans l'étendue de cette ligne. *Art.* 20.

Commissaires de police. Ils ont un caractère suffisant pour assister les préposés dans les opérations qu'ils font, même hors de leur arrondissement, dès qu'ils en ont été chargés par arrêté du préfet : ainsi jugé par arrêt de la cour de cassation, du 17 brumaire an 14, infirmatif de celui de la cour criminelle du département des Deux-Nèthes, qui avait accordé main-levée d'une saisie de marchandises anglaises faite à domicile, sur le motif que le commissaire qui avait assisté les préposés avait opéré hors de son arrondissement.

Commission : pour la nécessité d'en être

muni, et l'obligation de la remettre, voyez
Préposés, n°. 1.

Commissionnaires : pour les cas où ils peuvent être privés du crédit, de l'entrepôt et du
transit, voyez Négociant.

Pour leur complicité avec les contrebandiers,
voyez Complices.

En ce qui concerne les marchandises anglaises saisies chez eux, voyez Marchandises
anglaises.

Communes. Tous citoyens habitant la même
commune, sont garans civilement des attentats
commis sur son territoire, soit contre les personnes, soit contre les propriétés. *Loi du* 10
vendémiaire an 4, *tit.* 1er. *art.* 1er.

Chaque commune est responsable des délits
commis à force ouverte ou par violence sur
son territoire, par des attroupemens ou rassemblemens armés ou non armés, soit envers les
personnes, soit contre les propriétés nationales
ou privées, ainsi que des dommages-intérêts
auxquels ils donnent lieu. *Tit.* 4, *art.* 1er.

Dans le cas où les habitans de la commune
auraient pris part aux délits commis sur son
territoire par des attroupemens et rassemble-

mens, cette commune sera tenue de payer au trésor public une amende égale au montant de la réparation principale. *Art.* 2.

Si les attroupemens ou rassemblemens ont été formés d'habitans de plusieurs communes, toutes seront responsables des délits qu'ils auront commis, et contribuables, tant à la réparation et dommages-intérêts, qu'au payement de l'amende. *Art.* 3.

Les habitans de la commune ou des communes contribuables qui prétendraient n'avoir pris aucune part aux délits, et contre lesquels il ne s'élèverait aucune preuve de complicité ou participation aux attroupemens, pourront exercer leur recours contre les auteurs et complices des délits. *Art.* 4.

Dans les cas où les rassemblemens auraient été formés d'individus étrangers à la commune sur le territoire de laquelle les délits ont été commis, et où la commune aurait pris toutes les mesures qui étaient en son pouvoir à l'effet de les prévenir et d'en faire connaitre les auteurs, elle demeurera déchargée de toute responsabilité. *Art.* 5.

Lorsque, par suite de rassemblemens ou attroupemens, un individu, domicilié ou non sur une commune, y aura été pillé, maltraité ou homicidé, tous les habitans seront tenus de lui payer, ou, en cas de mort, à sa veuve et enfans, des dommages-intérêts. *Art.* 6.

L'arrêté du 4ᵉ. complémentaire an 11 a donné plus de développement à ces dispositions.

L'article 13 de cet arrêté porte qu'en conséquence de l'art. 4 du tit. 1ᵉʳ. de la loi du 10 vendémiaire an 4, relative aux délits dont les communes sont responsables, celles sur le territoire desquelles des attroupemens ou rassemblemens armés ou non armés, spécifiés par ladite loi, se seraient portés au pillage des bureaux des dépôts des douanes, et auraient exercé quelque violence contre les propriétés nationales ou privées, sont responsables de ces délits et des dommages-intérêts auxquels ils donneront lieu.

Conformément à l'art. 6 du même titre de la même loi, lorsque, par suite de ces rassemblemens ou attroupemens, un individu préposé aux douanes ou autre, domicilié ou non sur une commune, y aura été pillé, maltraité ou homicidé, tous les habitans seront tenus de lui payer, ou, en cas de mort, à sa veuve et enfans, des dommages-intérêts. *Art.* 14.

En conséquence de l'art. 5 du même titre, dans le cas où les rassemblemens auraient été formés d'individus étrangers à la commune sur le territoire de laquelle les délits ont été commis, et où la commune aurait pris toutes les mesures qui étaient en son pouvoir à l'effet de les prévenir et d'en faire connaître les auteurs, elle demeurera déchargée de toute responsabilité. *Art.* 15.

La poursuite de la réparation et des dommages-intérêts, dans les cas prévus par ces articles, ne peut être faite qu'à la diligence du préfet du département, autorisé par le Gouvernement, devant le tribunal civil de l'arrondissement dans lequel le délit aura été commis. *Art.* 16.

On doit en conséquence remettre à ce magistrat une expédition authentique du rapport.

L'article 2 du titre 5 de la loi du 10 vendémiaire, portant que la responsabilité des communes ne peut être exercée que d'après le rapport des officiers municipaux, n'est point applicable aux préposés des douanes, dont les procès-verbaux, duement rédigés et affirmés, sont crus jusqu'à inscription de faux. Ces préposés peuvent valablement attester les troubles apportés à leurs fonctions, que la loi protège, les spoliations d'objets saisis, les voies de fait, etc.; et leur rapport suffit aux tribunaux pour statuer sur la responsabilité encourue par les communes. Le conseil d'état l'a ainsi décidé le 5 floréal an 13.

La cour de cassation a jugé en conformité, le 28 prairial suivant, en rejetant le pourvoi déclaré par le maire de Fienne contre un arrêt de la cour d'appel de Colmar, qui avait condamné sa commune à des dommages et intérêts, par suite d'une rébellion exercée sur son territoire, et qui n'avait été constatée que par le rapport des préposés. La cour a pensé que ce rapport et l'instruction du directeur du jury remplissaient le vœu de la loi, et suppléaient à l'absence du procès-verbal des officiers municipaux.

Les jugemens que rendent les tribunaux civils par application de la loi du 10 vendémiaire an 4, doivent être attaqués par la voie de l'appel, avant de l'être par celle de cassation. Arrêt de la cour de cassation, du 20 thermidor an 11, contre l'Administration des douanes, dont le receveur, au lieu de déclarer l'appel d'un jugement du tribunal civil d'Oléron, qui déchargeait une commune de la responsabilité qu'elle avait encourue, avait émis le pourvoi. La cour, se fondant sur l'art. 65 de la constitution, a rejeté ce pourvoi, en déclarant que le jugement sur lequel on s'était pourvu, n'était pas rendu en dernier ressort.

Compétence. On nomme ainsi le droit qui

appartient à des juges de prononcer dans les affaires dont la connaissance ou l'attribution leur est accordée.

Compétence des juges de paix : les saisies pour contravention aux lois des douanes, doivent être portées devant le juge de paix du lieu le plus prochain. *Loi du 4 germinal an 2, tit. 6, art.* 12.

Les tribunaux de paix, qui connaissent en première instance des saisies, jugent également, en première instance, les contestations concernant le refus de payer les droits, le non rapport des acquits-à-caution, et les autres affaires relatives aux douanes. *Loi du 14 fructidor an 3, art.* 10.

Par suite, ils sont compétens pour prononcer sur des rapports rédigés pour injures et provocations menaçantes contre des préposés, sans autre délit plus grave. Arrêts de la cour de cassation, des 3 ventose an 10 et 21 nivose an 13.

Le premier est intervenu dans l'espèce suivante : deux particuliers ayant été condamnés par un juge de paix à 500 fr. d'amende, conformément à l'art. 14 du tit. 13 de la loi du 22 août 1791, le tribunal civil de Perpignan avait déclaré ce jugement incompétemment ren-

du , ne s'agissant que d'injures et menaces ver-
bales, pour lesquelles les tribunaux de paix ne
pouvaient prononcer d'amende sans contrevenir
au code des délits et des peines. La cour de
cassation annulla le jugement du tribunal civil
sur le fondement de l'art. 10 de la loi de fructidor an 5.

L'arrêt du 21 nivose a eu lieu relativement
à des bêtes à laine saisies et spoliées par des
particuliers armés de fourches et de bâtons,
parmi lesquels on avait reconnu le propriétaire
des bestiaux et son frère. Deux procédures s'en-
gagèrent ; l'une à la cour de justice criminelle
spéciale séant à Perpignan, relativement au
fait de rébellion, et l'autre au tribunal civil de
Prades, pour l'application à la commune des
dispositions de la loi de vendémiaire an 4. L'instruction à la cour spéciale fit connaître que les
deux frères n'étaient point armés et s'étaient
bornés à provoquer la spoliation ; alors cette
cour les condamna seulement à l'amende de
500 fr. et aux dépens. Ces deux particuliers émi-
rent le pourvoi, en l'appuyant sur l'incompétence
de la cour criminelle spéciale.

La cour de cassation , annullant l'arrêt de la
cour spéciale , en ce qui concernait ces particuliers , a décidé que les amendes et les confiscations auxquelles donnent lieu les contra-

ventions en matière de douanes, **ne peuvent,**
en règle générale, être poursuivies que civilement, ainsi qu'il résulte des principes développés dans l'arrêté du 27 thermidor an 4; que
les tribunaux correctionnels et criminels n'ont
d'attribution à cet égard, que dans le cas où
elle leur est confiée par des lois particulières;
enfin, qu'aucune loi n'a donné à ces tribunaux
l'attribution des condamnations d'amende prescrites contre l'opposition à l'exercice des préposés des douanes, par la première partie de
l'art. 2 du tit. 4 de la loi du 4 germinal an 2.
L'Administration et même le ministère public
ont, d'ailleurs, été renvoyés par la cour de cassation à poursuivre les deux particuliers, auteurs
du trouble, devant qui de droit.

L'appel des jugemens des tribunaux de paix
doit être porté devant le tribunal civil d'arrondissement, dans le ressort duquel se trouvera
le juge de paix qui aura rendu le jugement.
Loi du 14 fructidor an 3, art. 6.

*Compétence pour les marchandises an-
glaises et les grains.*

Les affaires pour contravention à la loi du
10 brumaire an 5 concernant les marchandises
anglaises, doivent être portées en première instance, au tribunal correctionnel dans le ressort

duquel le délit a été commis. *Art.* 15 *de ladite loi.*

Cette attribution s'étend aux saisies d'objets de fabrique étrangère , non accompagnés de certificats d'origine , sans lesquels ils sont réputés provenir d'Angleterre , et à ceux qui ne peuvent entrer que par certains bureaux : ainsi jugé par arrêts de la cour de cassation, des 7 frimaire et 27 thermidor an 9, et 28 pluviose an 12, qui ont annullé des jugemens contraires.

Celui du 7 frimaire est de la cour criminelle du département des Deux-Nèthes , et relatif à des mousselines étrangères.

Toute incertitude à cet égard disparaît relativement aux toiles de coton blanches et peintes, mousselines et cotons filés pour mèches, depuis la prohibition absolue portée contre eux par le décret du 22 février 1806. *Circulaire du 28 mars suivant.*

Plusieurs arrêts de la cour de cassation ont consacré le principe que les saisies de marchandises anglaises sur des navires au-dessous de cent tonneaux , étaient de la compétence de ces tribunaux.

Un de ces arrêts, du 8 messidor an 8 , a annullé un jugement du tribunal criminel de la Lys, du 9 germinal précédent , qui s'était déclaré incompétent relativement à des marchan-

dises anglaises trouvées sur un bâtiment au-
dessous de 5o tonneaux, dans les deux lieues
des côtes, sous prétexte que la saisie avait été
faite dans des circonstances qui n'étaient pas
nominativement prévues par la loi de brumaire.

Un autre, du 15 frimaire an 11, a annullé
un jugement du tribunal criminel du département du Nord, rendu dans l'espèce suivante :
un bâtiment au-dessous de 100 tonneaux, réex-
portait des marchandises anglaises; il avait été
apperçu, à une très-petite distance de la côte, faisant des signaux auxquels on répondait de terre,
et il fut saisi. Des tribunaux correctionnel et
criminel avaient prétendu que la loi du 10 brumaire ne frappait que sur des marchandises
importées; que des marchandises saisies en
mer n'étaient pas dans ce cas, et que pour
qu'il y eût importation, il fallait que le navire
fût dans un port, rade ou hâvre, et qu'il tou-
chât à la terre ferme, aux termes de l'art. 2;
qu'ainsi le seul cas d'importation effectuée était
de la compétence des tribunaux correctionnels,
tandis que celui de la saisie en mer, dans les deux
lieues des côtes, était de celle des tribunaux civils,
suivant les dispositions de la loi du 22 août 1791,
tit. 15, art. 7, laquelle seule, suivant eux,
parlait du cas de la saisie en mer.

Mais il était constant que les marchandises

saisies étaient anglaises : elles n'avaient été vendues qu'à la charge de la réexportation ; elles avaient été saisies à une très-petite distance de terre , et à la limite défendue : l'art. 15 de la loi du 10 brumaire attribuait formellement aux tribunaux de police correctionnelle la connaissance de l'introduction des marchandises anglaises, et de toutes les autres contraventions aux dispositions de cette loi ; et cette loi, art. 12 , comprenait la tentative d'introduction dans l'étendue des trois lieues en mer, comme celle d'août 1791 la présence dans l'étendue des deux lieues ; ces considérations déterminèrent l'arrêt qui fut rendu , toutes les sections réunies.

Enfin, un troisième, du 20 messidor suivant, a cassé un jugement du tribunal criminel de Jemmapes, qui s'était déclaré incompétent relativement à une saisie de marchandises anglaises trouvées à bord d'un navire au-dessous de 50 tonneaux, dans les deux lieues des côtes. La cour a décidé que le fait de leur importation résultait de leur existence sur ce bâtiment.

Les tribunaux correctionnels connaissent des affaires concernant le transport de grains ou farines surpris de nuit ou sans passavant, dans la distance de 5 kilomètres (une lieue) en deçà des frontières de terre , et de 25 hectomètres

(une demi-lieue) des côtes maritimes. *Loi du 26 ventose an 5, art. 6.*

Ils ont été déclarés compétens pour connaître d'une saisie de grains faite dans une maison où ils avaient été introduits à la suite d'une autre saisie de grains à l'introduction. **Arrêt de la cour de cassation, du 6 frimaire an 10.** Le tribunal de première instance distinguant parmi les grains saisis, ceux abandonnés hors du domicile d'avec ceux introduits furtivement dans la maison, avait considéré la saisie faite à domicile comme un entrepôt, à l'égard duquel le juge de paix était seul compétent. Le tribunal correctionnel de Gand a été déclaré compétent pour cette dernière saisie.

L'article 202 du code des délits et des peines, d'après lequel les délits doivent être jugés dans le ressort où ils ont été commis, n'est point applicable aux saisies que, d'après l'art. 2 de la loi du 9 floréal an 7, on a conduites au plus prochain bureau : ainsi jugé par la cour de cassation, le 29 nivose an 9, relativement à des grains saisis sur des inconnus et conduits au bureau d'Anvers, comme le plus prochain de l'arrestation. La cour s'est décidée sur ce que ce code ne pouvait être appliqué aux affaires des douanes, quand il y avait un réglement particulier à cette partie.

Un autre arrêt de la même cour, en date du 27 floréal an 9, a jugé en conformité dans l'espèce suivante : des marchandises, soupçonnées anglaises, avaient été arrêtées dans l'arrondissement du tribunal de Turnhout ; on s'était même assuré à Westerlos, où les saisissans avaient passé la nuit, et en entrouvrant les ballots, de la nature de ces marchandises ; mais la crainte de rencontrer des contrebandiers armés, avait obligé à conduire ces marchandises à Anvers, dont le tribunal correctionnel s'était déclaré incompétent, sous prétexte que le délit avait été constaté à Westerlos ; le tribunal criminel des Deux-Nèthes en avait jugé de même. La cour de cassation se décida sur ce que l'examen fait à Westerlos n'avait été que préparatoire, subordonné à celui qui devait avoir lieu au bureau d'Anvers, où les circonstances impérieuses et prévues par la loi, avaient forcé de conduire les marchandises.

Compétence relative à l'introduction de marchandises sujettes aux droits.

L'article 26 de la loi du 22 ventose an 12, portant que tout individu surpris au moment où il introduira des marchandises en fraude des droits, notamment des cotons filés, des tabacs en feuilles et des denrées coloniales, sera condamné pour la première fois à six mois de prison, et pour la seconde fois à un an, c'est nécessairement aux tribunaux de police correctionnelle qu'il appartient de prononcer, soit que les prévenus aient été arrêtés ou seulement reconnus, soit qu'ils aient pris la fuite et qu'on n'ait pu parvenir à les connaître. Tout individu est réputé surpris introduisant, lorsque le rapport constate qu'il vient de l'étranger, dans quelqu'endroit du double myriamètre qu'il soit arrêté, et même en deçà, s'il avait toujours été suivi à vue, cas prévu par l'art. 35 du tit. 13 de la loi du 22 août 1791. *Circulaire du Conseiller d'état Directeur général, du 10 frimaire an 13.*

S'il n'y avait que circulation sans passavant, et que l'on ne pût légalement constater que l'individu vient de l'étranger, il serait seulement justiciable du tribunal de paix, à moins que la marchandise portât en elle-même la preuve de l'origine anglaise, et conséquemment de son importation prohibée. *Même circulaire.*

Ce sont les cours de justice criminelle qui connaissent par appel des affaires de la compétence des tribunaux correctionnels.

Pour la compétence des cours de justice criminelle spéciale, *voyez ce mot.*

Complices, *fauteurs et adhérens des faits qui ont préparé ou suivi la contrebande.*

Sont réputés tels les propriétaires des marchandises, leurs facteurs, commissionnaires et autres agens qui ont chargé des individus de faire, moyennant un prix convenu, l'importation ou l'exportation de marchandises à main-armée.

Ils doivent être traduits dans les prisons du lieu. *Arrêté du 4ᵉ. complémentaire an 11, art. 3.*

Ceux qui n'ont pu être arrêtés en flagrant délit, doivent être dénoncés au procureur général impérial, afin qu'il provoque les mandats d'arrêt contre eux. *Même arrêté, art. 7.*

Comptables. On donne en douane cette dénomination aux receveurs.

Le comptable destitué ou démissionnaire est tenu de remettre à l'instant, à la régie ou à son fondé de procuration, les registres et autres effets dont il est chargé pour la régie, et de rendre ses comptes; sinon et à faute de ce faire, il peut être décerné contrainte par le fondé de procuration, et la contrainte, visée par l'un des juges du tribunal, est exécutée par toutes voies, même par corps. *Loi du 22 août 1791, tit. 13, art. 24.*

Concussion : c'est l'action de faire payer plus qu'il n'est dû : la peine prononcée contre ce délit, est encourue par le préposé qui perçoit d'autres et plus forts droits que ceux fixés par la loi. *Loi de* 1791*, tit.* 13*, art.* 29.

Confiscation *des marchandises, chevaux, voitures, bateaux et bâtimens.*

On indique aux mots, Déclarations, Importations, Manifeste, Navires, Prohibitions, etc., dans quels cas et pour quelle partie la confiscation doit avoir lieu ; on y voit que se bornant en général à la marchandise, elle s'étend cependant quelquefois aux voitures, etc.

Quand le rapport est annullé, la confiscation ne peut être prononcée. (Voyez cependant pour les marchandises prohibées, l'article *Confiscation d'office.*)

La confiscation peut être poursuivie et prononcée contre les conducteurs de marchandises, sans que la régie soit tenue de mettre en cause les propriétaires, quand même ils lui seraient indiqués. *Loi de* 1791*, tit.* 12*, art.* 1er.

Aucun juge ne peut modérer les confiscations, ni en ordonner l'emploi, au préjudice de la régie. *Art.* 4.

Le juge contrevenant en serait responsable. *Loi du* 4 *germinal an* 2*, tit.* 6*, art.* 23.

Confiscation d'office. L'art. 23 du tit. 10 de la loi du 22 août 1791, en prononçant la nullité des procès-verbaux et des saisies, pour la rédaction desquels les formalités prescrites n'auront pas été observées, porte une exception en faveur des marchandises prohibées à l'entrée, dont la confiscation sera poursuivie à la requête du commissaire du Gouvernement, mais sans amende.

La disposition de cet article, relative aux objets de prohibition à l'entrée, sera exécutée pour ceux dont la sortie est défendue : en conséquence, dans le cas où, à raison d'un vice de forme, il y aurait lieu d'annuller un procès-verbal portant saisie d'objets prohibés à la sortie, il est enjoint au commissaire national d'en requérir sur-le-champ la confiscation, laquelle sera prononcée à la même audience, sans amende. *Loi du 15 août 1793, art. 4.*

De ce que l'art. 18 de la loi du 9 floréal an 7 abrogeait les dispositions du tit. 10 de celle du 22 août 1791, plusieurs tribunaux en avaient conclu que la confiscation d'office ordonnée par ce titre, relativement aux objets prohibés, ne devait plus avoir lieu : la cour de cassation a jugé le contraire, par arrêts des 19 messidor an 7, 15 prairial et 9 messidor an 8 ; 1er. germinal et 11 floréal an 9; 3 ventose an 10, et 8 brumaire an 11.

Celui de prairial s'exprime comme suit :

La cour de cassation, vu la loi du 22 août 1791, tit. 10, art. 23;

Vu pareillement l'article 4 du décret du 15 août 1793 :

Considérant que la loi du 9 floréal an 7, qui a établi les formes à observer pour les procès-verbaux des préposés des douanes, n'a entendu rapporter le tit. 10 de la loi du 22 août 1791, qu'en ce qui concerne ces formes, et non en ce qui concerne l'art. 23 de ce titre, lequel, en établissant une modification à l'effet de l'omission de quelqu'une de ces formalités, se rapprochait de l'intention de la loi du 9 floréal an 7; et à l'égard du décret du 15 août 1793, qu'il n'est rapporté par cette loi ni expressément ni tacitement, et subsiste dans toute sa force;

Considérant qu'aux termes de ces lois de 1791 et de 1793, la nullité d'un procès-verbal par vice de forme n'empêche pas que la confiscation ne doive être prononcée sans amende, sur la réquisition du procureur impérial, auquel il est enjoint de la faire;

Considérant que, bien que sur le point de fait, le saisi ne serait pas justifié de la contra-

vention à lui imputée, la cour de justice criminelle de l'Escaut n'a cependant pas cru avoir
besoin de s'assurer de la vérité ou de la fausseté des faits portés au procès-verbal, et que
sans aucun éclaircissement suffisant pour la décharge du saisi, elle a déclaré que la nullité
du procès-verbal, en la forme, suffisait pour
que la contravention ne fût pas constatée, et
pour mettre le contrevenant à l'abri de toute
condamnation : en quoi il y a violation manifeste de la disposition des lois ci-dessus rapportées.

Pour ces motifs, la cour casse et annulle,
etc.

L'arrêt de l'an 11 a cassé un jugement du
tribunal de Bruges, qui avait donné main-levée
d'une saisie de chiffons pour vice de forme au
rapport.

Si le procureur impérial n'a pas requis cette
confiscation, ou si son pourvoi a été déclaré
nul, elle doit être prononcée sur la réquisition
de l'Administration : ainsi jugé par arrêt de la
cour de cassation, du 1er. germinal an 9, relativement à une saisie d'espèces dont le rapport avait été annullé, ce qui avait déterminé
le procureur impérial et l'Administration à requérir la confiscation d'office.

La signification de l'arrêt d'admission, rendu

sur le pourvoi du procureur impérial, ayant été déclarée nulle, ce pourvoi avait été rejeté : le prévenu, se prévalant de cette circonstance, voulait écarter celui de l'Administration, en prétendant que le procureur impérial avait seul le droit de requérir la confiscation d'office : le tribunal civil de la Meuse Inférieure avait jugé en conformité.

La cour de cassation a annullé ce jugement, en se fondant sur ce que les lois qui voulaient, lorsque les procès-verbaux étaient nuls pour vices de forme, que la confiscation des objets saisis fût néanmoins prononcée, sur le réquisitoire du procureur impérial, ne contenaient aucunes dispositions dont on dût conclure que la faculté de demander cette confiscation fût interdite à la régie des douanes, et que lorsque les juges avaient refusé de prononcer cette confiscation, le procureur impérial eût seul le droit de réclamer contre cette violation de la loi ; qu'il n'y aurait que le vœu clairement exprimé du législateur qui pût faire admettre une fin de non recevoir d'une réclamation, qui, quoique formée seulement par l'Administration, n'en est pas moins dans l'intérêt de l'état.

Concés : ils sont indispensables pour effectuer tout embarquement ou débarquement.

Ils ne peuvent être expédiés par les juges ni par leur greffier; aucun jugement ne peut en tenir lieu. *Loi de* 1791, *tit.* 11, *art.* 2.

CONNAISSEMENT. C'est une reconnaissance, sous signature privée, que le capitaine ou maître d'un navire donne à un marchand, des objets qu'il a fait charger à son bord, avec soumission de les porter à leur destination.

Cette pièce se nomme manifeste ou police de chargement, dans les ports de la Méditerranée.

Elle doit, suivant l'art. 2 du tit. 2 du 3e. livre de l'ordonnance de la marine, être signée du capitaine ou écrivain du bâtiment ; indiquer les qualité et quantité des marchandises, les marques et numéros des ballots et caisses, le nom de celui qui les a chargées, le nom de celui à qui elles doivent être remises et consignées, le lieu du départ du vaisseau, l'endroit où les marchandises doivent être déchargées, le nom du maître, celui du bâtiment et le prix convenu pour le fret ou nolis, c'està-dire le port.

Aux termes de l'article 3 des mêmes titre et livre, chaque connaissement doit être fait triple, dont un pour le marchand qui a fait le chargement, l'autre pour être envoyé à la personne à qui les marchandises doivent être remises dans les lieux de leur destination, et le troisième pour rester entre les mains du capitaine ou de l'écrivain.

Les connaissemens des bâtimens au-dessous de cent tonneaux trouvés en mer, dans la distance de deux myriamètres (4 lieues) des côtes, doivent être représentés aux préposés de la régie sur les pataches. *Loi du 22 août 1791, tit. 13, art. 7, et décret du 4 germinal an 2, tit. 2, art. 3 et 7.*

CONTRAINTE. N°. 1er. C'est un acte expédié par un receveur ou autre préposé supérieur, pour accélérer le recouvrement des droits, soit vis-à-vis le redevable, soit à l'égard d'un comptable.

La contrainte par corps a lieu, 1°. lorsqu'un jugement a condamné au payement des droits, ou de la valeur des objets remis provisoirement et confisqués depuis; ou de l'amende, lorsqu'il n'a pas été prononcé de confiscation; ou à la restitution de sommes que la régie a été forcée de payer. *Loi de 1791, tit. 12, art. 6.*

2°. Contre les cautions, mais seulement pour le prix des choses confisquées. *Même article.*

3°. Contre tout préposé démissionnaire ou destitué qui refuse de remettre sa commission ou les registres et effets dont il est chargé, et de rendre ses comptes. *Tit.* 13, *art.* 24.

4°. Contre tout redevable, en cas de refus ou de retard d'acquitter les droits. *Art.* 31.

5°. Contre les soumissionnaires et leurs cautions pour le payement des droits et de l'amende, en cas de non rapport des certificats de décharge des acquits-à-caution. *Tit.* 3, *art.* 12 et 13, *et décret du 4 germinal an 2, tit.* 7, *art.* 4.

Le receveur qui en décerne contre un redevable, doit fournir en tête extrait du registre contenant sa soumission. *Loi de* 1791, *tit.* 13, *art.* 31.

On peut donner aux contraintes, quel qu'en soit l'objet, la forme suivante :

Extrait des registres d'acquits-à-caution, tenus à la douane de....., pendant l'an....

(Rapporter ici la copie littérale de la déclaration ou soumission, qui donne lieu à la contrainte; certifier cette copie véritable, et terminer ainsi :)

Il est dû au trésor public, par le sieur.....

demeurant à.... la somme de....., pour double droit de sortie des marchandises mentionnées en sa soumission, dont copie est ci‑dessus, faute d'avoir rapporté, dans le délai fixé par ladite soumission, au dos de l'acquit‑à‑caution, certificat valable de la décharge desdites marchandises au lieu de la destination ; au paye‑ment de laquelle somme de.... ledit sieur.... sera contraint par toutes voies, en vertu de la présente contrainte décernée par nous..... receveur à la douane de....., pour être mise à exécution par le premier huissier ou autre sur ce requis, nonobstant opposition ou appellation quelconque , sans préjudice d'icelle , et sous les réserves de tous autres droits et actions.

Fait à   ce

Les contraintes, après avoir été visées, sont enregistrées et signifiées aux redevables.

Étant exécutoires, il est inutile de solliciter un jugement qui prononce les peines encourues. Il en est autrement dans les cas non prévus par la loi de 1791, par exemple celui où un parti‑culier est en retard de payer le prix d'objets saisis et confisqués qu'il aurait achetés : il con‑vient alors de suivre les voies ordinaires, et d'obtenir contre lui un jugement, en fixant le tribunal sur la nature de la créance répétée, à laquelle le fisc se trouve intéressé, et dont le payement doit, dès-lors, être ordonné, comme de deniers publics.

Contraintes relativement au visa. N°. 2. Les contraintes doivent être visées sans frais par le juge de paix. *Loi de* 1791, *tit.* 13, *art.* 32.

Cet article désignait l'un des juges du tribunal de district; mais ce visa a dû appartenir au juge de paix, d'après l'attribution qui a été déléguée à ce juge par l'art. 13 du tit. 6 du décret du 4 germinal an 2, et l'art. 10 de la loi du 14 fructidor an 3, de toutes contestations concernant le refus de payer les droits, et autres affaires relatives aux douanes. Le ministre de la justice a écrit dans ce sens, le 9 prairial an 5; et un arrêt de la cour de cassation, du 7 fructidor an 10, a jugé en conformité, en réformant un jugement du tribunal d'appel d'Anvers qui avait annullé une contrainte et ce qui l'avait suivie, sur le motif qu'elle aurait dû être visée par le président du tribunal d'arrondissement, conformément à la loi de 1791.

Le visa par le juge de paix du domicile du contraignable suffit, quoique l'emprisonnement soit fait dans un autre lieu : ainsi décidé par arrêt de la cour de cassation, du 21 prairial an 13.

S'il s'agit cependant d'acquits-à-caution délivrés pour des grains ou pour assurer la réexportation des marchandises anglaises, les contraventions aux lois des 10 brumaire et 26 ventose an 5 étant du ressort des tribunaux de première instance, la contrainte doit être visée par le président du tribunal chargé de connaître de l'affaire.

Les juges ne peuvent, sous quelque prétexte que ce soit, refuser le visa de toutes contraintes qui leur sont présentées, à peine d'être, en leur propre et privé nom, responsables des objets pour lesquels elles auront été décernées. *Loi de* 1791 *, tit.* 13 *, art.* 32.

Contrainte; son exécution ne peut être suspendue. N°. 3.

L'exécution des contraintes ne peut être suspendue par aucune opposition ou autre acte, si ce n'est quant à celles décernées pour défaut de rapport de certificat de décharge des acquits-à-caution, en consignant le simple droit. Il est défendu à tous juges, sous peine d'être responsables des objets pour lesquels ces contraintes auront été décernées, de donner contre lesdites contraintes aucunes défenses ou surséances, qui seront nulles et de nul effet, sauf les dommages et intérêts de la partie. *Loi de 1791, tit. 13, art. 33.*

La consignation dont il s'agit peut seule autoriser à former opposition à l'exécution de la contrainte : l'action s'engage ensuite au tribunal de paix.

A lui seul appartient d'en connaître en première instance : arrêt de la cour de cassation, du 14 vendémiaire an 11. Un particulier s'était pourvu au tribunal d'arrondissement et ensuite à celui d'appel, pour faire déclarer nulle l'arrestation qui avait été faite de sa personne en vertu de contrainte : les deux jugemens qui avaient accueilli sa prétention, ont été réformés par la cour, qui s'est fondée sur l'incompétence du tribunal d'arrondissement, lequel n'aurait pu juger qu'en cause d'appel et après que l'affaire aurait été portée devant le juge de paix, juge en première instance.

Aucune loi ne s'expliquant sur la consignation préalable à l'opposition à une contrainte qui a pour objet un non rapport de certificat de décharge pour des marchandises prohibées, le bon sens et les principes veulent que ce soit la valeur que l'on consigne.

Contrainte relativement au par-corps. N°. 4.

La contrainte dans les cas ci-dessus exprimés, est exécutoire par toutes voies, même par corps, sous le cautionnement de la régie. *Loi de* 1791, *tit.* 13, *art.* 32.

L'art. 19 du tit. 3 de la loi du 15 germinal an 6, qui a abrogé les lois qui prouonçaient la contrainte en matière civile et de commerce, n'a eu en vue que celles relatives aux conventions civiles ou commerciales des citoyens entr'eux; il n'a porté aucune atteinte aux lois qui ont pour objet le recouvrement des sommes dues au trésor public : ainsi jugé, en matière de douane, par arrêt de la cour de cassation, du 14 vendémiaire an 11, qui a réformé un jugement, lequel avait ordonné la mise en liberté du sieur Pluvinet, négociant à Marseille, en se fondant sur ce que la loi de germinal an 6 ayant abrogé les précédentes, la disposition de celle de 1791 n'avait pu être appliquée à ce négociant.

Un avis du conseil d'état, du 7 fructidor an 12, est conforme à cette jurisprudence : il porte que les redevables des droits de douane, amende et confiscation, peuvent être poursuivis par la voie de la contrainte par corps.

L'arrêt cité a également jugé que l'exercice de cette contrainte n'était assujettie à aucune des formalités prescrites par la loi de germinal an 6 ; que l'individu contre lequel elle était dirigée, pouvait et devait, après le visa de ladite contrainte, être incarcéré purement et simplement par des préposés qui, aux termes de l'art. 18 du tit. 13 du réglement de 1791, ont droit de faire, pour raison des droits de douane, tous actes et exploits du ministère des huissiers.

Les préposés, après avoir arrêté le prévenu, doivent le conduire immédiatement dans la maison de détention, l'y écrouer eux-mêmes et relater dans l'écrou leurs noms, qualités et demeures; le jugement en vertu duquel ils agissent, et l'art. 18, cité, qui leur confie le droit de consommer l'arrestation.

CONTRAVENTION : signifie un défaut de formalités, une action contraire à la disposition littérale des lois.

On distingue en douane la contravention de la fraude des droits; et celle-ci de la violation des lois prohibitives.

Deux préposés de l'Administration des douanes, ou autres citoyens français, suffisent pour constater une contravention aux lois relatives aux importations, exportations et circulation. *Loi du 9 floréal an 7, tit. 4, art. 1ᵉʳ.*

Mais il faut que ces deux préposés ou autres citoyens aient été témoins de la contravention

et puissent l'attester ; si un seul en avait été té-
moin, la signature du second qui ne l'aurait été
que de faits accessoires, n'aurait aucun effet.
(V. SAISIE.)

CONTREBANDE. (*marchandises de*) N°. 1.
Sont réputées telles celles dont l'exportation
ou l'importation est prohibée, ou celles qui,
étant assujetties aux droits, et ne pouvant circuler dans l'étendue du territoire soumis à la
police des douanes, sans quittances, acquits-
à-caution ou passavans, y sont transportées et
saisies sans ces expéditions. *Loi du* 13 *floréal
an* 11, *art.* 2.

La contrebande est réputée avec attroupement
et port d'armes, lorsqu'elle est faite par trois
personnes ou plus, dans le nombre desquelles
une ou plusieurs sont porteurs d'armes en évi-
dence ou cachées, telles que fusils, pistolets,
et autres armes à feu, sabres, épées, poignards,
massues et généralement tous instrumens tran-
chans, perçans ou contondans. *Art.* 3.

Ne sont réputées armes les cannes ordinaires sans dards ni ferremens, ni les couteaux
fermant et servant habituellement aux usages
ordinaires de la vie. *Même article.*

Mais les fusils et pistolets à vent sont déclarés compris dans les armes offensives, dan-
gereuses, cachées et secrettes, dont la fabrica-

tion, l'usage et le port sont interdits par les lois. *Art.* 1er. *de la loi du 2 nivose an 14.* Toute personne trouvée porteur desdites armes sera poursuivie et traduite devant les tribunaux de police correctionnelle, pour y être jugée et condamnée, conformément à la loi du 23 mars 1728, dont l'impression a été ordonnée par décret impérial du 12 mars 1806.

Contrebande à main armée : doit être jugée par les cours spéciales. N°. 2.

Tout contrebandier qui, ayant fait résistance, aura tué ou blessé un militaire ou un préposé des douanes ; tout individu saisi les armes à la main, ou prévenu d'avoir, à main armée, importé, exporté ou protégé soit l'importation soit l'exportation en fraude, des denrées ou marchandises ; ensemble les fauteurs, complices et adhérens, et ceux qui auraient assuré les marchandises , seront considérés comme ayant fait partie d'un rassemblement armé, et, conformément à la loi du 18 pluviose an 9 , traduits devant un tribunal spécial (actuellement cour de justice criminelle) qui sera tenu d'instruire et de juger, toute affaire cessante. *Arrêté du 16 frimaire an 11 , tit. 3, art. 14 ; loi du 13 floréal an 11 , art.* 1er.

D'après ces dispositions, un seul contrebandier faisant l'introduction ou l'exportation d'objets en fraude, et qui, en résistant, a tué ou blessé un militaire; celui qui, dans le même cas de fraude, a été saisi les armes à la main, se trouve également justiciable du tribunal spécial.

Il en est de même de tous ceux qui seraient prévenus, et quel qu'en fût le nombre, d'avoir, à main-armée, fait ou protégé la contrebande; des fauteurs, complices ou adhérens.

Par fauteurs, complices et adhérens, on entend les propriétaires des marchandises, leurs facteurs, commissionnaires et autres agens, qui ont chargé des individus de faire, moyennant un prix convenu, l'importation ou l'exportation à main-armée; comme encore les assureurs qui garantissent les événemens aux propriétaires et à leurs agens : tous doivent être traduits devant les tribunaux spéciaux.

Contrebande ou fraude sans attroupement ni port d'armes. N°. 3.

Les fraudeurs et leurs complices doivent être poursuivis, ainsi qu'il est prescrit par les art. 6 et 15 de la loi du 10 brumaire an 5, et dans la forme déterminée par la loi du 7 pluviose an 9; ils seront en conséquence traduits, sans aucun délai, devant le tribunal d'arrondissement jugeant correctionnellement. *Arrêté du 4e. complémentaire an 11, art. 5.*

CONTREBANDIERS *avec attroupement et port d'armes.*

Eux et leurs complices sont punis de mort. *Loi du 13 floréal an 11, art. 4.*

Sont complices, et punis comme les contrebandiers, les assureurs de la contrebande. *Même article.*

Sont aussi complices, et punis comme tels, ceux qui, sciemment, ont favorisé ou protégé les coupables dans les faits qui ont préparé la contrebande. *Même article.*

S'ils ignoraient qu'elle était faite avec attroupement et port d'armes, ils sont condamnés à la peine des fers pour quinze ans au plus et dix ans au moins, suivant la gravité des circonstances. *Même article.*

Les tribunaux peuvent, lorsque les contrebandiers n'ont point fait usage de leurs armes, ne prononcer contre eux que la peine portée au dernier paragraphe du précédent article, contre ceux qui ont favorisé ou protégé la contrebande, ne sachant pas qu'elle était faite avec attroupement et port d'armes. *Art. 5.*

L'instruction a lieu conformément aux dispositions du tit. 3 de la loi du 18 pluviose an 9.

Les délits doivent être poursuivis d'office par le procureur général impérial près la cour de justice criminelle, formant le tribunal spécial ; mais les plaintes peuvent aussi être reçues indistinctement par ce procureur général, **ses substituts et les officiers de gendarmerie ou de police**. *Loi du 18 pluviose an 9, tit. 3, art. 15 et 16.*

La poursuite d'office par le procureur général impérial étant plus imposante, c'est à ce magistrat que les rapports et toutes les autres pièces doivent être remis pour dénonciation. C'est aussi à lui qu'il convient de fournir les renseignemens contre tous les prévenus qui n'ont pu être pris en flagrant délit, contre les assureurs et autres complices, afin qu'il provoque les mandats d'arrêt, pour l'exécution desquels les préposés et militaires doivent prêter main-forte, s'ils en sont requis par la gendarmerie.

Cependant, si aucun n'avait été arrêté, il serait avantageux de rendre plainte devant celui des fonctionnaires ci-dessus, le plus à proximité, afin qu'il y eût le moindre délai possible dans les ordres à donner pour les poursuites et la recherche des coupables.

Contrefaction *des plombs ou marques de*

la régie, ou des signatures des préposés :
donne lieu à poursuite criminelle, conformément au code des délits et des peines. (*Voyez*
EXPÉDITIONS et SAISIES.)

CONTRÔLE (*Bureaux de*) : doivent être indiqués par les acquits de payement. *Loi du 22
août* 1791, *tit 2, art 25.*

Les conducteurs des marchandises sont tenus
d'y changer ces acquits contre des brevets de
contrôle. *Même article.*

CORRUPTION. Les préposés qui reçoivent quelque récompense, gratification ou présent, sont
poursuivis comme fonctionnaires qui se laissent corrompre. *Décret du 4 germinal an 2,
tit. 4, art. 5.* (V. PRÉPOSÉS.)

Si un des coupables dénonce la corruption,
il est absout. *Art. 4.*

COUR DE CASSATION. Il y a une seule cour
de cassation pour tout l'Empire. (*Constitution.*)

Elle est composée de 48 juges. *Loi du 27
ventose an 8, art. 58.*

Elle se divise en trois sections, chacune de
16 juges.

La première (appelée section des requêtes)

statue sur l'admission ou le rejet des requêtes
en cassation ou en prise-à-partie, et définitivement sur les demandes, soit en réglement de
juges, soit en renvoi d'un tribunal à un autre.

La deuxième (nommée section de cassation
civile) prononce définitivement sur les demandes en cassation ou en prise-à-partie, lorsque les requêtes ont été admises.

La troisième (dite section de cassation criminelle) prononce sur les demandes en cassation en matière criminelle, correctionnelle et
de police, sans qu'il soit besoin de jugement
préalable d'admission. *Art.* 60.

Chaque section ne peut juger qu'au nombre
de onze membres au moins; et tous les arrêts
doivent être rendus à la majorité absolue des
suffrages. *Art.* 63.

En cas de partage d'avis, on appelle cinq
juges pour le vider : les cinq juges seront pris
d'abord parmi ceux de la section qui n'auraient
pas assisté à la discussion de l'affaire sur laquelle il y a partage, et subsidiairement tirés
au sort parmi les membres des autres sections. *Art.* 64.

La cour de cassation prononce sur les demandes en cassation contre les jugemens et
arrêts en dernier ressort, et dont il n'échoit
point d'appel , rendus par les tribunaux; sur les

demandes en renvoi d'un tribunal à un autre pour cause de suspicion légitime ou de sûreté publique ; sur les prises-à-partie contre un tribunal entier. (*Constitution*.)

Elle ne connaît point du fond des affaires ; mais elle casse les jugemens rendus sur des procédures dans lesquelles les formes ont été violées, ou qui contiennent quelque contravention expresse à la loi. (*Constitution*.)

Lorsque la cour casse , elle ne statue jamais elle-même sur le fond de la contestation ; elle le renvoie à un autre tribunal, pour être procédé comme avant le jugement cassé. (*Constitution.*)

Si les jugemens cassés émanent des tribunaux de première instance lorsqu'ils jugent en dernier ressort, la cour renvoie devant le tribunal de première instance le plus voisin ; s'ils ont été rendus par des cours criminelles ou cours d'appel, le renvoi est fait devant la cour criminelle ou d'appel la plus voisine. *Loi du 27 ventose an 8, art. 87.*

Si la procédure est aussi cassée , elle est recommencée , à partir du plus ancien des actes annullés. *Loi du 2 brumaire an 4.*

Lorsqu'après une cassation , le second jugement rendu sur le fond est attaqué par les mêmes moyens que le premier , la question est portée devant toutes les sections réunies de la cour de cassation. *Loi de ventose an 8, art.* 78.

La section criminelle de cette cour prend connaissance de tous jugemens de compétence rendus par les cours de justice criminelle spéciale, et y statue, toutes autres affaires cessantes. *Loi du* 18 *pluviose an* 9, *art.* 26.

Ce recours ne peut, dans aucun cas, suspendre l'instruction ni l'arrêt; il est seulement sursis à toute exécution, jusqu'à ce qu'il ait été statué par la cour de cassation. *Art.* 27. (V. Pourvoi.)

Cour de justice criminelle. Il y en a une dans chaque département, composée d'un président, de deux juges et de deux suppléans : son président est choisi tous les ans par l'Empereur, parmi les juges de la cour d'appel. *Loi du* 27 *ventose an* 8, *art.* 32 *et* 34.

Il y a près de cette cour un procureur général impérial et un greffier. *Art.* 35.

Les arrêts de cette cour doivent être rendus par trois juges. *Art.* 36.

Cette cour connaît de toutes les affaires criminelles; elle statue sur les appels des jugemens rendus par les tribunaux de première instance, en matière de police correctionnelle. *Art.* 55.

Une cour de justice criminelle jugeant sur

appel, ne peut ordonner de renvoi que sur un acte de procédure fait devant les premiers juges, et susceptible d'être recommencé : dans tous les autres cas, elle doit juger au fond. *Art. 202 et 204 du code des délits et des peines.*

Ce principe a été maintenu par arrêt de la cour de cassation, du 2 thermidor an 7 ; il annulle celui de la cour de justice criminelle du département des Côtes-du-Nord, du 6 messidor précédent, lequel en déclarant un procès-verbal de saisie, nul et irrégulier dans la forme, ne statuait cependant rien sur la saisie elle-même, et renvoyait devant un autre tribunal correctionnel que celui par qui le premier jugement avait été rendu, pour l'instruction y être recommencée.

Les jugemens rendus en dernier ressort par les cours de justice criminelle, ne sont attaquables autrement que par la voie de cassation.

Une cour criminelle saisie de l'appel d'un tribunal correctionnel, reste juge pour les amendes, quoique le décès du prévenu ait éteint l'action publique ; comme on le voit à Décès.

Cours de justice criminelle spéciale. Un décret, du 17 messidor an 12, a substitué cette dénomination à celle de tribunaux spéciaux, que leur avait donnée la loi du 18 pluviose an 9.

Chaque cour est composée du président et des deux juges de la cour de justice criminelle ; de trois militaires ayant au moins le grade de capitaine, et de deux citoyens ayant les qualités requises pour être juges : ces derniers, ainsi que les trois militaires, sont désignés par l'Empereur. *Loi du 18 pluviose, art.* 2.

Dans les villes où il y a une cour de justice criminelle et un tribunal civil de première instance, le président et deux juges de chacun de ces tribunaux formeront la cour de justice criminelle spéciale, et, en cas d'empêchement des uns et des autres, ils seront respectivement remplacés par leurs suppléans ordinaires. *Loi du 23 floréal an* 10, *art.* 3.

Dans les lieux où il n'y a qu'une cour de justice criminelle, le président, les juges et leurs suppléans s'adjoindront, pour completter le nombre de six juges, un ou plusieurs hommes de loi pris parmi ceux que S. M. l'Empereur aura désignés à cet effet. *Même article.*

La même loi a attribué à ces cours la connaissance de la contrefaction ou altération des marques apposées au nom du Gouvernement sur toute espèce de marchandises. *Art.* 2.

Elles doivent connaître exclusivement du crime

de contrebande avec attroupement et port d'armes dans leurs ressorts respectifs. *Loi du 13 floréal an 11, art. 1er*.

Elles ont la connaissance des délits des préposés des douanes, et autres personnes chargées de leur prêter main-forte dans tous ces cas. *Art. 6.*

Les poursuites, instruction et jugemens des délits mentionnés aux précédens articles, ont lieu conformément aux dispositions du tit. 3 de la loi du 18 pluviose an 9. *Art. 7.*

L'arrêté du 16 frimaire an 11, art. 14, porte que l'on y traduira tout contrebandier qui, ayant fait résistance, aura tué ou blessé un militaire ou un préposé des douanes.

Tous les crimes attribués par le tit. 2 de la loi du 18 pluviose an 9 à la cour de justice criminelle spéciale, doivent être poursuivis d'office et sans délai par le procureur général impérial. *Même loi de pluviose, tit. 3, art. 15.*

La poursuite, l'instruction et le jugement des délits mentionnés dans les articles 2 et 4 de la loi du 25 floréal an 10, ont lieu conformément aux dispositions contenues au tit. 3 de la loi de pluviose an 9. *Même loi de floréal, art. 5.*

La cour ordonne toute vérification qui peut éclairer sa décision. *Même loi et même article.*

Le procureur général impérial près la cour de justice criminelle, et son substitut, chacun en ce qui le concerne, sont tenus de décerner le mandat de dépôt contre les prévenus et leurs complices, s'ils ne sont pas déjà en arrestation; de requérir la délivrance du mandat d'arrêt; de dresser l'acte d'accusation, lorsqu'il y a lieu; et, toutes autres affaires cessantes, de faire traduire les prévenus et leurs complices, soit devant la cour de justice criminelle spéciale, soit devant le tribunal d'arrondissement jugeant correctionnellement, suivant la nature de l'affaire; le tout sans aucune espèce d'interruption ni de retard, et sous leur responsabilité personnelle. *Arrêté du 4e. complémentaire an 11, art. 7.*

Après l'arrêt de compétence, nonobstant le recours à la cour de cassation, et sans y préjudicier, l'accusé est traduit à l'audience publique de la cour de justice criminelle spéciale. Là, et en présence des témoins, lecture est donnée de l'acte d'accusation dressé par le procureur général impérial : les témoins sont ensuite successivement appelés. Le procureur général impérial donne ses conclusions; après lui, les accusés ou leurs défenseurs sont entendus. *Loi de pluviose an 9, art. 28.*

Le débat étant terminé, la cour juge le fond

en dernier ressort et sans recours en cassation.

Art. 29.

Du moment que la cour de justice criminelle spéciale connaît du délit imputé personnellement aux accusés, et de l'objet de la saisie, le receveur qui stipule pour l'Administration, doit intervenir en son nom, et conclure aux condamnations civiles (la confiscation des marchandises saisies, avec amende).

La question de savoir si ces cours devaient prononcer les condamnations civiles en même tems et par le même jugement que celles afflictives, a été décidée à l'affirmative, le 13 fructidor an 11, par son excellence le grand juge, fondé sur les dispositions de l'art. 1er. de la loi du 13 floréal an 11, qui, en voulant que les tribunaux spéciaux connussent exclusivement du crime de contrebande, les a saisis de la cause entière ; d'où il suit qu'ils doivent prononcer sur le tout.

La cour de cassation a jugé en conformité, par arrêt du 20 pluviose an 12. La cour spéciale du Finistère, après avoir statué sur le délit de faux imputé aux prévenus, s'était déclarée incompétente pour prononcer relativement aux confiscations et amendes qui, d'après la loi du 10 brumaire an 5, étaient encourues par les prévenus de faux. Le tribunal suprême a réformé l'arrêt de la cour spéciale, motivant sa décision sur l'avis du conseil d'état, du 17 floréal an 11, l'art. 456 du code des délits, et la loi du 18 pluviose an 9.

Il n'est pas besoin pour la compétence de la cour spéciale, que les trois personnes nécessaires, d'après l'art. 3 de la loi du 13 floréal an 11, pour caractériser la contrebande avec attroupement, en aient été trouvées saisies : ainsi jugé par arrêt de la cour de cassation, du 15 floréal an 12, dans l'espèce suivante :

Des employés avaient vu arriver par la route communiquant de la Hollande à la France, plusieurs individus qu'ils jugèrent porteurs de contrebande : ils n'avaient pu en atteindre que deux, dont un leur avait même échappé, après avoir laissé sur la place la contrebande dont il était chargé ; celui arrêté avait, à deux fois différentes, fait usage contre l'un des employés, d'un bâton à massue.

Le tribunal spécial des Deux-Nèthes s'était déclaré incompétent, sur les motifs 1°. qu'il n'était pas prouvé que les individus qui accompagnaient le seul prévenu arrêté, fussent porteurs de contrebande, qu'ainsi il n'y avait pas eu de contrebande avec attroupement formé par trois personnes ; 2°. que le bâton avec lequel l'employé avait été frappé, était de la nature de ceux dont se servent habituellement les gens de campagne des environs, lorsqu'ils vont en voyage, et qu'il ne pouvait être considéré dès lors comme une massue, aux termes de la loi.

Mais il suffisait que le prévenu, lors de son arrestation, fût porteur de marchandises de contrebande, et accompagné de plus de trois personnes, la loi n'exigeant pas que tous ceux qui accompagnent l'individu qui fait la contrebande en soient eux-mêmes chargés. D'un autre côté, le bâton dont le prévenu avait frappé avait quatre pieds de longueur et une boule au bout, de la grosseur du poing, dont le bois avait été durci au feu; il était au moins un instrument contondant, que le législateur avait mis dans la même catégorie que le bâton à massue : il suffisait d'ailleurs qu'il ne fût pas une canne ordinaire, qui seule fait exception dans la loi à la prohibition générale de tous les instrumens contondans, et que ce prévenu en eût d'ailleurs fait usage comme d'une véritable massue.

Ces considérations ont motivé la cassation du jugement rendu par le tribunal spécial.

L'attribution donnée à ces cours, par l'article 14 de l'arrêté du 16 frimaire an 11, de la connaissance des sévices des contrebandiers contre les militaires éclaireurs, a été maintenue dans l'espèce suivante, par arrêt de la cour de cassation, du 20 février 1806, lequel a annullé celui de la cour spéciale du département des Deux-Nèthes, du 16 janvier précédent, qui s'était déclarée incompétente.

Deux particuliers se trouvant près la frontière Batave, avaient refusé de représenter à un fusilier de la 108e. demi-brigade, en uniforme, et en qualité d'éclaireur, un paquet dont ils étaient porteurs; ils avaient renversé ce militaire, pris ensuite la fuite pour se soustraire à la vérification demandée, et cacher le paquet, qui n'a pas été trouvé : l'un d'eux avait porté, lorsqu'on l'a atteint, deux coups de bâton sur la tête dudit fusilier, l'avait renversé, et avait ensuite frappé deux autres militaires venus au secours de leur camarade. Le tribunal suprême s'est décidé sur ce que ces faits présentaient une prévention du délit de contrebande, accompagné de violences et de voies de fait.

Au surplus, ces cours ne peuvent connaître de crimes et délits non compris dans le cercle de leur compétence, s'ils ne sont pas connexes et correlatifs à ceux dont l'attribution leur est conférée par la loi : ce principe a été confirmé par arrêt de la cour de cassation, du 16 pluviose an 13.

Quand elles ne se croyent pas compétentes pour juger une affaire, elles ne peuvent pas plus absoudre les parties, que les condamner. *Même arrêt.*

Courriers des malles: ne peuvent se charger d'aucune marchandise, à peine de confiscation, de 300 fr. d'amende, et d'être exclus de tout emploi dans les postes. *Décret du 4 germinal an 2, tit. 3, art. 7.*

Ils sont soumis aux visites de chaque bureau. *Même article.*

Les courriers qui transportent des paquets, sous cachet de l'administration des postes, soupçonnés de renfermer des objets de contrebande, et qui passent par un lieu où les douanes sont établies et où il n'y a point de bureau de poste, sont tenus de recevoir dans leur voiture le chef de la brigade jusqu'au bureau de poste le plus voisin, où la visite doit être faite en sa présence, aussitôt l'arrivée, de manière qu'il ne puisse pas perdre de vue les ballots ou paquets. *Décision du ministre des finances, du 12 prairial an 5.*

Les courriers étrangers peuvent se charger d'objets de commerce ; et, en ce cas, ils sont sujets à visite et au payement des droits de

douane. *Arrêté du comité de salut public,
du 26 vendémiaire an 3, art. 5.*

CRÉDIT DES DROITS. Un receveur qui en
a fait, a la voie de la contrainte. (V. *ce mot.*)
Pour les cas dans lesquels on peut être privé
du crédit accordé pour leur payement, voyez
NÉGOCIANS.

D.

Décès d'un prévenu : n'empêche pas la confiscation de l'objet saisi sur lui pour contravention à une loi prohibitive : elle peut être demandée et poursuivie contre ses héritiers. Arrêt de la cour de cassation, du 9 prairial an 9, qui annulle un jugement contraire du département de l'Escaut. Mais ce décès faisant cesser l'action publique, et par conséquent la compétence du tribunal correctionnel et de la cour criminelle, l'Administration doit alors se pourvoir au civil : ainsi jugé par la cour de cassation, le 28 messidor an 8, en annullant un jugement du tribunal criminel de Bruxelles, contraire à ce principe.

Considérant (porte l'arrêt) que la compétence des tribunaux de police correctionnelle (1re. instance) est limitée aux délits dont la peine n'est ni afflictive ni infamante, et néanmoins excède la valeur de trois journées de travail ou trois jours d'emprisonnement;

Considérant qu'on ne peut pas dire de l'héritier d'un prévenu, que cette qualité le constitue lui-même prévenu ;

Considérant, etc., le tribunal casse et annulle, etc., sauf à la régie des douanes à se pourvoir pour l'exercice de l'action civile qui peut lui compéter contre la succession de l'individu saisi, où et ainsi qu'il appartiendra.

Un arrêt de la même cour, du 4 floréal an 10, a maintenu ce principe. Le tribunal correctionnel d'Anvers avait prouoncé sur une saisie de sucre. La régie ayant appelé de ce jugement, on reconnut, lors de l'intimation, que le prévenu était décédé. Le tribunal criminel, d'après cette circonstance, et d'après la disposition de l'art. 7 du code des délits, qui dit « que l'action publique s'éteint par la mort du coupable », s'est déclaré incompétent : mais s'agissant de l'appel d'un jugement compétemment rendu par le tribunal de police correctionnelle, le tribunal criminel seul pouvait connaître du bien ou du mal jugé ; il avait conséquemment violé les règles de la compétence, et commis un déni de justice, en se déclarant incompétent. C'est ce qui détermina l'arrêt de cassation et le renvoi de l'affaire devant le tribunal criminel de la Dyle, pour être prouoncé sur l'appel du jugement de première instance.

DÉCHARGEMENT DES NAVIRES : ne peut avoir lieu que dans l'enceinte des ports où les bureaux sont établis. *Loi du* 22 *août* 1791 *, tit.* 13 *, art.* 9.

Ils ne peuvent se faire qu'en plein jour, entre le lever et le coucher du soleil. *Décret du 4 germinal an 2, tit. 6, art. 1er.*

Et après un permis par écrit des préposés des douanes, et en leur présence. *Même article, et tit. 2, art. 13, et tit. 13, art. 11 de la loi de 1791.*

Hors les cas d'urgente nécessité, relatifs à la sûreté du bâtiment, les navires sont mis en déchargement à tour de rôle, suivant la date de leur déclaration, et en aussi grand nombre que le local et le nombre des préposés attachés au bureau peuvent le permettre. *Loi de 1791, tit. 2, art. 13.*

Les préposés nommés pour assister au déchargement, sont tenus de se transporter sur le lieu, à la première réquisition, à peine de répondre des événemens, résultans de leur refus. *Même article.*

Pour ceux en relâche, voyez Relache forcée.

Déclarations. Elles doivent être faites d'après le système actuel de poids et mesures ; énoncer le lieu du chargement, celui de la destination : dans les ports, le nom du navire et celui du capitaine, et porter en marge les marques et numéros des balles, ballots, caisses, etc. *Loi de* 1791, *tit.* 2, *art.* 9, *et loi du* 1er. *vendémiaire an* 4.

Les déclarations une fois faites, on ne peut plus y augmenter ni diminuer, sous quelque prétexte que ce soit : leur vérité ou leur fausseté est jugée sur ce qui a été premièrement déclaré. *Loi de* 1791, *tit.* 2, *art.* 12.

Néanmoins, si, dans le jour de la déclaration et avant la visite, les propriétaires ou conducteurs reconnaissent quelque erreur dans les déclarations, quant au poids, au nombre, à la mesure ou à la valeur, ils peuvent les rectifier, en présentant, toutefois, les balles, caisses ou tonneaux en mêmes nombre, marques et numéros que ceux énoncés aux déclarations, ainsi que les mêmes espèces de marchandises; après ce délai, ils n'y sont plus reçus. *Même article.*

Les déclarations faites, les marchandises sont visitées, pesées, mesurées ou nombrées, si les préposés l'exigent, et ensuite les droits sont perçus. *Art.* 14.

Le principe qu'il ne peut rien être ajouté aux déclarations, a été appliqué par arrêt de la cour de cassation, du 12 vendémiaire an 9, à un bateau chargé de grains à Malines, arrivé à Anvers, où ce grain avait été déclaré à destination de la Hollande, sans y comprendre

140 pièces d'or et 80 piastres cachées dans le même bateau. Le tribunal civil du département des Deux-Nèthes avait donné main-levée du numéraire, sur l'allégation du capitaine que, l'ayant amené de l'intérieur pour un marchand d'Anvers, il n'avait pas eu besoin de le déclarer; que, d'ailleurs, jusqu'à ce qu'il eût pris ses passeports, il pouvait ajouter à sa déclaration. La cour s'est décidée sur l'art. 12 du tit. 2 de la loi de 1791, portant que ceux qui auront fait leur déclaration, n'y pourront plus augmenter, et encore parce que le passeport ne s'expédiant qu'à la vue de la déclaration, rien n'empêchait le capitaine d'exporter ce numéraire, si les employés ne l'avaient pas découvert.

Les déclarations d'espèces ou qualités sont immuables : on ne peut être admis à les rectifier comme celles des poids.

La déclaration du poids et de la mesure des marchandises sujettes à coulage ne doit point être exigée : on énoncera seulement dans la déclaration le nombre de futailles, leurs marques et numéros; on les représentera en même quantité que celles portées aux déclarations et expéditions relatives au chargement. *Loi de 1791, tit. 2, art. 19.*

(118)

Déclarations à l'entrée par mer. Outre l'exhibition et le dépôt du manifeste, auxquels les
capitaines sont assujettis à leur arrivée dans
les ports (voyez MANIFESTE), l'armateur ou
consignataire est tenu, trois jours après l'arrivée du bâtiment, de donner par écrit et de
signer l'état des marchandises qui lui appartiennent ou qui lui sont consignées, en spécifiant
les marques, nombre et contenu des balles,
caisses, etc., les quantités et qualités, avec évaluation des objets sur lesquels le droit est perceptible à la valeur. *Décret du 4 germinal
an 2, tit. 2, art. 4.*

Cependant, s'il ne s'agit pas de plus de dix
caisses ou ballots, dont le conducteur ignorerait le contenu, l'ouverture peut en être requise en présence des préposés, et, dans ce cas,
les droits sont acquittés sur les objets reconnus (1). *Loi de 1791, tit. 2, art.* 10.

La déclaration des bâtimens doit être faite,
quand même ils seraient sur leur lest. *Art. 5
du même titre.*

Les rapports faits par les préposés à la vé

____

(1) Quand le conducteur connaît la qualité de sa
marchandise, et qu'il n'en ignore que le poids, il
peut la faire peser avant de donner sa déclaration.
Décision du 11 mai 1792.

rification des bâtimens et cargaisons , doivent être comparés avec les déclarations, et il sera fait mention sur le registre de la différence ou de la conformité. *Décret du 4 germinal, tit. 2, art.* 5.

Déclarations à l'entrée par terre. Les conducteurs de marchandises importées par terre , sont tenus, à peine de cent francs d'amende et de confiscation, de faire, à leur arrivée dans les lieux où les bureaux sont établis , déclaration sur le registre du bureau, ou d'en présenter une signée des marchands et propriétaires ou de leurs facteurs, laquelle déclaration demeurera au bureau, et sera transcrite sur le registre par les préposés de la régie, et signée par les voituriers ou conducteurs ; et, dans le cas où ils ne sauraient signer, il en sera fait mention sur le registre. *Loi de* 1791 , *tit.* 2, *art.* 8.

Ces déclarations doivent contenir la qualité, le poids, la mesure ou le nombre des marchandises qui doivent les droits au poids, à la mesure ou au nombre, et la valeur de celles qui doivent les droits suivant leur valeur (1).

____

(1) Quand la déclaration n'est pas assez précise , elle est considérée comme n'existant pas , ou insuffisante.

Elles énonceront également le lieu du chargement et celui de la destination. *Art.* 9.

A défaut de déclaration détaillée, voyez ABANDON.

Déclarations à la sortie par mer. Tous ceux qui veulent faire sortir par mer des marchandises ou denrées, sont tenus d'en donner la déclaration dans les formes prescrites pour les déclarations à l'entrée. *Loi de* 1791 *, tit.* 2, *art.* 6.

Déclarations à la sortie par terre. Les voituriers ou conducteurs de marchandises sortant par terre, sont tenus aux mêmes déclarations que celles prescrites pour l'entrée. *Art.* 8.

Dans la distance de deux myriamètres, voyez POLICE.

Déclarations fausses. Elles peuvent l'être, 1°. dans le nombre des balles; 2°. le nombre, le poids ou la mesure des marchandises ; 3°. leur espèce ou qualité; enfin dans leur valeur.

Dans le nombre des balles, le nombre ou la mesure des marchandises. (V. DÉFICIT et EXCÉDANT).

Si la déclaration se trouve fausse dans la qualité ou l'espèce des marchandises, et si le droit auquel on se soustrairait par cette fausse déclaration, s'élève à 12 fr., les marchandises faussement déclarées sont confisquées, avec amende de 100 fr.: dans le cas où le droit serait au-dessous de 12 fr., il n'y a pas lieu à la confiscation, mais seulement à l'amende, pour sûreté de laquelle la marchandise peut être retenue. *Loi de* 1791, *tit.* 2, *art.* 21.

Ces peines n'ont pas lieu dans le cas de vol ou de substitution juridiquement prouvée. *Même article.*

Lorsqu'une déclaration est présumée fausse dans la valeur, les employés ont la faculté de retenir la marchandise. (V. Retenue.)

Décrets impériaux *insérés au bulletin des lois :* sont obligatoires dans chaque département, du jour auquel le bulletin a été distribué au chef-lieu, conformément à l'art. 12 de la loi du 12 vendémiaire an 4.

Ceux qui ne sont point insérés au bulletin , ou qui n'y sont indiqués que par leur titre, ne sont obligatoires que du jour qu'il en est donné connaissance aux personnes qu'ils concernent, par publication, affiche, notification ou signification, ou envois faits ou ordonnés par les fonctionnaires publics chargés de l'exécution. *Avis du conseil d'état, du 25 prairial an 13.*

DÉFICIT *dans les marchandises déclarées.* Si , lors de la visite , les balles, ballots, caisses et futailles se trouvent en moindre nombre que celui porté en la déclaration, les maîtres des bâtimens, voituriers, et ceux qui ont fait les déclarations, sont condamnés, solidairement, en trois cents francs d'amende pour chaque ballot, caisse ou futaille manquant ; pour sûreté de laquelle amende, les bâtimens de mer, bateaux, voitures et chevaux sont retenus, sauf le recours contre ceux qui ont fait les déclarations. *Loi du* 22 *août* 1791 , *tit.* 2 *, art.* 22.

Le déficit ne donne lieu à aucune poursuite , dans le cas de naufrage ou de vol de marchandises après la déclaration donnée, en rapportant, à l'égard du naufrage, le procèsverbal des juges, et quant au vol, la preuve du vol. *Même article.*

DÉPENS. On peut former opposition à la taxe qui en a été faite juridiquement , lorsque les articles qui en forment le montant n'ont été ni communiqués ni débattus : ainsi jugé en faveur de l'Administration, par la cour de cassation, le 11 germinal an 9 , infirmant un jugement du tribunal civil des Deux-Nèthes contraire à ce principe.

Déplacement *des marchandises qui doivent être pesées et jaugées.*

Ne peut être fait du quai et autre lieu de décharge, qu'après qu'elles auront été pesées ou jaugées, et avec le permis des préposés. *Décret du 4 germinal an 2, tit. 6, art. 3.*

Dépôt *des marchandises* : se fait entre les mains du receveur, et, en son absence, en celles d'un autre employé. *Loi de 1791, tit. 10, art. 8.*

Le dépositaire signe en cette qualité l'original du rapport. *Même article.*

Quand la partie accompagne les employés au bureau, ceux-ci doivent énoncer dans leur rapport qu'ils lui ont donné lecture et copie de l'acte de dépôt.

Dépôt des rapports : dans le cas où il y a lieu à procédure criminelle, il doit être fait dans les trois jours de la rédaction ; et il est payé 50 c. au greffier pour chaque dépôt. *Loi de 1791, tit. 10, art. 21.*

Dommages et intérêts. Les préposés des douanes en sont tenus,

1°. Lorsqu'après une visite domiciliaire, autrement que pour marchandises anglaises, la fraude ou l'entrepôt ne sont pas constatés.

2°. S'ils ne se transportent pas sur les lieux du chargement ou du déchargement d'un bâtiment, à la première réquisition. (V. CHARGEMENT.)

3°. S'ils diffèrent mal à propos la remise d'un certificat de décharge. (V. *Certificat de décharge.*)

4°. S'ils se refusent sans motifs à la délivrance des acquits, congés ou passavans. *Loi de* 1791, *tit.* 11, *art.* 2.

5°. Dans le cas où, ayant détourné un voiturier de sa route afin de conduire des marchandises, chargées dans la distance de deux myriamètres, au plus prochain bureau pour y être visitées, il ne se trouve ni fraude ni contravention. *Méme loi, tit.* 3, *art.* 16.

Il en est dû aux conducteurs de marchandises saisies, par les marchands et propriétaires, lorsqu'ils ont été induits en erreur par l'énonciation des lettres de voiture, connaissemens et charte-parties. *Méme loi, tit.* 5, *art.* 1er.

Les juges en doivent à l'Administration, s'ils donnent main-levée des saisies, autrement qu'en jugeant définitivement, si ce n'est dans le cas de dépérissement des marchandises. *Loi de* 1791, *tit.* 12, *art.* 2.

S'ils modèrent les confiscations et amendes, ou en ordonnent l'emploi au préjudice de la régie. *Art.* 4.

S'ils donnent des surséances ou des défenses contre les contraintes décernées par les préposés. *Tit.* 13, *art.* 33.

DOUBLE EMPLOI *dans les dépenses d'un comptable :* est puni du quadruple de l'article doublement employé. *Édit de juin* 1716.

DRILLES ET CHIFFONS : ne peuvent circuler dans la distance de 15 kilomètres (3 lieues) des frontières de terre et de mer, à moins qu'il ne soit justifié, par un acquit-à-caution, de leur destination intérieure, à peine de saisie et confiscation, et de 500 fr. d'amende. *Décret du 3 avril* 1793, *art.* 2 *et* 3, *et loi du* 15 *août* 1793, *art.* 3.

Les chevaux et voitures servant à leur transport doivent être saisis et confisqués, d'après le principe général établi par l'art. 1er. du tit. 5 de la loi du 22 août 1791. *Lettre du ministre de la justice aux procureurs impériaux près les tribunaux, du* 8 *floréal an* 10.

Ils ne peuvent être entreposés dans la même distance, sous les mêmes peines. *Mêmes ar-*

ticles du décret du 3 avril, et de la loi du 15 août 1795.

Il n'y a pas besoin qu'ils soient en caisses ou ballots, comme toutes les autres marchandises, pour être réputés en entrepôt prohibé. Arrêt de la cour de cassation, du 20 thermidor an 12, qui infirme un jugement du tribunal civil de Bonn, qui avait donné mainlevée d'environ 3000 pesant de drilles saisies en tas à domicile, sur le motif que ces drilles n'avaient pas été trouvées en caisses ou ballots. Ce tribunal avait fait une distinction que la loi ne fait pas, et par conséquent avait commis un excès de pouvoir.

Ces dispositions sont exécutées sur les frontières de terre dans la 4e. lieue du côté de l'intérieur, depuis la loi du 8 floréal an 11, qui a étendu cette police à 4 lieues. Les drilles y sont, comme toutes autres marchandises, assujetties au passavant, suivant la forme indiquée par la loi du 19 vendémiaire an 6.

Droit de suite. Les préposés peuvent, dans le cas de poursuite de la fraude, la saisir en deçà des 2 myriamètres (4 lieues) des frontières, pourvu qu'ils l'aient vue pénétrer et qu'ils l'aient suivie sans interruption. *Loi de 1791, tit. 13, art.* 35.

Ils sont autorisés, dans le même cas, à faire leurs recherches dans les maisons situées dans la même étendue, pour y saisir les marchandises de contrebande, mais seulement lorsque, ne les ayant pas perdues de vue, ils arrivent au moment où elles sont introduites dans lesdites maisons. *Art.* 36.

S'il y a refus d'ouverture des portes, ils peuvent les faire ouvrir, en présence d'un juge, du maire ou de son adjoint, qui, dans tous les cas, doit être appelé pour assister au procès-verbal. *Même article.*

Droits de douanes : sont exigibles à toutes les entrées et sorties de la France, nonobstant tous passeports : il est défendu aux préposés d'avoir égard à aucun ordre particulier portant l'exemption des droits. *Loi du* 22 *août* 1791, *tit.* 1er., *art.* 1er.

Ceux d'entrée sont acquittés dans les bureaux les plus voisins de l'étranger; les droits de sortie, dans ceux placés sur la ligne intérieure. *Art.* 2.

Ils sont perceptibles après la visite des marchandises. *Tit.* 2, *art.* 14.

Mais seulement sur les quantités constatées par la vérification, lorsque les commis auront jugé à propos d'y procéder. *Art.* 17.

Pour les marchandises sujettes à coulage, la perception ne sera faite que sur le poids et la contenance effectifs. *Art.* 19.

Les droits doivent être payés comptant, et les marchandises ne peuvent être retirées des douanes avant de les avoir acquittés. *Tit.* 13, *art.* 30. (1)

On ne peut en payer plus du quarantième en monnaie de cuivre. *Arrêté du* 14 *nivose an* 4.

Il n'en est point dû sur les marchandises apportées de l'étranger dans un port de France, lorsqu'étant destinées pour l'étranger ou pour un autre port de France, elles sont déclarées devoir rester à bord ; à la charge de justifier de leur destination ultérieure. *Loi de* 1791, *tit.* 1, *art.* 6.

Les droits ne peuvent être modérés par les juges, à peine d'en répondre personnellement. *Décret du* 4 *germinal an* 2, *tit.* 6, *art.* 23.

---

(1) En cas de contestation sur leur quotité, on ne doit pas se contenter de la soumission, il faut exiger la consignation, et elle ne doit pas être au-dessous du droit exigible.

On ne peut recevoir pour payement des droits, des créances sur le Gouvernement, quand même l'acquittement en serait assigné sur le produit des douanes : ainsi décidé à l'égard des primes, le 27 octobre 1792.

Duplicata *des expéditions perdues*. Il en sera délivré toutes les fois qu'on pourra prendre des précautions suffisantes pour empêcher les doubles emplois et autres abus, et sans qu'on puisse, par ce moyen, prolonger les délais fixés par les expéditions pour les chargemens, déchargemens et transports de marchandises. *Loi de* 1791, *tit.* 13, *art.* 26.

———

E.

Emballeurs et porte-faix. Les propriétaires peuvent, pour le transport et le déballage de leurs marchandises, lors de la visite, se servir de ceux des douanes, ou de telles autres personnes qu'ils voudront choisir. *Loi de 1791, tit. 2, art. 15.*

Enregistrement (*droit d'*) : les procès-verbaux et rapports d'employés, gardes, etc., sont sujets à l'enregistrement, et doivent le droit fixe d'un franc. *Loi du 22 frimaire an 7, art. 68, § 1er.*

Les rapports (des employés des douanes) n'en sont dispensés qu'autant qu'il ne se trouve point de bureau d'enregistrement dans la commune du dépôt de la marchandise, ni dans celle où est placé le tribunal qui doit connaître de l'affaire ; dans ce cas, le rapport doit être visé le jour de sa clôture, ou le lendemain avant midi, par le juge de paix du lieu, ou, à son défaut, par le maire ou son adjoint. *Loi du 9 floréal an 7, art. 9.*

Ce visa est valable, quoiqu'il n'ait été fait que le surlendemain de la date de la saisie, si le jour intermédiaire est un dimanche ou une fête Arrêt de la cour de cassation, du 3 ventose an 10.

Le délai pour l'enregistrement des rapports est de quatre jours. *Loi du 22 frimaire an 7, art.* 20.

La loi précitée du 9 floréal n'a pas dérogé à cet article pour le délai de quatre jours : ainsi jugé par arrêt de la cour de cassation, du 17 brumaire an 14; il a annullé un jugement du tribunal civil d'Anvers, lequel avait déclaré nul un rapport non enregistré dans les 24 heures, terme de rigueur pour le visa des rapports, tenant lieu d'enregistrement, visa qui ne doit pas être confondu avec la formalité de l'enregistrement.

Si on laisse écouler ce délai, il y a lieu à l'amende de 25 fr., indépendamment du payement du droit établi, et le rapport qu'on a omis de faire enregistrer est frappé de nullité. *Même loi de frimaire an 7, art* 34.

Il est utile de faire enregistrer avant l'audience les rapports rédigés pour contravention aux lois ordinaires de douanes, contenant assignation à comparaître dans les 24 heures de leur clôture : si quelques circonstances s'y étaient opposées, la comparution dans les 24 heures n'en devrait pas moins avoir lieu ; seulement on exposerait au tribunal de paix les motifs qui justifieraient le retard de la formalité de l'enregistrement, et l'on demanderait la remise de la cause jusqu'après l'enregistrement, qui devrait s'effectuer avant l'expiration des quatre ou rs accordés par la loi. La remise de la cause pour la discussion, serait calculée en conséquence.

Les adjudications, ventes, reventes de tous objets mobiliers, même de ceux vendus par l'Etat, sont soumises à l'enregistrement, et le droit est de 2 fr. pour cent. *Loi du 22 frimaire an 7, art.* 69, § 5.

Le droit sur les procès-verbaux de ventes des marchandises saisies, est dû sur la totalité du prix de la vente, sans déduction du droit d'entrée à prélever sur ce prix. *Décision du ministre du* 19 *nivose an* 12.

Le délai pour l'enregistrement des actes de ventes est également de quatre jours ; mais la peine, si on le laisse écouler, est une somme égale au montant du droit, sans qu'elle puisse être au-dessous de 5o fr., et le contrevenant est tenu, en outre, au payement du droit dû. *Art.* 34.

On n'est tenu de faire enregistrer les actes de cautionnement pour les marchandises saisies, dont la remise provisoire a eu lieu, que

lorsqu'on est forcé d'en faire usage en justice.

ENTREPÔT. Cas dans lesquels on peut être
privé d'en jouir. (V. NÉGOCIANS.)

Entrepôts et Magasins : sont défendus dans
la distance de la police frontière, excepté dans
les communes dont la population est de 2,000
ames, pour les marchandises manufacturées
ou dont les droits d'entrée excèdent 12 fr. par
5 myriagrammes (un quintal), et pour celles
dont la sortie est prohibée ou assujettie à des
droits. *Loi de* 1791, *tit.* 13, *art.* 37.

Cette défense a dû s'étendre aux 2 myriamètres, depuis l'art. 84 de la loi du 8 floréal
an 11. En effet, cet article, en ordonnant l'exécution des lois et arrêtés dans les 2 myriamètres frontières, y a compris nécessairement
l'entrepôt dans la même distance.

La population des hameaux ou écarts ne
concourt point à former le nombre de deux
mille ames ; ce nombre doit se trouver au moins
dans l'enceinte du lieu où l'on veut établir des
entrepôts. *Loi du* 1er. *vendémiaire an* 4.

Sont réputées en entrepôt toutes les marchandises énoncées en l'art. 37 du tit. 13 de la lo
de 1791, autres que celles du crû du pays,

qui se trouvent en balles ou ballots, et **pour le** transport desquelles on ne peut représenter d'expéditions délivrées dans le jour. *Art. 58 du même titre.*

Cette disposition est applicable aux propriétaires. Arrêt de la cour de cassation, du 5 fructidor an 11 : il infirme, comme contrevenant aux articles 57 et 58, un jugement du tribunal de première instance d'Altkirch, lequel avait donné main-levée de marchandises en balles, autres que du crû du pays, sur le motif que ces articles ne concernaient que les marchandises entreposées chez des commissionnaires ou individus qui n'en étaient point propriétaires.

L'entrepôt donne lieu à la saisie et à la confiscation, avec amende de 100 fr., contre ceux chez lesquels il se trouve. *Art. 59 du tit. 13 de la loi de* 1791.

Les préposés, accompagnés du maire ou d'un adjoint municipal du lieu, peuvent faire, de jour, toutes recherches dans les maisons où ils soupçonnent des entrepôts. *Même article.*

S'il ne s'y trouve point d'entrepôt, il sera payé 24 fr. à celui au domicile duquel la recherche aura été faite, sauf plus grands dommages et intérêts, s'il y a lieu par les circonstances de la visite. *Art.* 40.

Espagnols. L'art. 11 du traité de paix conclu, le 4 thermidor an 3, avec l'Espagne, ré-
tablissant les relations commerciales sur le pied
où elles étaient avant la guerre, a remis en
vigueur toutes les conditions des traités qui ré-
glaient alors le commerce respectif des deux
nations.

Estimation *des marchandises anglaises
confisquées.* Afin de fixer la quotité de l'amende,
qui est du triple de la valeur, il doit y être procédé à la requête de l'Administration, partie
présente ou duement appelée ; elle doit se faire
suivant les formes judiciaires : le condamné
doit nommer un expert ; sinon il en sera nommé
un d'office par le tribunal. La régie a aussi la
faculté d'en nommer un, et, si les deux experts
ne sont pas d'accord, le tribunal nommera un
tiers-expert pour les départager.

La récusation des experts peut avoir lieu
également suivant les formes et dans les délais déterminés par l'ordonnance de 1667. Le
procureur impérial n'a aucunes fonctions à remplir, lors des opérations des experts ; mais il doit
être entendu sur tous les points sur lesquels
le tribunal est appelé à prononcer.

Étranger. Lorsqu'il n'a pas un domicile

réel ou élu dans le lieu de l'établissement du bureau, le jugement rendu contre lui sur une saisie, doit lui être signifié au domicile du maire de la commune. *Loi du 14 fructidor an 5, art. 11.* La signification d'un acte d'appel doit, au contraire, lui être faite suivant les formes prescrites par l'art. 2 du tit. 2 de l'ordonnance de 1667 : la cour de cassation a jugé en conformité, par arrêt du 5 ventose an 10.

D'après l'art. 166 du code de procédure civile, tout étranger demandeur principal ou intervenant, est tenu, si le défendeur le requiert, avant toute exception, de fournir caution de payer les frais et dommages-intérêts auxquels il pourrait être condamné; à moins (*art.* 167) qu'il ne justifie que ses immeubles situés en France sont suffisans pour en répondre.

Cette disposition peut être invoquée par les préposés des douanes vis-à-vis d'un étranger qui dirige une inscription de faux contre un rapport de saisie : en effet, cette inscription ne doit pas être considérée comme n'étant que la défense de l'étranger qui intervient et réclame contre la saisie ; c'est une action de toute autre nature ; c'est une plainte qu'il dirige contre des préposés, tendante à les faire poursuivre et condamner à la peine des fers, et qui doit en conséquence être portée devant les jury d'accusation et de jugement. L'étranger devient dès-lors demandeur, en sa qualité de partie civile, et est sujet à la caution *judicatum solvi* : sans elle, des préposés, en faisant leur devoir, seraient exposés à l'épreuve rigoureuse d'une procédure criminelle, sans aucun espoir d'obtenir l'indemnité qu'ils sont autorisés à prétendre. *Lettre du ministre de la justice, du 25 pluviose an 10, au procureur général impérial près la cour de justice criminelle du département de Rhin-et-Moselle.*

Mais la caution exigible pour les frais et dommages-intérêts qui pourraient, en définitif, être adjugés aux employés, ne peut s'étendre à la triple amende, qui n'est due que quand il y a un jugement qui la prononce.

Examen des affaires. L'Administration a toujours apporté ses soins à ce que, dans l'intérêt du trésor public et dans celui des parties, les affaires fussent examinées avec l'attention la plus scrupuleuse, et de manière à prévenir tous les inconvéniens que pourraient entraîner l'impéritie, et quelquefois même la cupidité de quelques préposés subalternes : cet examen commence au bureau même où les saisissans se rendent immédiatement après la saisie, et où le receveur, qui les entend sur la contravention, ne leur permet de verbaliser qu'autant que cette contravention lui paraît réellement existante : l'examen se continue ou plutôt se renouvelle en entier au bureau qui est établi près de l'Administration centrale à Paris, et qui est chargé de la suite de toutes les affaires contentieuses, depuis leur naissance jusqu'à leur entière conclusion, soit par jugement définitif, soit par décision administrative. Le premier soin de ce bureau, lorsqu'un procès-verbal lui parvient, est de s'assurer, sous la surveillance de l'Administration, du mérite de la saisie au fond, et de sa régularité en la forme. Si l'affaire est de nature à être suivie, il transmet les instructions pour défendre tant en première instance qu'en cause d'appel ; et, en cas de pourvoi, il rédige la requête : il défend également, s'il y a lieu, devant l'autorité administrative ; mais avant de diriger aucunes poursuites, il a dû procéder encore à un autre examen, celui des circonstances qui ont accompagné la contravention, et s'il en résulte que, quelque constante que soit cette même contravention, on puisse néanmoins l'attribuer à ignorance de la loi ou à toute autre cause atténuante et justificative, alors, et sans qu'il soit même nécessaire que la partie réclame, l'Administration, sur le rapport qu'il lui soumet, propose, soit à S. Ex. le ministre des finances, soit à M. le Conseiller d'état Directeur général, suivant la nature de l'affaire, de substituer un arrangement modéré aux condamnations encourues, et que déjà quelquefois les tribunaux auraient prononcées.

La modération est également sollicitée sur les offres que la partie elle-même aurait faites, s'il est reconnu, d'après les circonstances, qu'effrayée des suites de sa contravention, quoiqu'involontairement commise, elle a offert au-delà de ce qu'on peut raisonnablement exiger pour concilier ce qui est dû au maintien des principes avec ce que réclame la bonne foi.

On voit combien est utile, et même salutaire dans ses effets, ce nouvel examen, auquel l'Administration attache d'autant plus de prix, que la justice l'exige à l'égard d'individus qui, souvent par suite de la même ignorance qui les a mis en contravention, ne sauraient pas que l'arrêté du 14 fructidor an 11 leur ouvre un recours administratif.

L'examen des affaires se prolonge enfin jusqu'au dernier acte qui les termine, c'est-à-dire jusqu'à la vente : cette vente, en effet, ne s'effectue que sur une autorisation spéciale, laquelle ne s'accorde qu'après que l'Administration s'est de nouveau convaincue que la partie ne pourrait former administrativement aucune réclamation admissible.

En traitant, dans cet article, de l'examen des affaires, on n'a principalement parlé que des remises et modérations qui en sont le résultat très-fréquent, et on aurait cru inutile d'ajouter que, sous tous les autres rapports, tels que ceux de la nature de la contravention, des moyens à opposer ou à combattre, des conclusions à prendre, des frais à économiser, etc. etc., l'examen des affaires était toujours aussi approfondi qu'il devait l'être pour assurer le succès des bonnes causes, et empêcher qu'on n'en suivît de mauvaises, et même, autant que possible, d'incertaines.

On ne peut trop recommander au surplus d'adopter pour les rapports et autres actes, les modèles qui se trouvent dans l'ouvrage de M. Magnier-Grandprez : les commentaires et les instructions sur le contentieux que cet intéressant ouvrage renferme aussi, doivent être soigneusement consultés.

Ce receveur a mérité, par ses talens et l'usage qu'il en a fait, l'estime de ses supérieurs, des autorités constituées et des chambres du commerce des Bas et Haut Rhin.

Le bureau d'Administration où s'examinent

les affaires contentieuses, est sous la direction de M. Ciavarelli : on ne sait ce que l'on doit admirer le plus des talens de ce chef, de la pureté de son style , de son attachement à son état, ou de la modestie et de la douceur qui lui ont concilié l'estime de ses commettans et l'amitié de ses confrères.

EXCÉDANT : quant aux poids, nombre ou mesure, est assujetti au payement du double droit, s'il surpasse le vingtième pour les métaux, et le dixième pour les autres marchandises. *Loi de 1791, tit. 2, art. 18.*

Il y a toujours lieu au payement du double droit sur tout excédant, quelque peu considérable que soit la quantité trouvée au-dessus du dixième ou du vingtième. Arrêt de la cour de cassation , du 6 germinal an 8.

Le même arrêt a encore jugé que l'art. 9 de la loi du 1er. août 1792, portant qu'une marchandise qui est dans une double futaille, ne doit les droits que déduction faite du poids de la futaille qui lui sert de seconde enveloppe, n'est applicable qu'aux marchandises qui ont la double futaille, et nullement à celles qui ont plusieurs enveloppes; enfin que l'art. 18 du tit. 2 de la loi de 1791, relatif à l'excédant du vingtième ou du dixième, ne concerne que les marchandises représentées au premier bureau d'arrivée, pour le payement des droits, et non celles expédiées de ce bureau, par acquit-à-caution, pour une douane où il existe un entrepôt.

L'excédant, quant au nombre des balles, ballots, caisses et futailles, est saisi et confisqué, avec amende de 100 fr. *Art*. 20.

Sur ce qui est expédié par acquit-à-caution, voyez *Certificat de décharge.*

EXEMPTION DE DROITS. Elle est restreinte, pour ce qui vient de l'étranger, aux marchandises et denrées nommément exceptées par le tarif et les lois subséquentes.

A la sortie, il suffit qu'une marchandise ne soit pas comprise au tarif, pour n'être assujettie à aucun droit. *Loi de* 1791, *tit.* 1er., *art.* 5.

EXPÉDITIONS DES DOUANES. Elles ne peuvent être suppléées par des jugemens. *Loi de* 1791, *tit.* 11, *art.* 2.

En cas de perte, des copies certifiées des registres peuvent seules servir à la décharge des redevables. *Tit.* 13, *art.* 26. (V. DUPLICATA.)

L'opposition qui serait faite à leur délivrance par les créanciers d'un capitaine de navire intéressés à empêcher son départ, n'est pas recevable ; cependant, pour éviter toutes difficul-

tés , il convient que lorsqu'une pareille opposition est formée entre les mains d'un préposé,
que celui-ci la dénonce, par acte extra-judiciaire,
à l'armateur ou au capitaine , avec déclaration
que leurs expéditions et papiers ne leur seront
délivrés que lorsqu'ils auront rapporté main-
levée. *Circulaire du Directeur général*, *du*
3 frimaire an 13.

En cas de saisie pour le faux ou l'altération
d'une expédition , voyez Saisie , n°. 2.

De faux certificats de décharge , voyez Falsifications.

Expéditions subreptices. Les marchandises
qui y sont dénommées , sont passibles de la
confiscation et de l'amende du triple de la valeur : ainsi jugé par la cour de cassation, dans
l'espèce suivante :

Le bâtiment le Cupidon était arrivé à St.-
Brieux , le 9 nivose an 11, avec un chargement
de sucres, tabacs en feuilles et rhum. Le capitaine était muni d'un acquit-à-caution de la
douane de Brest , annonçant sucres *non en*
pains, tabacs en feuilles et taffias.

La vérification fit connaître que les tabacs
seuls étaient identiques avec l'expédition ; ils sui-
virent leur destination : quant aux sucres et
taffias, ils furent saisis à défaut de cette identité.

L'affaire se poursuivait devant le tribunal correctionnel, lorsqu'on reçut l'avis que la totalité du chargement avait été prise à Jersey, et que l'acquit-à-caution de la douane de Brest avait été subrepticement obtenu.

On changea alors de forme de procéder, et il fut rendu plainte, tant contre les signataires de l'expédition, qu'en versement de marchandises provenant du commerce anglais.

Après de longues procédures, l'acquit ayant été reconnu subrepticement obtenu, et *l'importation de Jersey* étant prouvée, la cour de justice criminelle séant à Vannes, a, par arrêt du 14 juin 1806, prononcé la confiscation du navire et de tous les objets composant sa cargaison, même des tabacs, qui n'avaient point été saisis ; a, en conséquence, condamné les prévenus au payement 1°. d'une somme égale à la valeur de ces tabacs ; 2°. d'une somme égale à quatre valeurs des sucres, tafiias ou rhums, dont une valeur en nature de confiscation, et les trois autres valeurs en nature d'amende.

Cet arrêt a été maintenu par celui de la cour de cassation, du 19 décembre 1806.

EXPERTISE. En thèse générale, elle ne doit jamais avoir lieu pour les objets compris dans l'art. 5 de la loi du 10 brumaire , comme casimir, piqué, etc., parce qu'elle n'aurait d'autre objet que d'établir telle ou telle origine, et que, d'après la loi, toutes les marchandises de l'espèce, qui se trouvent sur le sol français, sont passibles de confiscation, lorsqu'on ne justifie pas de leur origine française.

Mais s'il s'agit de marchandises dont la véritable nature est contestée, et dont la prohibition conditionnelle ou absolue dépend de cette même nature, comme les tribunaux ont la faculté d'exiger tout ce qui peut éclairer leur décision, ils peuvent alors ordonner que l'objet saisi soit vérifié par des experts.

Pour l'expertise des marchandises anglaises qui doivent la triple amende, voyez ESTIMATION.

EXPORTATION PAR MER : doit être précédée des formalités indiquées aux mots *Déclarations à la sortie par mer.*

Les marchandises doivent être conduites au bureau, ou à tout autre lieu dont il sera convenu entre la régie et le commerce, pour y être vérifiées. *Loi de* 1791, *tit.* 2, *art.* 6.

S'il y a impossibilité reconnue de faire conduire lesdites marchandises dans un local particulier, la vérification s'en fait au lieu de l'embarquement. *Même article.*

Les marchandises doivent, après le permis, être transportées à bord des bâtimens, sans emmagasinage ni transport rétrograde, à peine de confiscation et de 200 francs d'amende. *Art. 26, et décret du 4 germinal, tit. 3, art. 2.*

Pour celles expédiées d'un port à un autre, voyez CIRCULATION, *Acquit-à-caution* et POLICE DES FRONTIÈRES.

Exportation par terre. Les marchandises exportées par terre doivent être conduites au premier bureau de sortie, par la route la plus directe et la plus fréquentée, sans prendre de chemins obliques, tendant à contourner les bureaux; à peine de confiscation et de 200 fr. d'amende. *Loi de* 1791*, tit. 2, art. 3, et décret du 4 germinal, tit. 3, art. 4.*

L'amende de 200 livres est prononcée par la loi de germinal : celle de 1791 ne la portait qu'à 100 liv.

Les mêmes condamnations ont lieu pour les marchandises saisies après avoir dépassé les bureaux sans permis. *Décret du 4 germinal an 2, tit. 3, art. 5.*

Les marchandises destinées à être exportées, sont soumises aux formalités indiquées aux mots *Déclarations à la sortie par terre.*

Elles doivent, après le payement des droits,

être conduites directement à l'étranger, sans pouvoir, hors les cas d'avaries, rentrer dans les magasins des marchands, ni être entreposées dans d'autres maisons; à peine de confiscation et de 100 fr. d'amende. *Loi de 1791, tit. 2, art.* 26.

F.

FABRIQUES ET MANUFACTURES. D'après l'art. 41 du tit. 13 de la loi de 1791, il ne pouvait être formé dans l'étendue de la ligne frontière, à l'exception des villes, aucune nouvelle clouterie, papeterie ou autre grande manufacture ou fabrique, sans l'avis du directoire du département.

L'art. 75 de la loi du 30 avril 1806, porte que l'autorisation nécessaire, d'après l'article 41 cité, pour établir des manufactures et construire des moulins ou d'autres usines, ne sera accordée dans l'étendue du territoire formant la ligne des douanes près la frontière de terre (2 myriamètres), que sur le rapport des préfets et l'avis des directeurs des douanes, constatant que la position de ces établissemens ne peut favoriser la fraude.

Le déplacement des fabriques et manufactures qui se trouveront dans cette ligne, pourra être ordonné, lorsqu'elles auront favorisé la contrebande, et que le fait sera constaté par un jugement rendu par les tribunaux compétens. *Loi du* 21 *ventose an* 11 *, art.* 1er.

Il sera accordé, pour effectuer le déplacement, un délai qui ne pourra être de moins d'un an. *Même loi, art.* 2.

FALSIFICATIONS *des certificats de décharge.* Elles sont poursuivies comme celles de tout autre genre d'expéditions, contre les soumissionnaires ou les porteurs. *Loi de* 1791, *tit.* 3, *art.* 10.

On ne doit recourir à la procédure extraordinaire, qu'autant que, le délit étant bien constant, les préposés ont les moyens de prouver par qui il a été commis; entamer une procédure dans d'autres cas, ce serait s'exposer, sans utilité, à des réparations, dommages et intérêts. La régie ayant quatre mois pour s'assurer de l'exactitude des certificats de décharge, il n'y a jamais de nécessité absolue d'entamer l'action au moment même où les acquits-à-caution sont rapportés.

FEMME *en puissance de mari reprise pour contravention.*

Les poursuites, pour le recouvrement des condamnations qu'elle a encourues, doivent être dirigées contre le mari : ainsi jugé par arrêt de la cour de cassation, du 15 février 1806.

Des marchandises avaient été saisies au domicile d'un négociant de Mayence; les poursuites n'avaient été dirigées que contre la femme, seule présente à la rédaction du rapport : la cour de justice criminelle du département de Rhin et Moselle , en prononçant la confiscation des objets saisis , n'avait pas prononcé d'amende , en raison de ce que la femme étant en communauté avec son mari, c'était contre ce dernier , comme maître et légitime administrateur de la communauté , que les poursuites auraient dû être dirigées : l'arrêt a été maintenu par la cour de cassation.

FÊTES ET DIMANCHES : n'empêchent pas les rapports , citations et affiches de rapports qui doivent être faits tous les jours indistinctement. *Loi du 9 floréal an 7, tit. 4, art. 6.*

Mais ces jours ne sont pas compris dans les délais d'assignation ou d'affirmation fixés à 24 heures : ainsi jugé par arrêt de la cour de cassation, du 3 ventose an 10,, dans l'espèce suivante. Par suite d'une saisie faite la veille d'un jour décadaire, l'assignation avait été donnée pour comparaître le surlendemain, dix heures du matin, ou, au plus tard, dans les 24 heures, aux termes de la loi, non compris ce jour décadaire ; le tribunal civil d'Anvers, en se fondant sur les art. 6 et 10 du tit. 4 de la loi du 9 floréal an 7, avait déclaré cette assignation nulle.

La cour a réformé ce jugement pour fausse application des articles précités, lesquels n'ont point dérogé à la loi du 17 thermidor an 6, relative aux jours de fêtes et de repos.

D'après cette loi, les juges de paix ne pouvant être astreints à recevoir, les fêtes et dimanches, les affirmations des rapports des préposés, ceux-ci ne peuvent être assujettis à affirmer leurs rapports ces jours-là. *Même arrêt.* La citation avait été donnée à 48 heures : le jour intermédiaire étant une fête, on arguait de nullité l'affirmation, parce qu'elle n'avait pas été faite dans les 24 heures.

Fin de non recevoir. Exception péremptoire, instituée pour accélérer l'expédition des affaires, et qui repousse une demande sans qu'on entre dans le fond : c'est un terme dont on se sert pour désigner qu'une partie, qui a paru dans un acte judiciaire quelconque, n'en avait pas le droit, ou qu'elle l'avait perdu, soit par l'inexécution des formalités prescrites, soit par l'expiration des délais indiqués. (V. Prescription.)

En matière de douanes, il y a fin de non recevoir :

Contre la partie qui formerait opposition à un jugement du tribunal de paix par défaut, après les trois jours de la signification, ou qui appellerait de ce jugement au tribunal de première instance ;

Contre la partie qui appellerait d'un jugement préparatoire ;

Contre les individus qui se rendraient appelans dans une affaire, sans avoir figuré dans la première instance (V. Appel.);

Contre la partie qui appellerait d'un jugement du tribunal de paix, après la huitaine de la signification ;

Et, en général, pour les appels, contre tous les individus qui les interjetteraient après les délais fixés par la loi.

Un arrêt de la cour de cassation, du 13 prairial an 9, a admis une fin de non recevoir proposée par l'Administration dans l'espèce suivante. Des parties avaient été citées au tribunal de paix, le 13 pluviose an 9, pour le lendemain 14 : vu l'absence du juge, le jugement par défaut ne fut rendu que le 15. Les saisis, qui avaient formé opposition au jugement, déclarèrent que s'ils ne s'étaient pas présentés le 15, c'est qu'ils étaient en voyage ; mais ils n'objectèrent point alors, ni depuis en première instance, que le jugement devait être déclaré nul, pour n'avoir pas été rendu le 14 ; ils n'invoquèrent ce moyen qu'en cause d'appel : il fut néanmoins accueilli par jugement du tribunal civil du département des Deux-Nèthes. La cour de cassation a annullé ce jugement, fondée 1°. sur le silence des prévenus en première instance; 2°. sur ce qu'ils avaient eu connaissance suffisante que les fins de la citation originaire seraient poursuivies le jour où le jugement par défaut avait été rendu.

Formalités des procès-verbaux. (V. Rapports.)

Frais de justice. Il n'y en a point à répéter relativement aux affaires de douanes. (V. Instruction.)

Les frais de procédures relatifs aux affaires instruites au criminel pour contravention aux lois de douanes, ne peuvent être pris sur les crédits ouverts pour l'acquit des frais de justice en général; les poursuites se faisant au nom de la régie, elle est réellement partie civile. Elle doit donc faire tous les frais des procès qui concernent le maintien des droits qu'elle perçoit, en les prélevant sur le produit même de la chose, sauf à les recouvrer contre les délinquans, ou à les passer en dépense, comme frais de gestion, dans ses comptes.

Au surplus, il ne peut y avoir à la charge de la régie des douanes, en fait d'expéditions, que celles qui font partie des pièces du procès, soit qu'elles lui soient délivrées, soit qu'elles lui soient notifiées, et c'est sur le crédit ouvert aux frais de justice que doit être assigné le payement de toutes les autres copies ou simples extraits qui, n'intéressant que l'ordre public, sont requis par les autorités constituées.

Quant aux frais de procédure extraordinaire, tels que ceux de payement de la force armée pour l'exécution des mandats d'arrêt décernés, et ceux des témoins, ils ne doivent pas être acquittés par la régie : après avoir été taxés par le tribunal, ils sont payés, sur l'exécutoire qu'il délivre, par le receveur des domaines et de l'enregistrement.

Frais frustratoires. La cour de cassation a jugé, le 16 prairial an 13, que, quand elle décidait que l'appel d'un jugement de la justice de paix n'était pas recevable, il était inutile de renvoyer devant un autre tribunal, pour qu'il répétât le non recevable de l'appel ; qu'on évitait ainsi des frais à la partie.

Frais des transport, déballage et pesage des marchandises pour leur visite : sont supportés par les propriétaires. *Décret du 4 germinal an 2, tit. 3, art. 9.*

Fraude. (V. Contravention.)

G.

GARANS. On nomme ainsi ceux que la loi ou des conventions particulières rendent responsables des fraudes ou contraventions découvertes et constatées vis-à-vis d'autres qu'eux.

L'Administration est quelquefois dans le cas de poursuivre des particuliers comme garans des condamnations qu'elle peut faire prononcer contre des prévenus de fraude ou de contrebande.

Les prévenus peuvent aussi faire assigner en garantie de la demande de l'Administration contre eux, ceux qui sont les auteurs de la fraude ou contrebande qu'on leur impute.

Enfin l'Administration elle-même peut être poursuivie comme garante des faits de ses employés.

Si un particulier que l'Administration attaque pour fraude ou contrebande, prétend que cette fraude ou contrebande est du fait d'un autre, le juge peut ordonner que cet autre sera mis en cause par le défendeur originaire, mais il ne saurait imposer cette obligation à la régie.

GARDES NATIONALES. Elles doivent arrêter

tous individus introduisant des marchandises de fabrique ou du commerce anglais, ou qui les vendent ou les entreposent dans l'intérieur, ou qui tentent d'introduire des marchandises de contrebande, soit par versemens faits hors la présence des préposés des douanes, soit en évitant les bureaux frontières. *Arrété du 4e. complémentaire an 11, art. 1er.*

Elles sont également tenues de prêter main-forte, à la première réquisition, aux préposés des douanes, aux commissaires de police, ou autres fonctionnaires et officiers publics qui ont fait la capture de contrebandiers ou de prévenus de faire la fraude. *Art. 3.*

GENDARMERIE. Comme GARDES NATIONALES. (Voyez *ces mots.*)

Graces aux soins éclairés de son excellence M. le maréchal Moncey, grand cordon de la légion d'honneur et de l'ordre de Charles III, et à sa constante sollicitude, le corps de la gendarmerie, qui est composé de 17,445 hommes y compris les brigadiers et gendarmes qui sont extraits pour former la légion d'élite faisant partie de la maison militaire de l'Empereur, seconde de tout son pouvoir les préposés des douanes. Ce corps a acquis sous ce digne militaire une réputation qui double sa force, et la tranquillité intérieure que **M.** le maréchal a su maintenir depuis plusieurs années, est assurée. On n'a plus à redouter de voir se renouveler, aux frontières, de fréquens attroupemens, qui étaient aussi préjudiciables à l'ordre public qu'au revenu de l'état.

H.

Habillemens *composés d'étoffes anglaises.*
(V. Marchandises anglaises.)

Huissiers. Il leur est défendu de saisir les produits des droits de douanes entre les mains des receveurs, ou en celles des redevables, à peine de nullité, d'interdiction, d'amende, et de dommages et intérêts. *Loi de* 1791 *, tit.* 12 *, art.* 9.

Hypothèque. La régie en a une sur les immeubles des comptables, pour leurs débets, et sur ceux des redevables, pour les droits : savoir, à l'égard des comptables, à dater du jour de leur prestation de serment, et des redevables, à compter de celui où les soumissions ont été faites et signées sur les registres. *Loi de* 1791 *, tit.* 13 *, art.* 23.

Pour obtenir l'hypothèque, relativement aux redevables, il est nécessaire que les extraits des registres contenant leurs soumissions, aient été soumis à l'enregistrement dans le délai fixé pour les actes des notaires. *Même article.*

I.

IMPORTATION DE L'ÉTRANGER. **Tout ce qui en est importé, est censé en provenir : ainsi jugé par arrêt de la cour de cassation, du 16 brumaire an 10, relativement à quatre coupons de basin saisis, que l'on alléguait avoir été apportés de la Guadeloupe. La cour a jugé que tout objet est censé importé de l'étranger, dès qu'il entre dans le cercle des douanes françaises établies en Europe.**

Importation par mer. **Les objets dont l'entrée n'est pas défendue peuvent être importés par tous les bureaux maritimes.** *Décret du 12 pluviose an 3, art. 4.*

Importation par terre. **Les objets dont l'entrée n'est pas grevée d'une prohibition absolue ou conditionnelle, peuvent être importés par tous les bureaux de terre placés sur les grandes routes.** *Même art. 4.*

Ils doivent être conduits directement au premier bureau d'entrée, à peine de confiscation

et de 200 fr. d'amende. *Loi de* 1791, *tit.* 2, *art.* 1*er*. *; et décret du* 4 *germinal an* 2, *tit.* 3, *art.* 4.

Les voituriers doivent combiner leur marche de manière à prendre la route directe du premier et plus prochain bureau. *Art.* 1*er*. *du tit.* 2 *de la loi de* 1791.

Sont seulement exceptés les légumes et autres menues denrées importés par des routes sur lesquelles il ne se trouve pas de bureau. *Méme article.*

Dans ce cas, les préposés peuvent vérifier, sur les routes, si ces objets ne servent point à en cacher qui seraient sujets aux droits. *Méme article.*

La confiscation et l'amende de 200 fr. ont lieu lorsque les objets importés ont dépassé les bureaux. *Art.* 2 *du méme tit.; et décret du* 4 *germinal an* 2, *tit.* 3, *art.* 5.

Et lorsqu'avant d'y avoir été conduits, ils sont introduits dans quelques maisons ou auberges. *Mémes articles.*

INCOMPÉTENCE. Celui qui prétend avoir été assigné devant un tribunal incompétent, doit d'abord se défendre sur l'incompétence. Si les juges ne font pas droit à son déclinatoire, on plaide sur le fond : dans le cas contraire, ils renvoient les parties devant le tribunal qui devait connaître de l'affaire.

On peut appeler d'un jugement de compétence.

INDEMNITÉ : est due aux locataires évincés pour placement de bureaux, etc. (V. *Bureaux, où placés.*)

. Aux propriétaires de marchandises, lorsque la saisie n'est pas fondée ; elle est d'un pour cent par mois, de la valeur des objets saisis, depuis l'époque de la retenue jusqu'à celle de la remise ou de l'offre qui en a été faite. *Loi du 9 floréal an 7, tit. 4, art.* 16.

Elle tient lieu des avaries, baisses survenues dans la valeur des marchandises, etc. : ainsi jugé par arrêt de la cour de cassation, du 16 ventose an 9, lequel annulle un jugement du tribunal criminel du département de la Somme, qui avait décidé le contraire en faveur du nommé Bélard.

Mais si le bâtiment sur lequel étaient les objets saisis avait été retenu, il serait dû au capitaine une autre indemnité, proportionnelle au dommage qu'il aurait souffert pour la retenue de son bâtiment : arrêt de la même cour, du 2 messidor an 11.

INSCRIPTION DE FAUX. S'inscrire en faux

contre un rapport, contre une pièce quelconque, c'est prétendre que cette pièce est fausse, ou contient des faits faux.

Celui qui voudra s'inscrire en faux contre un rapport, sera tenu d'en faire la déclaration par écrit, en personne ou par un fondé de pouvoir spécial, passé devant notaire, au plus tard à l'audience indiquée par la sommation de comparaître devant le tribunal qui doit connaître de la contravention. Il devra, dans les trois jours suivans, faire au greffe dudit tribunal le dépôt des moyens de faux, et des noms et qualités des témoins qu'il voudra faire entendre : le tout à peine de déchéance de l'inscription de faux. Cette déclaration sera reçue et signée par le juge et le greffier, dans le cas où le déclarant ne saurait écrire ni signer. *Loi du 9 floréal an 7, tit. 4, art. 12.*

Ce texte, précis, absolu, et qui ne peut donner lieu à aucune espèce d'interprétation, recevrait encore, s'il était possible, un nouveau degré de force de l'esprit qui l'a dicté, et qui a été d'enlever aux prévenus de fraude la faculté, que l'expérience avait démontré être si dangereuse, de se ménager à loisir des témoins et des moyens de faux contre les rapports.

D'après la lettre et l'esprit de ces dispositions, un prévenu qui comparaît devant le juge de

paix au jour fixé par la citation, et n'y fait aucune déclaration d'inscription, n'est plus admissible
à la former le jour suivant, quoique sa cause
ait été remise à ce jour ; mais s'il avait proposé un déclinatoire, et que le renvoi à un autre
tribunal eût été prononcé, il serait encore à
tems de former l'inscription en comparaissant
devant ce tribunal. En effet, l'art. 12 cité n'exigeant la déclaration de l'inscription qu'à l'audience du tribunal qui doit connaître de la contravention, la première audience de ce tribunal
n'a lieu que quand la question sur la compétence
est jugée. Arrêt de la cour de cassation, du 22
frimaire an 13, portant que la citation illégale
donnée à des prévenus devant le tribunal correctionnel de Ruremonde, n'ayant pu faire courir
contre eux le délai pour inscrire de faux le procès-verbal des préposés, les droits de ces prévenus a cet égard étaient entiers lorsque, par
l'effet du renvoi de l'affaire au tribunal de police
correctionnelle de Liége, ils ont été cités à
comparaître à ce tribunal.

On ne peut pas davantage rejeter une inscription avant l'expiration des trois jours accordés pour faire le dépôt des moyens de faux,
sous prétexte que l'inscrivant avait, avant ce
délai, été déclaré non recevable dans une plainte
de faux qu'il avait adressée au directeur du

jury. Arrêt de la cour de cassation, du 29 brumaire an 9, qui annulle un jugement contraire du tribunal de police correctionnelle d'Altkirch.

D'un autre côté, quand les jurés d'accusation ont déclaré qu'il n'y avait pas lieu à recourir à l'inscription de faux, elle ne peut être reproduite ni en première instance ni en dernier ressort. Le tribunal du département de l'Escaut, ayant, contrairement à ce principe, fait revivre une accusation de faux précédemment écartée, son jugement, du 10 floréal an 7, a été annullé par la cour de cassation, le 19 messidor suivant.

Le tribunal devant lequel la citation a été donnée, d'après la nature de la contravention, est celui qui doit juger si, en la forme, l'inscription est régulière (1) : s'il l'admettait, no-

---

(1) Ce principe a été confirmé par arrêt de la cour de cassation, du 15 frimaire an 12.

Un juge de paix avait, sur la déclaration d'inscription, ordonné le renvoi des pièces au directeur du jury, pour être par lui instruit sur le faux. Le tribunal civil d'Assenede, où l'affaire avait été portée, à la requête de la régie, avait instruit civilement sur le faux incident, et rejeté de l'instance le rapport, comme contenant des allégations fausses : il avait d'ailleurs renvoyé les parties devant le juge compétent, pour faire prononcer sur le fond de la saisie. Le juge de paix annulla la

nobstant l'omission de quelques formalités prescrites, on devrait interjeter appel de son jugement.

Si l'inscription est faite dans le délai et suivant la forme prescrite par l'article 12 du tit. 4
de la loi du 9 floréal an 7, et en supposant que
les moyens de faux, s'ils étaient prouvés, dé-
truisissent l'existence de la fraude à l'égard de
l'inscrivant, le procureur impérial près le tribunal saisi de l'affaire, fera les diligences convenables pour y faire statuer sans délai. *Arrêté
du 4e. complémentaire an* 11, *art.* 9. (Cet
article n'est que le développement du vrai sens
de la loi du 9 floréal, qui consacre le principe
que les moyens de faux ne sont admissibles
qu'autant que leur preuve détruirait l'existence
de la fraude : il a mis fin aux difficultés que la
chicane avait inventées, en abusant de la faculté d'inscription de faux contre les procès-verbaux des préposés des douanes.)

---

saisie, et son jugement fut confirmé sur l'appel. Ces
jugemens ont été annullés par la cour de cassation,
qui a déclaré que le tribunal d'appel aurait dû renvoyer au juge de paix l'instruction sur le faux, l'inscription de faux incident contre un procès-verbal
devant être porté devant le juge saisi du fond de la
contestation.

Il sera sursis, conformément à l'art. 536 du code des délits et des peines, au jugement de la contravention , jusqu'après le jugement de l'inscription de faux (1). *Même article.*

Lorsque l'inscription n'aura pas été faite dans le délai et suivant les formes déterminées par la loi du 9 floréal, il sera, sans y avoir aucun égard , passé outre à l'instruction et au jugement de l'affaire. *Art.* 10.

D'un autre côté , quand une contravention de douanes est constatée par un procès-verbal et portée devant un tribunal, si ce procès-verbal est argué de faux, le tribunal commence par examiner la valeur des imputations de faux; s'il reconnaît que ces imputations portent sur le fond de la contravention, et qu'en les supposant fondées, elles détruisent les caractères du délit, il s'abstient de prononcer sur la contravention, et renvoie la dénonciation devant le procureur gé-

––––––––––

(1) Ce sursis ne pouvant avoir lieu qu'autant que la véracité du rapport est attaquée par la voie de l'inscription de faux , un jugement qui , rejetant une inscription , ordonnerait cependant qu'il sera sursis au jugement de la contravention prétendue , violerait cette loi : ainsi jugé par arrêt de la cour de cassation , du 9 ventose an 13 , lequel annulle un arrêt contraire de la cour de justice criminelle des départemens de la Stura et du Tanaro.

néral près la cour criminelle : celui-ci fait ou fait faire des informations, et adresse ensuite les pièces de la procédure à son excellence le grand-juge, qui les transmet à M. le Directeur Général des douanes, pour qu'il examine, conformément à l'arrêté du 29 thermidor an 11, s'il y a lieu ou non d'accorder l'autorisation de mise en jugement contre les préposés dénoncés. Si ce Directeur refuse l'autorisation, ou si le tribunal devant lequel est porté le procès-verbal de contravention, reconnaît lui-même que la dénonciation ou inscription de faux est illusoire, mal fondée, et ne porte point sur le corps ou sur les caractères du délit, ce tribunal prononce de suite sur la contravention, sans avoir égard aux moyens de faux argués par les contrevenans.

INSCRIPTIONS HYPOTHÉCAIRES : conservent l'hypothèque et le privilége pendant dix ans, à compter du jour de leur date. Art. 25 du tit. 6 du code hypothécaire, décrété le 11 brumaire an 7.

INSTRUCTION DES AFFAIRES. Quand la loi soumet à la connaissance de certains tribunaux une espèce de cause qui n'était point d'abord comprise dans leurs attributions, elle est censée vouloir que les causes soient instruites d'après les règles établies dans ces tribunaux pour l'instruction des procédures , à moins qu'elle n'ait formellement statué le contraire.

Cette règle paraissait d'autant plus applicable aux tribunaux de paix, dans les affaires relatives aux douanes, que l'art. 3 du tit. 11 de la loi du 22 août 1791 veut que, quant aux saisies en matière de douanes, on se conforme, pour l'instruction des procédures, à ce qui est prescrit par les lois générales : ainsi, lorsque ces causes étaient du ressort des tribunaux de district, il fallait les instruire d'après les règles des procédures établies dans ces tribunaux ; soumises ensuite à la jurisdiction des juges de paix, elles doivent s'instruire d'après les règles établies pour l'instruction des procès dans les justices de paix, quant aux points où la loi n'en a pas autrement disposé. Arrêt de la cour de cassation, du 7 floréal an 10.

Le tribunal de première instance de Barcelonette avait jugé qu'en matière de douanes on pouvait, à l'instar de ce qui se pratiquait dans les tribunaux de district, émettre l'appel d'un jugement du tribunal de paix rendu par défaut, au lieu d'y former opposition, ainsi que le voulait la procédure des justices de paix : son jugement a été réformé par l'arrêt cité.

Instruction en première instance et sur l'appel: est verbale, sur simple mémoire, et sans frais de part et d'autre. *Décret du 4 germinal an 2, tit. 6, art. 17.*

INTENTION. Les juges ne peuvent prendre en considération l'intention. *Loi du 9 floréal an 7, tit. 4, art. 16.*

L'arrêté du 4e. complémentaire an 11, art. 12, enjoint aux procureurs généraux impériaux près les cours de justice criminelle, de se pourvoir, par voie de droit et dans les délais prescrits, contre les jugemens qui, au mépris de cet article 16, auraient excusé les contrevenans sur l'intention.

INTERDICTION DE COMMERCE. Quand cette interdiction a été prononcée par un jugement, et que la personne à qui le commerce a été interdit continue à le faire, on peut saisir les marchandises trouvées chez elle, et en poursuivre la confiscation.

INTERPRÈTE. Quand on est dans le cas d'en avoir besoin, il est nécessaire qu'il soit revêtu d'un caractère public, qui puisse donner foi entière aux dépositions dont il est l'organe.

Le greffier du tribunal, non plus qu'aucun

des membres qui le composent, ne peuvent remplir les fonctions d'interprête ; c'est ce qui résulte de l'art. 369 du code des délits et des peines
du 3 brumaire an 4, qui porte que « l'inter-
» prête peut, du consentement de l'accusé et
» de l'accusateur public, être pris parmi les té-
» moins et les jurés ». Cette exception conditionnelle en faveur des témoins et des jurés,
annonce assez clairement que les interprêtes, en
général, doivent être étrangers au tribunal et
pris hors de son sein par le président, qui les
nomme d'office, ainsi qu'il est dit à l'art. 368. Il
s'ensuit que le greffier ne peut prétendre aucun
émolument à ce titre, et, à plus forte raison,
lorsque la matière n'est pas disposée à requérir le ministère des interprêtes. *Lettre du ministre de la justice, du 23 frimaire an 8.*

J.

JUGEMENS. Ceux rendus sur appel, en matière de douanes, par les tribunaux de première instance et les cours de justice criminelle, sont en dernier ressort ; mais on peut les attaquer par la voie de cassation. (V. POURVOI.)

Les jugemens portant condamnation au payement des droits, etc., sont exécutoires par corps. (V. CONTRAINTE.)

Les juges ne peuvent rendre de jugemens pour tenir lieu des expéditions de douanes. (V. EXPÉDITIONS.)

Ils ne peuvent accorder main-levée des marchandises saisies, qu'en jugeant définitivement. (V. MAIN-LEVÉE.)

Il leur est défendu d'accorder des surséances à l'exécution des contraintes, de refuser de les viser, de modérer les condamnations encourues. (V. CONTRAINTE et AMENDES.)

Lorsqu'un tribunal doit prononcer sur plusieurs saisies faites contre des inconnus, il n'est pas nécessaire qu'il rende autant de jugemens qu'il y a d'affaires : un seul peut suffire, mais il doit relater tous les rapports.

Jugemens par défaut au tribunal de paix.
Lorsqu'une des parties citées ne comparaît pas, il intervient jugement par défaut. *Code de procédure civile, art.* 19.

La partie condamnée par défaut peut former opposition au jugement dans les trois jours de la signification faite par l'huissier du juge de paix ou autre qu'il aura commis. *Art.* 20.

La partie opposante qui se laisserait juger une seconde fois par défaut, ne serait plus recevable à former une nouvelle opposition. *Art.* 22.

Elle n'aurait que la voie de l'appel, qui lui est interdite dans le cas de l'art. 20 ci-dessus. (V. *Appel des jugemens par défaut, et Opposition.*)

Jugemens par défaut en matière correctionnelle. On voit à *Appel des jugemens par défaut,* que cette voie est la seule admissible contre les jugemens des tribunaux correctionnels, quand il s'agit de marchandises anglaises.

Il en est autrement des jugemens des mêmes tribunaux pour toute autre contravention ; ils sont susceptibles d'être attaqués, comme ceux des justices de paix, par la voie de l'opposition. Arrêt de la cour de cassation, du 9 frimaire an 9. La cour s'est décidée sur ce que

(173)

l'art. 4 de la loi de prairial an 7 interdisant, en matière de marchandises anglaises, toute autre voie que celle de l'appel, cette exception supposait la faculté de l'opposition dans toute autre matière de police correctionnelle.

Jugemens préparatoires. L'exécution, même volontaire, des jugemens préparatoires ne peut, en aucun cas, être opposée comme fin de non recevoir.

Cette disposition a été maintenue par arrêt de la cour de cassation, du 5 brumaire an 8, qui a cassé un jugement du département du Nord, du 1er. fructidor an 7, lequel déclarait la régie non recevable dans l'appel d'un jugement de première instance, sous prétexte qu'elle avait consenti à la vérification des marchandises saisies ordonnée par un jugement préparatoire.

JUGES: sont tenus de procéder, sans délai, et toutes affaires cessantes, à l'instruction ou jugement des affaires relatives à l'introduction, vente ou entrepôt des marchandises de contrebande. *Arrêté du 4e. complémentaire an 11, art. 8.*

Juges de paix. Ils ne sont, en matière de

douanes, que juges de première instance. Un arrêt de la cour de cassation, du 2 thermidor an 10, a annullé un jugement du tribunal de paix du deuxième arrondissement de Marseille, portant la mention qu'il était en dernier ressort.

Un arrêt du 20 fructidor suivant a décidé la même question.

Jurisprudence. Celle des douanes embrasse le civil et le criminel.

L.

Lois. D'après l'art. 1er. du code civil, elles sont exécutoires dans tout le territoire français, en vertu de la promulgation qui en est faite par l'Empereur.

Elles seront exécutées dans chaque partie de l'Empire, du moment où la promulgation en pourra être connue.

La promulgation faite par l'Empereur sera réputée connue dans le département où siégera le gouvernement, un jour après celui de la promulgation ; et dans chacun des autres départemens, après l'expiration du même délai, augmenté d'autant de jours qu'il y aura de fois dix myriamètres (environ 20 lieues anciennes) entre la ville où la promulgation en aura été faite, et le chef-lieu de chaque département. *Art* 1er. *du code civil.*

A l'égard des décrets impériaux, voyez *ces mots.*

Les lois et décrets relatifs aux perceptions, doivent être exhibés aux redevables qui le requièrent.

M.

Main-forte. Les commandans militaires dans les départemens, les préfets, sous-préfets et les maires, sont tenus de la faire prêter, et les gardes nationales, troupes de ligne ou gendarmerie, de la donner aux préposés des douanes, à leur première réquisition, sous peine de désobéissance. *Loi du 22 août* 1791, *tit.* 13, *art.* 14 ; *et décret du 12 pluviose an* 3, *art.* 11. Ce dernier article enjoint expressément auxdits commandans d'employer tous les moyens qui sont en leur pouvoir, pour assurer l'exécution dudit décret, soit en plaçant dans les postes qui leur sont indiqués par les corps administratifs, le nombre d'hommes nécessaire à empêcher les exportations défendues, soit en faisant prêter main-forte aux préposés des douanes, lorsqu'ils en sont par eux légalement requis, et au moment même de la réquisition.

L'art. 3 de l'arrêté du 4ᵉ. complémentaire an 11, porte également que les gendarmes, les troupes de ligne et les gardes nationales, sont tenus de prêter main-forte, à la première réquisition, aux préposés des douanes, commissaires de police ou autres fonctionnaires et officiers publics faisant la capture d'individus introdui-

sant des marchandises decontrebande ou prévenus de ce délit.

Toutes les personnes chargées de prêter
main-forte aux préposés des douanes, qui seraient convaincues d'avoir favorisé les importations ou exportations d'objets de contrebande,
doivent être punies comme les préposés qui ont
commis le même délit. *Loi du 13 floréal an
11 , art. 6.*

Pour la peine qu'ils encourent, voyez *Préposés* , n°. 4.

Main-levée *des marchandises saisies*. Elle
ne peut être donnée qu'en jugeant définitivement, à peine de nullité des jugemens et des
dommages et intérêts de la régie. *Loi du 22
août 1791 , lit. 12, art. 2.*

Cette disposition a été maintenue par arrêt
de la cour de cassation, du 24 floréal an 7, qui
annulle un jugement du tribunal criminel du
Jura, du 13 messidor an 6, lequel, en ordonnant la vérification de marchandises saisies
comme anglaises, faisait main-levée de partie de
ces marchandises, ainsi que des chevaux et voitures ayant servi à leur transport.

Dans le cas où la saisie n'étant pas déclarée
valable, la régie des douanes interjetterait appel du jugement, les bâtimens, voitures et che-

vaux saisis, même les marchandises sujettes à dépérissement, seraient remis, sous caution valable, après estimation de leur valeur, si cette remise est demandée dans les huit jours du jugement. *Loi du* 14 *fructidor an* 3, *art.* 5.

Lorsque la main-levée d'objets saisis est accordée par jugement, contre lequel l'Administration s'est pourvue en cassation, la remise n'en doit être faite à celui au profit duquel le jugement a été rendu, qu'au préalable il n'ait donné bonne et suffisante caution de leur valeur : la main-levée ne peut jamais être accordée pour les marchandises dont l'entrée est prohibée. *Loi du* 9 *floréal an* 7, *tit.* 4, *art.* 15.

Celle, sous caution, des bâtimens et voitures saisis pour autre cause que pour prohibition de marchandises dont la consommation est défendue, doit être offerte dans le rapport. *Art.* 5 *du même titre.*

Manifeste *ou* État de chargement. Aucune marchandise ne peut être importée par mer, soit d'un port étranger, soit d'un port français, sans un manifeste signé du capitaine, exprimant la nature de la cargaison avec les marques et numéros en toutes lettres des caisses, balles, barils, boucauds, etc. *Décret du* 4 *germinal an* 2, *tit.* 2, *art.* 1er.

Les capitaines, arrivés dans les deux myriamètres (4 lieues) de la côte, remettront, lorsqu'ils en seront requis, au préposé qui viendra à leur bord, une copie de leur manifeste, dont il visera l'original. *Art.* 3.

Ceux qui abordent dans un port, à destination d'un autre de l'Empire, sont tenus de représenter aux préposés, lorsqu'ils se rendront à bord, leur manifeste, comme il est dit au mot Relache.

Ce manifeste doit être signé et déposé par les capitaines dans les vingt-quatre heures de l'arrivée et avant le départ, distinctement et outre les déclarations à faire par les consignataires et parties intéressées à la cargaison pour acquitter les droits. *Décret du 27 vendémiaire an 2, art.* 38.

Si le manifeste n'est pas exhibé; si quelques marchandises n'y sont pas comprises, ou s'il y a différence entre les marchandises et le manifeste, le capitaine est personnellement condamné à une somme égale à la valeur des marchandises omises ou différentes, et à une amende de 1000 fr. *Art. 2 du tit. 2 du décret du 4 germinal an 2.*

Marchandises anglaises. Pour empêcher leur introduction et consommation en France, le gouvernement a pris diverses mesures qui sont mentionnées aux numéros ci-après.

Marchandises anglaises. Sont réputées telles, celles venant d'Angleterre ou provenant de ses fabriques. N°. 1er.

L'importation en est prohibée, tant par mer que par terre, dans toute l'étendue de l'Empire. *Loi du 10 brumaire an 5, art.* 1er.

Aucun bâtiment chargé, en tout ou en partie, desdites marchandises, ne pourra entrer dans les ports de l'Empire, sous quelque prétexte que ce soit, à peine d'être saisi sur-le-champ. *Art.* 2.

Le bâtiment doit être confisqué, ainsi que les marchandises, avec amende du triple de la valeur desdites marchandises. Cette peine a été prononcée par différens arrêts, notamment par celui de la cour criminelle du département du Calvados, du 14 mars 1806, confirmé par celui de cassation, du 14 mars 1807.

Le navire *la Fortuna* avait été saisi à Caen, le 6 fructidor an 13, avec une cargaison de 60 boucauds de sucre brut, pour contravention à l'arrêté du 30 ventose an 13.

Cette contravention résultait de ce qu'on avait représenté pour la cargaison déclarée arrivant d'Embden, un certificat surpris du commissaire des relations commerciales à Hambourg.

Or, l'arrêté du 30 ventose veut que les denrées coloniales étrangères ne soient admises qu'autant qu'elles seront accompagnées de certificats délivrés par le commissaire de S. M. au port d'embarquement, et portant qu'elles ne proviennent ni des colonies d'Angleterre ni de son commerce ; et l'art. 2 du même arrêté veut qu'à défaut de ce certificat, et quand même les marchandises viendraient de pays où S. M. n'a point de commissaire, elles soient saisies et confisquées.

Ici, le certificat n'avait point été délivré au port d'embarquement, puisqu'il émanait de Hambourg, et que le sucre, qui, depuis, a été reconnu venir directement d'Angleterre, était réputé avoir été embarqué à Embden, port où il n'y a pas de commissaire pour S. M.

Loin donc de remplir le vœu de l'arrêté, il ne laissait plus appercevoir qu'une contravention matérielle à cet arrêté, aux dispositions duquel la cour de justice criminelle du Calvados s'est conformée, en prononçant la confiscation tant du navire que des sucres, l'amende triple de la valeur de ces sucres, et les autres peines voulues par la loi du 10 brumaire an 5, essentiellement applicable à l'espèce, puisqu'elle régit tout ce qui tient au système de prohibition des marchandises anglaises, et qu'il ne faut que lire l'arrêté du 30 ventose, pour y voir qu'à défaut des certificats qu'il prescrit, les marchandises sont également réputées d'origine anglaise.

Les marchandises comprises dans la loi du 10 brumaire an 5, ne sont point admises à jouir de la faveur accordée par l'art. 4 du tit. 5 de la loi de 1791 à celles prohibées déclarées sous leur propre dénomination au bureau des douanes.

Ainsi jugé par plusieurs arrêts de la cour de cassation : l'un, du 29 nivose an 9, est relatif à quatre sacs d'horlogerie que l'on importait de Suisse en France. La cour a pensé que la loi de brumaire punissait de confiscation le fait matériel d'importation des marchandises qu'elle réputait anglaises ; que la loi de 1791 pouvait n'être considérée que comme mesure fiscale, tandis que celle de l'an 5 était une mesure hostile contre les anglais, et que l'on ne pouvait modifier par des dispositions tirées de la législation commune et ordinaire.

Les autres arrêts, des 18 nivose et 27 fructidor an 9, concernaient des casimirs venant de l'étranger, que l'on prétendait même de fabrique de Limbourg : la cour a pensé que la loi de l'an 5 ayant établi une nouvelle jurisprudence concernant les marchandises anglaises ou réputées telles, cette loi était la règle unique

que l'on devait suivre dans les jugemens ; que celle du 22 août 1791 était abrogée de droit dans les dispositions qui sont contraires à la loi postérieure de l'an 5.

La cour a jugé en même tems que toute marchandise importée de l'étranger était réputée étrangère, quand même elle proviendrait de fabrique nationale.

Marchandises qui ont relâché en Angleterre : ne peuvent être admises. N°. 2.

Le décret impérial du 21 novembre 1806 veut, art. 5, que toute marchandise appartenant à l'Angleterre ou provenant de ses fabriques, soit déclarée de bonne prise.

L'article 7 du même décret porte qu'aucun bâtiment venant directement d'Angleterre ou des colonies anglaises, ou y ayant été depuis la publication du décret, ne sera reçu dans aucun port.

Ces dispositions révoquent l'art. 3 de la loi du 10 brumaire an 5, qui admettait les bâtimens au-dessus de 100 tonneaux.

Marchandises de fabrique anglaise provenant de naufrage, etc. N°. 3.

Celles provenant de naufrage, d'échouement, de prise sur l'ennemi, ou saisie, ne peu-

vent être vendues qu'à la charge de la réex=
portation. *Loi du* 10 *brumaire an* 5, *art.* 4.

Il en est de même de celles abandonnées dans
les douanes : celui qui les achète s'étant soumis
à l'entrepôt, à la réexportation et à toutes les
obligations portées par cette loi, ne peut être
déchargé de ces obligations que par un procès-
verbal qui constate ou l'exportation ou la perte
de ces marchandises ; s'il y a eu un procès-
verbal qui ait constaté le dépérissement d'une
partie de la marchandise, c'est au propriétaire
à en représenter une copie. On ne peut, sans
violer la loi de l'an 5, suppléer à cet acte par
la preuve testimoniale, ni admettre ce genre
de preuve pour établir son existence ; l'art. 22
du tit. 2 de la loi du 22 août 1791, qui porte
que, dans le cas de naufrage après la déclaration donnée, ou de vol de marchandises, il ne
sera fait aucune poursuite sur le défaut de représentation de balles, ballots, caisses, tonneaux et fûtailles, en rapportant, à l'égard du
naufrage, le procès-verbal des juges, et quant
au vol, la preuve du vol, n'est point applicable
au cas d'entrepôt de marchandises anglaises,
régi par d'autres lois ; d'ailleurs la loi de 1791
exige encore des procès-verbaux, lorsqu'il y
a eu possibilité de s'en procurer. Arrêt de la
cour de cassation, du 23 ventose an 13 : il a

annullé celui contraire de la cour de justice criminelle d'Ille-et-Vilaine, comme ayant fait une
fausse application de l'art. 22 du tit. 2 cité,
et y ayant violation des art. 3 et 4 de la loi
du 10 brumaire an 5.

L'acquéreur qui ne prouve pas que quelque
circonstance, indépendante de sa volonté, l'a mis
dans l'impossibilité de réexporter ces marchandises ou de les représenter, est de droit pré-
sumé en avoir disposé, les avoir introduites
dans le commerce, et se trouve, par là, compris parmi les contrevenans à l'art. 15 de ladite
loi : ainsi jugé par la cour de cassation, le 14
pluviose an 11 dans l'espèce suivante :

Un sieur Pagès avait acquis, à la charge de
réexportation, 15 harasses de grès anglais, lais-
sés d'abord dans une église, dont l'économe
avait la clef, puis entreposés dans une cave dont
l'unique entrée était au-dessous d'une fenètre
de l'appartement dudit Pagès, lequel avait la
clef de l'un des cadenas : les harasses, lors du
recensement de l'entrepôt, avaient paru en bon
état, laissaient même voir à l'extérieur quelques
pièces de poterie ; on avait légalement vérifié
qu'il était impossible qu'on se fût introduit dans
la cave autrement que par la porte.

Pagès prétendit que la substitution ne pouvait
avoir été faite que dans l'hospice, entre le jour

de la vente et celui de la sortie : la régie obser-
va que des voleurs n'auraient pas pris la peine
de remettre les harasses dans le même état à
l'extérieur ; qu'ils ne se seraient pas adressés à
cet objet, de préférence à d'autres plus précieux ;
que d'ailleurs le sieur Pagès les avait enlevés
du dépôt sans observations ni réclamations :
néanmoins le tribunal correctionnel de Boulogne
trouvant de l'incertitude sur l'auteur de la soustraction, le tems et la manière, avait renvoyé
les parties des demandes respectives et compensé
les dépens. Le tribunal criminel a considéré
que Pagès s'était soumis à l'entrepôt et à la réexportation ; que le magasin était de son choix,
et qu'il était plus particulièrement tenu de veiller
à la garde des marchandises, puisqu'il devait
les représenter à toute réquisition ; mais que
l'art. 15 de la loi de brumaire ne parlant que
de *contrevenant, de délinquant, de confiscation, d'amende, d'emprisonnement*, il en résultait que l'intention de la loi était d'atteindre
ceux dont la contravention, le délit, seraient
constatés ; qu'il n'était point prouvé que Pagès
fût, plus que tout autre, auteur de la soustraction ; que s'il existait un reproche à lui faire,
ce ne pourrait être que celui de n'avoir pas fait
réexporter les marchandises. Ce tribunal condamna, en conséquence, le sieur Pagès à repré-

(187)

senter , dans le délai d'un mois, les marchandises dont il était question , sinon à payer à la régie leur prix , et aux dépens : cet arrêt a été cassé comme contrevenant à l'art. 15 de la loi du 10 brumaire , d'après lequel la condamnation d'amende ne peut être séparée de la confiscation.

Marchandises étrangères réputées de fabrique anglaise, quelle que soit leur origine.
N°. 4.

Ce sont, d'après l'art. 5 de la loi du 10 brumaire an 5, toutes sortes d'étoffes et draps de laine , de coton et de poil, ou mélangés de ces matières ; toutes sortes de piqués, basins, mousselinettes, nankinettes, bonneterie, boutons plaqués, quincaillerie fine, coutellerie, tablette- rie, horlogerie, et autres ouvrages en fer, acier, étain ou autres métaux polis ou non polis, purs ou mélangés, etc. , etc.

Pour distinguer les tissus de ceux de même espèce de fabriques françaises , un arrêté du 20 brumaire an 5 enjoignit à tout fabricant de marquer d'un signe distinctif de sa fabrique toutes les marchandises qui en seraient suscep- tibles, et un arrêté des consuls du 3 fructidor an 9, qui fait la règle actuelle, a ordonné que les basins, piqués, mousselinettes, draps et ve-

lours de coton qui ne porteraient pas, indépendamment de cette marque, l'estampille nationale établie par ledit arrêté, et le n°., seraient
censés provenir de fabrique anglaise, et confisqués, conformément à la loi du 10 brumaire
an 5.

Quoique ces formalités soient de rigueur, on
a consenti, lorsque le préjugé était en faveur
du particulier, à admettre la vérification, par
les experts du gouvernement, des marchandises
déclarées nationales, quoiqu'elles fussent dé-
pourvues des marques prescrites. Mais cette
preuve n'est point recevable postérieurement
à la saisie de ces marchandises ; cette faveur
serait contraire aux expressions formelles de
l'arrêté, puisqu'il n'accorde de délai, pour la
justification, qu'à l'égard des marchandises étant
en magasin à l'époque de la déclaration prescrite par l'art. 7 de la loi du 10 brumaire an 5 :
ainsi jugé par arrêt de la cour de cassation, du 5
brumaire an 13, qui annulle des arrêts contraires
de la cour de justice criminelle du département
de la Dyle, des 27 prairial et 28 messidor an 12.

On ne peut, non plus, demander une vérification d'experts pour des marchandises saisies
dans le rayon de la police des douanes, la saisie
de ces marchandises étant réputée faite à l'importation : arrêt de la cour de cassation, du 3

floréal an 10, annullant un jugement contraire du tribunal de l'Escaut.

Un arrêt de la même cour, du 16 pluviose an 11, a confirmé ce principe. Il avait été saisi dans l'étendue de la police, avec des marchandises évidemment anglaises, d'autres marchandises prohibées conditionnellement, c'est-à-dire soumises au certificat d'origine. La cour de justice criminelle de Bruges, en prononçant la confiscation des premières, avait ordonné, quant aux autres, une expertise, par suite de laquelle elle en avait accordé la main-levée. L'arrêt qui a infirmé celui de la cour criminelle de Bruges, a été motivé sur ce qu'il suffisait que les marchandises prohibées conditionnellement par l'art. 13 de la loi de brumaire, eussent été arrêtées dans le rayon des douanes sans être accompagnées du certificat d'origine, pour qu'elles fussent saisissables, sans qu'il fût besoin d'expertise pour constater leur origine.

La saisie consistait en un ballot contenant (avec divers objets que l'art. 5 répute de fabrique anglaise, quelle qu'en soit l'origine) 3 pièces de toile de coton peinte, que la saisie à l'importation plaçait dans le cas de l'art. 13, lequel prohibe conditionnellement l'entrée des marchandises de fabrique étrangère, non comprises dans l'art. 5.

D'un autre côté, toute marchandise étrangère non accompagnée de certificat d'origine (1)
est, dans le système de la loi du 10 brumaire
an 5, par cela seul, dans le cas de la saisie et
de la confiscation, au moment même où elle
atteint le bureau des douanes, sans qu'il soit
nécessaire, comme dans le cas prévu par l'art.
2 du tit. 5 de la loi de 1791, qu'elle ait dépassé
le bureau ; et le prévenu est alors justiciable
du tribunal correctionnel. Arrêt de la cour de
cassation, du 14 germinal an 13, qui a réformé
un jugement contraire de la cour de justice criminelle du département du Haut-Rhin, du 13
nivose précédent, pour violation de l'art. 15
de la loi du 10 brumaire qui indique ces tribu-

---

(1) Ces marchandises ne peuvent être admises à tran-
siter : arrêt de la cour de cassation, du 17 floréal an
11, relatif à des objets réputés prohibés à l'entrée, qui
ne se trouvèrent pas conformes au certificat d'origine
dont ils étaient accompagnés, et conséquemment auxquels ce certificat était étranger.

La même mesure est applicable à des marchandises
dont le certificat porte seulement qu'elles sont propriété suisse, tandis qu'il faudrait qu'il constatât
qu'elles ont été fabriquées en Suisse : même arrêt, qui
infirme un jugement contraire du tribunal criminel
du département de la Haute-Saône.

naux comme juges de première instance dans les saisies de l'espèce.

Marchandises de fabriques étrangères, quoique non comprises dans l'art. 5 de la loi du 10 brumaire an 5. N°. 5.

Elles ne peuvent être admises dans l'intérieur qu'autant qu'elles seront accompagnées de certificats constatant qu'elles sont fabriquées dans les pays avec lesquels la France n'est point en guerre, conformément à la loi du 1er. mars 1793. *Loi du 10 brumaire an 5, art.* 13. (V. *Certificat d'origine.*)

S'il résulte de la vérification desdites marchandises, qu'elles proviennent des fabriques ou du commerce anglais, elles seront saisies, sans avoir égard aux certificats dont elles seraient accompagnées. *Art.* 14.

Marchandises anglaises; peines contre les contrevenans. N°. 6.

Toute contravention aux art. 1er., 2, 3, 4, 5, 6, 7, 13 et 14, de la loi du 10 brumaire an 5, donnera lieu à l'arrestation du contrevenant et à sa traduction devant le tribunal de police correctionnelle dans l'arrondissement duquel le délit aura été constaté : la condamnation emportera toujours confiscation des marchandises, bâtimens de mer, chevaux, charettes ou autres objets servant à leur transport. Le délinquant sera, en outre, condamné à une amende triple de la valeur des objets saisis et à un emprisonnement qui ne pourra être moindre de cinq jours, ni excéder trois mois. *Loi du* 10 *brumaire an 5, art.* 15. (V. *Compétence pour les marchandises anglaises.*)

Sont dans ce cas, conformément aux art. 6 et 7, toutes personnes qui vendent ou exposent en vente des objets provenant de fabrique ou de commerce anglais, où qui sont convaincues d'en avoir soit pour leur compte, soit pour le compte d'autrui, soit seulement en dépôt.

Ces peines sont encourues, quel que soit l'objet de la saisie, même pour l'usage individuel, fût - elle même effectuée sur une femme : ainsi jugé par arrêts de la cour de cassation, des 2 vendémiaire et 25 germinal an 11, et 26 brumaire an 12.

Dans l'espèce du premier de ces arrêts, le capitaine du bâtiment sur lequel il avait été saisi une faible partie de marchandises anglaises, prétendait être affranchi de l'amende, sur le motif qu'il y avait distinction entre le contrevenant et le délinquant, et qu'on lui avait fait mal à-propos l'application de cette première expression, quoiqu'il n'eût point eu l'intention de frauder, et un jugement du tribunal criminel du département de la Dyle avait admis cette excuse : la cassation de ce jugement a été motivée sur la violation de l'art. 15 de la loi, qui n'établit aucune distinction entre ces deux expressions, *contrevenant* et *délinquant*, ces deux mots étant synonymes.

Sur le deuxième, la cour de justice criminelle des Deux-Nèthes avait fait main-levée d'une faible partie de faïence, de treize mouchoirs en pièces et plusieurs coupons de velours, saisis à bord d'un bâtiment, sous prétexte que ces objets étaient effets de ménage destinés à l'usage du commandant : son jugement a été réformé, comme ayant mis l'arbitraire à la place de la loi, et présentant une violation manifeste à l'art. 15 de celle du 10 brumaire.

Il s'agissait, dans le troisième cas, d'un jugement du tribunal criminel de la Manche, lequel avait accordé main-levée d'une saisie de basin opérée sur une femme, sur le motif que l'art. 15 de la loi de brumaire n'était applicable qu'aux fabricans, négocians et marchands. La cour de cassation s'est fondée sur ce que les marchandises anglaises étaient saisissables sur tous les individus.

Quoiqu'une marchandise anglaise ait été con-

vertie en vêtemens, elle n'est pas moins saisissable, avec amende, quand ces vêtemens sont
neufs : ainsi jugé par arrêt de la cour de cassation, du 20 prairial an 11, dans l'espèce suivante:

Il avait été trouvé sur un sloop de Granville,
capitaine Chaignon, dans des malles et coffres,
des étoffes anglaises neuves, la majeure partie
convertie en habillemens, le surplus non encore mis en œuvre. Le tribunal criminel de la
Manche avait déclaré la saisie nulle, pour les
étoffes mises en vêtemens, et s'était contenté
d'ordonner la confiscation du surplus, sans prononcer les autres peines portées par la loi.

La cour, en cassant ce jugement, s'est fondée
sur ce que le tribunal, en excusant le genre de
fraude qui consiste à former des vêtemens avec
des étoffes anglaises neuves, et à les introduire
ainsi, avait contrevenu à l'art. 2 de la loi du 10
brumaire an 5, puisque, par ce moyen pratiqué,
rien ne serait si facile que d'éluder la loi, et
d'introduire telle quantité que l'on voudrait de
marchandises anglaises ; sur ce que ce tribunal,
reconnaissant dans son jugement que les objets
non mis en œuvre étaient saisissables, et en
ordonnant la confiscation de ces objets, jugeant par conséquent qu'il y avait contravention, ne pouvait diviser les dispositions de l'art.
15, et prononcer la confiscation sans prononcer

en même tems les autres peines portées par cet article ; que le tribunal criminel n'a pu se dispenser de les prononcer, sous prétexte que rien ne prouvait que Chaignon, capitaine du sloop, avait eu connaissance de l'embarquement de ces effets, un capitaine étant responsable de tout ce qui est sur son bord.

Ces peines sont également encourues par les commissionnaires qui ne justifient pas de qui proviennent les objets trouvés chez eux : ainsi jugé par arrêt de la cour de cassation, du 29 germinal an 12, dans l'espèce suivante :

Un garçon de peine de MM. Bonnafoux, commissionnaires-chargeurs à Lyon, était venu déposer, en présence d'un commissaire de police, assisté du commissaire estampilleur, dans les magasins de M. Perrin, autre commissionnaire, un ballot dans lequel s'étaient trouvés des casimirs et velours de fabrique anglaise. M. Perrin déclara que ces marchandises appartenaient à des négocians de Vevai (Suisse); que c'était par l'entremise de MM. Bonnafoux qu'elles lui avaient été rendues ; qu'il n'avait ni facture municipalisée, ni lettre d'avis ; qu'il ignorait même qu'on dût les lui adresser.

Le tribunal de police correctionnelle, ne pouvant décider quel était le propriétaire de ces marchandises, s'était borné à en prononcer la confiscation, et à condamner le sieur Perrin aux dépens. Par un jugement ultérieur, M. Bonnafoux et le porteur du ballot avaient été renvoyés faute de preuves, et ce jugement avait été confirmé par celui du tribunal criminel du département du Rhône, du 25 pluviose an 12.

La cour de cassation s'est décidée sur ce qu'en supposant que le ballot n'eût pas été apporté au sieur Perrin, pour son compte personnel, ce ne pouvait être un motif suffisant pour le dispenser de l'amende et de l'emprisonnement, la loi qui prononce ces peines atteignant non seulement celui qui reçoit des marchandises pour son compte personnel, mais encore celui qui en reçoit pour le compte d'autrui, et qui coopère à leur introduction.

L'emprisonnement ne peut, au surplus, être prononcé que sur les conclusions du ministère public : ainsi jugé par arrêt de la cour de cassation, du 28 prairial an 11. Un jugement de première instance avait donné main-levée de marchandises anglaises, et condamné les saisissans à des dommages-intérêts envers la partie ; ceux-ci avaient seuls appelé de ce jugement au tribunal criminel du département du Calvados, qui avait condamné le saisi à une détention. La cour se décida à casser le jugement du tribunal criminel, du 15 germinal précédent, sur le motif que la peine n'aurait pu être prononcée qu'autant que l'un des deux procureurs impériaux chargés d'exercer l'action publique, eût été appelant ; que, sous ce rapport, le jugement qui, sur l'appel interjeté seulement par les préposés, ordonnait l'emprisonnement, présentait un abus de pouvoir.

La confiscation de marchandises réputées anglaises, entraîne avec elle la condamnation du délinquant à l'amende et à l'emprisonnement. Arrêt de la cour de cassation, du 18 messidor an 12, qui a annullé celui du tribunal criminel du département de la Roër, comme ayant contrevenu aux art. 15 de la loi du 10 brumaire an 5, et 1er. de l'arrêté du 3 fructidor an 9.

C'est en tenant rigoureusement la main à l'exécution de ces différentes dispositions, que le gouvernement est parvenu à faire substituer les produits de nos manufactures à ceux d'Angleterre, qui leur avaient été jusqu'alors préférés.

Nous devons espérer de la noble émulation qui règne parmi tous les fabricans, et qui est justifiée par l'exposition publique de 1806, la continuation de cet état prospère : un des moyens de le maintenir, c'est de se procurer des notions exactes sur nos manufactures et sur les moyens de les porter au point de prospérité qu'elles peuvent atteindre. M. Massey (1), membre du conseil général du commerce, vient de faire un premier pas à cet égard, en exposant la situation ancienne et actuelle des manufactures du département de la Somme; les causes des variations qu'elles ont éprouvées, ce qui a été fait pour prévenir la décadence de quelques-unes, et comment leur remplacement s'est opéré par d'autres.

Chaque feuille de la carte qu'il a dressée, est divisée en trois colonnes :

Celle du milieu offre un carnet d'échantillons ;

Celle à gauche, présente l'origine des matières premières, leur préparation, leur fabrication en étoffes, les quantités qu'il s'en fabriquait, et le prix de la vente ;

Celle à droite, les lieux où l'on a des débouchés; les causes de la décadence de quelques-unes de ces manufactures, les motifs de remplacement par d'autres, les destinations ou emplois des marchandises.

-----

(1) Il a eu pour coopérateur M. Cordier, membre de la chambre de commerce d'Amiens, et a été aidé des lumières de la même chambre et de celle d'Abbeville.

L'on doit aux soins de M. Quinette, préfet de ce département et membre de la société d'encouragement pour l'industrie nationale, dont l'ardeur pour la prospérité des manufactures, et l'attachement pour tout ce qui intéresse le bonheur de ses administrés, sont connus, d'avoir tracé le plan de cette carte, qu'il a présentée à son excellence le ministre de l'intérieur, le 20 octobre dernier.

Il importe essentiellement de donner la plus grande publicité à la lettre de son excellence au préfet de la Somme, en date du 10 novembre, ainsi conçue :

« Je ne saurais donner trop d'éloges au
» travail dont les chambres de commerce d'A-
» miens et d'Abbeville se sont occupées à votre
» demande , et qui m'a été remis par M.
» Massey, membre du conseil général du com-
» merce. Cette collection d'échantillons ras-
» semblés avec soin et disposés avec goût, offre,
» comme vous l'observez avec grande raison,
» un tableau complet de l'état ancien et de
» l'état actuel des fabriques du département
» de la Somme; et je pense, comme vous, que
» si l'on obtenait une carte semblable de tous
» les départemens de l'Empire, on en pourrait
» former le cabinet le plus utile et en même
» tems le plus curieux.

» Le plan que vous aviez tracé, a été aussi
» bien exécuté qu'il avait été bien conçu.

» Les notices qui accompagnent chaque carte
» d'échantillons, sont un modèle de précision,
» et ne laissent rien à désirer : en un mot, ce
» travail me paraît digne, sous tous les rap-
» ports, d'être mis sous les yeux de l'Empereur,
» et j'espère que Sa Majesté me permettra de
» le lui présenter : ainsi signé, Champagny. »

Nul doute que le témoignage de satisfaction
donné par le ministre, ne détermine les autres
chambres de commerce à fournir une carte
d'échantillons du produit de leurs départemens,
semblable à celle du département de la Somme.

Leur réunion formerait le cabinet d'histoire
industrielle le plus utile et le plus curieux que
l'on puisse désirer ; ce qui réaliserait le vœu si
souvent émis par les membres du conseil d'administration de la société d'encouragement pour
l'industrie nationale, et notamment par MM.
les président et secrétaires, et MM. Costaz,
Lasterie, Ternaux, Paroletti, Guyton - Mor-
veau et Huzard.

Matières sommaires : sont réputés tels et
instruits de même, les appels des jugemens
des juges de paix. *Art.* 404 *du code de pro-*
cédure civile.

Mesure des Marchandises. Elle doit avoir lieu après les déclarations faites , si les préposés l'exigent. *Loi de* 1791 , *tit.* 2 , *art.* 14.

Ministère public. On qualifie ainsi MM. les procureurs généraux impériaux et MM. les procureurs impériaux.

Le ministère public agissant en cette qualité , ne peut être condamné aux dépens. La cour de cassation a infirmé , par arrêt du 25 floréal an 10 , un jugement du tribunal de police de Stavelot qui avait décidé le contraire.

Ministre des finances. L'exécution des lois et des arrêtés du gouvernement sur les douanes , lui est exclusivement attribuée. *Arrêté du* 28 *ventose an* 12.

Monnaie de cuivre. Il ne peut en être admis en payement des droits que le quarantième de la somme , indépendamment de l'appoint , comme on l'a déjà dit aux mots **Droits de douane ;** le surplus doit être acquitté en espèces d'or et d'argent. *Arrété du* 14 *nivose an* 4.

Montres. L'importation des boîtes est défendue avec celle des mouvemens. La cour de justice criminelle du département du **Mont-Terrible** n'avait prononcé la confiscation que des mouvemens de 18 montres saisies, et avait donné main-levée des boîtes venues en même tems. Ce jugement a été réformé par arrêt de la cour de cassation, du 8 vendémiaire an 9, motivé sur ce que c'est une maxime de droit élémentaire que l'accessoire suit le principal.

D'un autre côté, la loi du 10 brumaire an 5 réputant marchandise anglaise, quelle qu'en soit l'origine, tous ouvrages d'horlogerie, la montre, qui se compose du mouvement et de la boîte, est un ouvrage d'horlogerie : si la boîte ne se fabrique pas par un horloger, elle n'en est pas moins ouvrage d'horlogerie, parce qu'elle s'emploie et se vend par l'horloger, et devient ainsi marchandise d'horlogerie. *Lettre du ministre de la justice au commissaire du gouvernement à Courtelary, du 6 germinal an 8.*

Moulins a vent ou a eau. L'autorisation nécessaire, d'après les art. 37 et 41 du tit. 13 de la loi du 22 août 1791, et celle du 21 ventose an 11, pour construire de ces sortes de moulins, ne sera accordée, dans l'étendue du territoire formant la ligne des douanes près la frontière de terre, que sur le rapport des préfets et l'avis des directeurs des douanes, constatant que la position de ces moulins ne peut favoriser l'exportation frauduleuse des grains et farines. *Loi du 30 avril 1806, art. 75.*

Les moulins situés à l'extrême frontière pourront être frappés d'interdiction, par mesure administrative et par décision des préfets, lorsqu'il sera justifié qu'ils servent à la contrebande des grains et farines ; le tout sauf le pourvoi pardevant S. M. en son conseil d'état. *Art. 76.*

Ces faits devront être légalement constatés par procès-verbaux de saisie ou autres, dressés par les autorités locales ou par les préposés des douanes. *Art. 77.*

N.

NAUFRAGE. Les préposés doivent se transporter, sans délai, sur les lieux où ils apprennent qu'il est survenu un naufrage, et en prévenir en même tems les officiers chargés d'y pourvoir. *Loi du 22 août* 1791, *tit.* 7, *art.* 1er.

L'arrêté du 17 floréal an 9, art. 1er., charge, à défaut des armateurs, propriétaires, subrécargues ou correspondans, l'officier en chef d'administration de la marine, et, en son absence, celui qui le remplace dans l'ordre de service, du sauvetage et de tout ce qui concerne les naufrages, quelle que soit la qualité du navire. Ces dispositions sont applicables aux navires étrangers, à moins que les traités ou conventions ne contiennent des dispositions contraires.

Le produit de toutes les ventes provisoires, sera déposé à la caisse des invalides. *Art.* 3.

Les individus qui sont trouvés par des préposés des douanes, saisis de marchandises naufragées, enlevées sans permission, doivent être, par eux, conduits à la maison d'arrêt. Les préposés remettront, dans le jour, leur procès-verbal au juge de paix le plus prochain, sans que les frais, en aucun cas, puissent être à la charge de la régie. *Loi de* 1791 *, tit.* 7 *, art.* 7. (V. Arrestation.)

Navires *au-dessous de cent tonneaux.* Ceux étant à l'ancre ou louvoyant dans la distance de deux myriamètres (quatre lieues) des côtes de France, hors les cas de force majeure, peuvent être visités par les capitaines et autres officiers et préposés sur les bâtimens du service des douanes, du commerce ou de la marine militaire. Si ces bâtimens ont à bord des marchandises prohibées à l'entrée ou à la sortie, ils doivent être confisqués, ainsi que les cargaisons, avec amende de 500 francs contre les capitaines. *Décret du* 4 *germinal an* 2*, tit.* 2*, art.* 7.

Ceux sur lesquels il se trouve des marchandises anglaises, ne peuvent pas entrer dans les ports, même par relâche forcée, à peine d'être saisis sur-le-champ. *Loi du* 10 *brumaire an* 5*, art.* 2.

Négocians ou Commissionnaires. Ceux convaincus d'avoir importé ou exporté en fraude des denrées ou marchandises, ou d'avoir, à la faveur de l'entrepôt et du transit, effectué des soustractions, substitutions ou versemens dans l'intérieur, peuvent, indépendamment des peines portées par les lois, être privés, par un arrêté spécial du gouvernement, de la faculté de l'entrepôt et du transit, ainsi que de tout crédit de droits. *Loi du 8 floréal an 11, art. 83.*

Les négocians ou commissionnaires qui prêtent leur nom pour soustraire aux effets de cette disposition ceux qui en ont été atteints, encourent les mêmes peines. *Même article.*

Cette conviction doit avoir été prononcée par jugement en dernier ressort. Les pièces sont adressées au Conseiller d'état Directeur général des douanes, qui les met sous les yeux du gouvernement.

NULLITÉS *dans les rapports sur saisies.* Un rapport renferme des nullités, quand une ou plusieurs des formalités rigoureusement exigées par la loi, ont été omises dans sa rédaction : alors la saisie est nulle, conformément à l'art. 23 du tit. 10 de la loi du 22 août 1791, excepté pour la confiscation des marchandises prohibées. Voyez cependant, pour la confiscation, le mot *Confiscation d'office.*

Mais les nullités ne peuvent être proposées en cause d'appel, lorsqu'elles ne l'ont point été au tribunal qui a rendu le premier jugement.

D'un autre côté, les tribunaux ne peuvent en

admettre d'autres que celles résultantes de l'o-
mission des formalités prescrites par les dix
premiers articles du titre 4 de la loi du 9 floréal
an 7. *Art.* 11 *du même titre.*

MM. les procureurs généraux près les cours
de justice criminelle sont même tenus, d'après
l'art. 12 de l'arrêté du 4e. complémentaire an 11,
de se pourvoir par voie de droit, dans les délais prescrits par la loi, contre tout jugement
qui aurait admis d'autres nullités dans les procès-verbaux, que celles énoncées dans lesdits
articles.

La cour de cassation annulle tout jugement
qui donne de l'extension à cette disposition : on
en rappelle ci-après plusieurs.

Son arrêt, du 9 vendémiaire an 9, a infirmé
un jugement qui avait admis pour nullité, le
défaut d'énonciation, par les préposés, du tribunal devant lequel ils avaient prêté serment.

Elle a réformé, le 17 germinal an 10, un jugement de la cour de justice criminelle du département du Haut-Rhin, qui avait accordé main-levée
d'une saisie de droguet, sur le motif que le rapport
ne faisait pas mention du poids, quoiqu'il en
eût énoncé l'espèce, le nombre et l'aunage. Son
arrêt a été motivé sur ce qu'il avait été fait
une fausse application de l'art. 5 du tit. 4 de
la loi de floréal an 7, portant que les prépo-

sés désigneront l'espèce, poids ou nombre des objets saisis, ce qui leur laisse l'alternative, sur laquelle ils se déterminent par la nature des marchandises.

Deux autres arrêts de la même cour, du 7 nivose an 13, ont, par le même motif, réformé autant de jugemens de la cour criminelle de l'Escaut qui avaient annullé des rapports rédigés contre les sieurs Vancaneghem et Beclaërt, chez lesquels il avait été saisi des étoffes anglaises dont on n'avait également point énoncé le poids.

La prétention que l'affiche d'un rapport doit être constatée par un acte séparé, est d'autant moins fondée, que le rapport même doit énoncer la remise de la copie. Arrêt de la cour de cassation, du 13 prairial an 9.

Le tribunal civil des Deux-Nèthes ayant annullé une saisie, sur le motif que la copie qui avait été signifiée de l'assignation sur l'appel, ne contenait pas la mention de l'enregistrement de cette assignation, et que l'original n'avait été enregistré que le lendemain de sa notification, la cour de cassation s'est fondée, pour infirmer ce jugement, par arrêt du 26 vendémiaire an 8, sur les dispositions de l'art. 8 de la loi du 19 décembre 1790, portant : « Les » exploits des huissiers seront enregistrés dans

» les quatre jours qui suivront celui de leur date. »

La même cour a également annullé, le 13 prairial an 9, un arrêt de celle de justice criminelle des Deux-Nèthes, qui avait jugé qu'une citation n'avait pas été donnée régulièrement, parce que l'affiche n'ayant été apposée que postérieurement à la clôture de cet acte, il était indispensable qu'un contexte postérieur constatât l'apposition de cette affiche. La cour suprême s'est fondée sur ce qu'il y avait violation de l'article 11 de la loi du 9 floréal an 7, qui défend d'admettre d'autres nullités que celles résultant de l'omission des formalités prescrites par les dix articles précédens.

O.

Objets saisissables. Quiconque en cache ou en achète, participe à une contravention aux lois des douanes, et doit être condamné à une amende de dix fois la valeur des objets cachés ou achetés en fraude. *Décret du 4 germinal an 2, tit. 6, art. 2.*

Officier public. Celui qui assiste à une saisie doit être présent à la rédaction du rapport, et le signer, à peine de nullité de cet acte : ainsi jugé par arrêt de la cour de cassation, du 1er. messidor an 11, dans une circonstance où l'adjoint du maire d'une commune, qui avait été présent à une visite dans une maison où on avait trouvé des bestiaux entreposés et quatre fusils, paraissant appartenir à deux étrangers cachés dans cette maison, et qui devaient probablement en protéger l'exportation, avait cru devoir emporter de suite les armes pour les remettre à l'administration centrale, et y rendre compte du résultat de sa mission ; ce qui l'avait empêché d'être présent à la rédaction du rapport que les employés étaient allés faire au bureau de Bedous.

Opposition *à l'exercice des préposés*. Le coupable sera condamné à une amende de 500 fr. *Decret du 4 germinal an 2, tit. 4, art. 2.*

Il doit être poursuivi civilement : confirmé par arrêt de la cour de cassation, du 21 nivose an 13, dans une espèce semblable à celles dont il est parlé au mot Compétence.

S'il y a voie de fait, voyez Voies de fait.

Opposition à la rédaction d'un procès-verbal.

Celle qui a lieu dans une maison ou sur un navire où se trouvent les objets saisis, met dans le cas de rédiger cet acte dans le bureau le plus voisin. *Loi du 22 août 1791, tit. 10, art. 6.*

Opposition aux jugemens. L'opposition est la seule voie ouverte contre les jugemens que rendent, par défaut, les tribunaux de paix, en matière de douanes.

La partie condamnée peut former cette opposition dans les trois jours de la signification. *Code de procédure civile, art. 29.*

L'opposition doit contenir sommairement les moyens de la partie et assignation au prochain jour d'audience, en observant toutefois les délais prescrits pour les citations ; elle doit indiquer les jour et heure de la comparution, et doit être notifiée ainsi qu'il est dit ci-dessus. *Art. 20 du même code civil.*

Il résulte des art. 1er. et 5 du tit. 12 de la loi du 22 août 1791, que les tierces-oppositions ne peuvent avoir lieu en matière de saisies faites par des préposés des douanes.

Les jugemens par défaut rendus par les tribunaux correctionnels relativement aux marchandises anglaises, sont exceptés, n'étant attaquables que par la voie de l'appel.

OUVERTURE *des maisons situées dans les deux myriamètres des côtes et frontières.* (V. DROIT DE SUITE.)

P.

Passavant. Le passavant est une expédition qui sert à assurer le lieu de l'enlèvement ou du chargement des marchandises expédiées d'un point de l'Empire pour un autre point de l'Empire, par mer, ou par terre, en empruntant le territoire étranger, quand ces marchandises, permises et exemptes de droits à la sortie, en doivent à l'entrée, ou sont prohibées.

Le passavant sert encore à empêcher que l'on n'abuse de la circulation dans les deux myriamètres frontières, pour faire des importations contraires aux lois.

Les passavans doivent fixer en toutes lettres le tems nécessaire pour le transport; ils sont nuls après l'expiration de ce tems. *Loi du* 22 *août* 1791, *tit.* 3, *art.* 16.

Ils doivent être représentés aux préposés des bureaux qui se trouvent sur la route, et, à toutes réquisitions, à ceux des différens postes. *Même article.*

Payemens. Il ne doit en être fait aucun par les caisses des diverses administrations de l'Empire, en vertu de jugemens qui seront attaqués par la voie de la cassation, dans les termes prescrits par la loi, qu'au préalable ceux au profit desquels les jugemens auraient été rendus, n'aient donné bonne et suffisante caution pour sûreté des sommes à eux adjugées. *Loi du* 16 *juillet* 1793.

La simple déclaration du pourvoi donne à l'Administration le droit d'exiger le cautionnement, qui deviendrait quelquefois illusoire s'il fallait attendre, pour exiger la caution, que le pourvoi fût réalisé.

Les préposés de l'Administration doivent prendre les précautions nécessaires pour assurer l'effet du cautionnement ; exiger en conséquence que la caution justifie sa solvabilité par la représentation de titres de propriété, et qu'elle déclare être libre de toutes charges et hypothèques, au moins jusqu'à concurrence de la somme pour laquelle elle cautionne celui qui la reçoit.

PERMIS. Celui des préposés est nécessaire pour les chargemens et déchargemens. (V. CHARGEMENT.)

Pour le déplacement des marchandises.

Pour venir du navire au quai, par alléges. (V. ALLÈGES.)

Pour les vivres embarqués dans un port, autre que celui du départ.

Plombage. On en a dispensé les métaux non ouvrés et les liquides. *Loi du 22 août 1791, tit. 3, art. 3.*

Les poissons salés, et leurs issues, provenant de pêches nationales, et expédiés en barils ou futailles par les ports pêcheurs. *Décret du 16 novembre 1792.*

Tous les objets expédiés par les agens du gouvernement pour le service de la marine. *Décision du 2 mars 1793.*

Les poudres de l'Administration générale expédiées par acquit-à-caution. *Circulaire du 20 juin 1792.*

Les liquides ne sont exceptés que lorsqu'ils sont en futailles : ainsi les vins, eaux-de-vie et liqueurs mis en bouteilles, dans des caisses ou paniers, sont sujets au plombage. *Décision du 22 décembre 1791.*

Il en doit être ainsi des huiles, même en outres.

Sur la demande d'exempter du plombage les marchandises allant du Hâvre à Honfleur, du Hâvre et de Honfleur à Rouen, et de Lorient au Port-Louis, le comité du commerce du corps législatif a passé à l'ordre du jour, le 14 frimaire an 3.

Si on plombe les marchandises qui doivent dix pour cent à l'entrée, à plus forte raison les

tabacs fabriqués et autres objets dont l'importation est prohibée. *Circulaire du 20 avril 1792.*

Plombs. Ils sont payés par les expéditionnaires,
à raison de trois sols par plomb. *Loi du 22 août*
1791, tit. 3, art. 5.

Les cordes sont aux frais des expéditionnaires.
Même article.

L'état des cordes et plombs doit être vérifié
à l'arrivée des marchandises. *Art. 6.*

Poids brut ou ort. Ce mot signifie le poids
d'une marchandise toute emballée; *poids net,*
celui d'une marchandise sans son emballage.
On répute emballage tout ce qui sert à enve-
lopper un ballot, une boîte, etc., mais non les
cartons sur lesquels peuvent être pliées ou rou-
lées des étoffes ou dentelles, ni les épingles qui
les attachent.

Poids et mesures. Leur uniformité a été ordonnée par une loi du 1er. vendémiaire an 4,
dont l'application à la perception des droits de
douane a commencé au 1er. vendémiaire an 10.

Police correctionnelle. (V. *tribunaux*
correctionnels.)

Police des côtes et frontières. Si, pour

éviter le payement des droits d'entrée et de sortie, ou pour éluder les prohibitions, il s'agissait
uniquement de franchir la ligne ou le point
physique de séparation des territoires respectifs,
de débarquer ou embarquer une marchandise,
soit imposée ou prohibée ; ou si la fraude ne
pouvait être saisie qu'au moment où elle se consomme, elle demeurerait impunie, de quelque
nombre d'employés que cette ligne fût composée. Il a donc fallu, pour prévenir les importations et les exportations contraires aux
lois, établir, tant sur les frontières de terre
que près des côtes, une police qui rendît plus
difficiles la fraude et la contrebande.

Je traiterai séparément des mesures prises
dans cet objet.

Police des frontières de terre. Cette police
a, comme antérieurement au code de 1791,
quatre lieues d'étendue, conformément à l'art.
84 de la loi du 8 floréal an 11, portant que
les lois et réglemens sur le transport et la circulation des denrées et marchandises dans l'é-
tendue d'un myriamètre (deux lieues anciennes)
des frontières de terre, seront exécutés dans
les deux myriamètres (quatre lieues anciennes)
desdites frontières.

La distance entre le lieu d'une saisie et le

territoire étranger, doit se mesurer par la ligne droite la plus courte *possible* ; et cette ligne ne peut être autre que celle prise dans un plan *parfaitement horizontal* : ainsi jugé par la cour de cassation, dans l'espèce suivante :

Une saisie de sucres avait été faite au lieu nommé Delle-Isole, distant de l'étranger de trois lieues et demie seulement, en prenant cette distance sur une ligne droite et horizontale, mais la distance étant de plus de cinq lieues, quand on la mesure par une ligne tracée sur la surface montagneuse du terrein qui se trouve entre ledit lieu et l'étranger.

Le tribunal d'arrondissement de Mondovi ne voulut s'arrêter qu'à cette dernière distance, et déclara, par jugement du 22 thermidor an 12, la saisie nulle, comme faite hors des quatre lieues frontières.

La cour, considérant qu'il résulte clairement des termes de l'art. 42 du tit. 13 de la loi de 1791, qu'en matière de police des douanes, la distance entre le lieu de la saisie et le territoire étranger doit se mesurer par la ligne droite la plus courte *possible* ; que cette ligne ne peut être autre que celle prise dans un plan parfaitement horizontal, toute autre ligne, telle que celle tracée sur le plan incliné des montagnes, étant nécessairement plus longue ;

considérant que, d'après l'opération géométrique qui a été ordonnée dans l'espèce, le lieu Delle-Isole, où la saisie des sucres a été faite, se trouve dans les quatre lieues frontières, en mesurant sa distance de l'étranger par une *ligne droite et horizontale*; que le tribunal de Mondovi n'a voulu considérer que la distance mesurée par la ligne droite tracée sur la surface montagneuse de la terre; a, par son arrêt du 28 juillet 1806, cassé le jugement rendu par ce tribunal.

Cette police s'étend à la partie du territoire français bordée par l'Escaut depuis son embouchure jusqu'à Anvers. *Arrêté du 1*er. *pluviose an 7.*

Il a été établi une autre ligne, dont il sera parlé à la suite de la police relative aux côtes.

D'après l'article 42 du tit. 13 de la loi du 22 août 1791, l'étendue de la police devait être fixée par les directoires de départemens, et la ligne formée sans égard aux sinuosités des routes, et à vol d'oiseau : l'article 43 voulait que la ligne fût marquée par la désignation que chaque directoire ferait des territoires sur lesquels elle devrait passer, et dont l'état serait imprimé et affiché dans tous les lieux de la frontière qu'envelopperait cette ligne ; il devait en outre y être planté des poteaux portant pour inscription, *Territoire de l'étranger.*

Ce mesurage a dû éprouver des obstacles ; et sur plusieurs frontières on n'a pu placer les bureaux et les postes à la distance fixée. Pour prévenir les contestations qui en résultaient, il a été pris, le 17 thermidor an 4, un arrêté qui assujettit à la police des frontières le territoire situé entre les deux lignes des bureaux et postes qui, par des difficultés de localité, étaient à plus d'un myriamètre de l'extrême frontière.

Depuis que la loi de floréal an 11 a étendu cette police à quatre lieues, le préfet des Deux-Nèthes a jugé nécessaire de faire une désignation positive des lieux qui doivent former la ligne des deux myriamètres : son arrêté est du 6 messidor an 13.

Le territoire soumis à la police étant circonscrit par la ligne des bureaux de sortie, son étendue peut être, sur tels points, de plus de deux myriamètres, et d'un peu moins sur d'autres, suivant les localités ; mais quelle que soit la distance, c'est toujours le territoire enveloppé par la deuxième ligne, et jusqu'à la limite de l'étranger, que les préposés ont à surveiller : en deçà de cette démarcation, ils ne pourraient faire de recherches que dans le cas où ils auraient poursuivi, sans perdre de vue, la fraude par delà la ligne qu'elle aurait franchie pour gagner l'intérieur.

Mais dès qu'une saisie a été faite entre les deux lignes, quoique la distance excède un myriamètre, elle est régulière. Arrêt de la cour de cassation, du 28 pluviose an 12.

La même cour a jugé en conformité, le 18 thermidor an 11 : elle a également confirmé, le 1er. prairial an 10, contrairement à un jugement de la cour de justice criminelle des Deux-Nèthes, une saisie faite entre les deux lignes des bureaux des douanes, quoiqu'à plus de deux lieues.

La police, relativement aux marchandises manufacturées et aux denrées coloniales, a dû être plus sévère dans la demi-lieue des frontières de terre, que dans le surplus des quatre lieues, et moins rigoureuse pour tous les autres objets. Voyez la différence, n°s. 1er., 2 et 3 ci-après.

Police dans la demi-lieue. N°. 1er. L'art. 1er. d'un arrêté du 22 thermidor an 10, a ouvert dans les bureaux des douanes des communes au-dessous de deux mille habitans, situées dans la demi-lieue des frontières de terre, depuis Anvers inclusivement jusqu'à Versoix, aussi inclusivement, des registres où chaque marchand a été tenu de faire inscrire les étoffes de laine, velours, piqués, basins, mousselines, bonneterie, rubannerie, quincaillerie, mercerie et autres objets de la nature de ceux prohibés ou assujettis à un droit de 20 fr. du quintal, ou de dix pour cent de la valeur, qu'il avait alors en magasin ou boutique.

La même inscription doit avoir lieu pour les marchandises que ces marchands tirent de l'intérieur ou de l'étranger; mais elle n'est reçue qu'autant que le déclarant dépose les acquits de payement des droits d'entrée, ou les expéditions d'un bureau de douane justificatives de leur extraction de l'intérieur, pour servir de preuve et de contrôle à sa déclaration. S'il n'y a pas de bureau de douane dans la commune où les marchandises doivent être déposées, l'inscription et la représentation des acquits ou passavans sont faites au plus prochain bureau. *Art.* 2.

Les inspecteurs, contrôleurs et autres préposés délégués par les directeurs, procèdent à la vérification. *Même article.*

Il n'est accordé de passavant et d'expédition pour l'enlèvement des marchandises dans les communes de ladite demi-lieue (deux kilomètres et demi), que pour les espèces et quantités à l'égard desquelles les dispositions prescrites par

les articles précédens ont été remplies ; tout excédant ou autres objets sont censés introduits
en fraude. *Art.* 3.

Le décret impérial, du 11 thermidor an 12,
a étendu ces dispositions aux frontières de la
27ᵉ. division militaire et des départemens des
Alpes-Maritimes et du Léman, depuis Versoix
jusqu'à Nice.

Celui du 7 août 1806, en a ordonné l'exécution sur les frontières de terre des départemens de Gênes et des Apennins, ainsi que dans
les états de Parme et de Plaisance ; et celui du
28 du même mois les applique aux frontières
de terre des départemens des Basses et Hautes
Pyrénées et de la Haute-Garonne.

Les vérifications autorisées ont pour but de
s'assurer 1°. que les marchandises inscrites exis-
tent dans les dépôts ; (si elles ne s'y trouvaient
pas, il en serait rédigé rapport et l'inscription
serait annullée.) 2°. que les objets pour lesquels
on demande les passavans sont de mêmes espèces et quantités que ceux énoncés dans les
inscriptions, ainsi que dans les acquits des droits
d'entrée et autres expéditions. (S'il y avait déficit, les passavans ne seraient délivrés que pour
les quantités existantes : en cas d'excédant ou de
substitution, il serait procédé à la saisie de l'ex-

cédant ou des marchandises différentes en qualité.)

Police pour les objets manufacturés et les denrées coloniales, dans les trois lieues et demie en deçà de la demi-lieue des frontières de l'étranger. N°. 2.

En deçà de la demi-lieue de l'étranger, et dans le reste des deux myriamètres des frontières désignées par l'art. 1er. de l'arrêté du 22 thermidor an 10 (et par les décrets impériaux des 11 thermidor an 12, 7 et 28 août 1806), il ne pourra être délivré de passavans de circulation pour les objets ci-dessus, que sur la représentation de l'acquit des droits d'entrée pour ceux qui auront été importés, ou de l'expédition du premier bureau de la ligne pour ceux provenant de l'intérieur. *Arrêté du 22 thermidor an 10, art.* 4.

Seront exempts des formalités des articles précédens, les consommateurs qui, pour leur usage, auront acheté dans les quatre lieues de la frontière, et transporteront à leur domicile, les jours de foire ou marché, les coupons d'étoffes et autres objets de consommation qui n'excéderont pas cinq mètres en étoffes de laine, huit mètres en étoffes de soie, en toiles de coton et

(225)

autres , et trois kilogrammes de sucre ou café.
Art. 5.

Indépendamment des formalités ci-dessus
énoncées pour obtenir des passavans, les marchandises devront être préalablement présentées
au plus prochain bureau , et en même tems
qu'on y souscrira la déclaration d'enlèvement.
Art. 6.

Les passavans indiqueront le lieu du départ,
celui de la destination, les qualités, quantités,
poids, nombre et mesure des marchandises ou
denrées; ils fixeront en toutes lettres; le tems
nécessaire pour le transport, la route à parcourir, et la date du jour où ils seront délivrés;
ils porteront l'obligation de les présenter, ainsi
que les marchandises, aux préposés des bureaux
qui se trouveront sur la route, pour y être visés,
et, à toute réquisition, aux employés des différens postes, qui pourront conduire les objets
au plus prochain bureau pour y être vérifiés,
sauf les dommages et intérêts envers le conducteur ou le propriétaire, s'il n'y a ni fraude
ni contravention. *Même article* 6.

Toutes marchandises et denrées circulant dans
les deux myriamètres de l'extrême frontière
sans passavant, ou avec expédition contraire à
l'une des obligations déterminées, seront sai-

15

sies et confisquées conformément à la loi.
Art. 7. (1)

La circulation, sans expédition, d'un objet prohibé à la sortie, ne pourrait être justifiée par l'allégation qu'il vient de l'étranger, la loi ne faisant pas de distinction. Arrêt de la cour de cassation, du 6 frimaire an 9, relatif à de la farine, mais applicable à tout autre objet.

Ces peines sont encourues, lorsque le transport des marchandises dans l'étendue des deux myriamètres s'effectue, même avec passavant, de nuit, entre le coucher et le lever du soleil, si le passavant n'en porte la permission expresse.
Art. 8.

Le transport dans les deux myriamètres limitrophes de l'étranger, des bestiaux, poissons, pain, vin, cidre ou poiré, bière, viande fraîche

---

(1) Dès que la marchandise est à sa destination et y a séjourné, on ne peut la saisir sous prétexte que le passavant dont elle était accompagnée, n'a pas été visé à un bureau de la route indiqué par cette expédition : ainsi jugé, au préjudice de l'Administration, par la cour de cassation, le 29 brumaire an 11, fondée sur ce que l'art. 7 n'est applicable que pendant la circulation. On avait voulu saisir la marchandise au bureau de Creveld, au moment où on y demandait un nouveau passavant pour une destination ultérieure.

ou salée, volaille, gibier, fruits, légumes, laitage, beurre, fromage, et de tous les objets de jardinage, lorsque ces objets ne feront pas route vers la frontière, ou lorsqu'ils se rendront, aux jours de foire et marché, dans les villes sur la frontière, est excepté des formalités prescrites par les articles précédens. *Art.* 9.

Police des quatre lieues frontières pour tous les objets, autres que ceux fabriqués et les denrées coloniales. N°. 3.

Les propriétaires ou conducteurs de ces objets passant de l'intérieur de la France sur le territoire des quatre lieues limitrophes de l'étranger, sont seulement tenus de les conduire au premier bureau de sortie, et d'en faire la déclaration dans la même forme que pour l'acquit des droits; à peine de confiscation desdites marchandises et denrées, et d'amende de 100 fr. *Loi du 22 août 1791, tit. 3, art.* 15; *et loi du* 19 *vendémiaire an* 6, *art.* 1er.

Ce qui en est enlevé à destination de l'intérieur, ou qui y circule, doit être déclaré au bureau, soit d'entrée, soit de sortie, le plus prochain du lieu de l'enlèvement, et avant cet enlèvement; à peine de confiscation et d'amende de 100 fr. *Même article* 15.

Les propriétaires ou conducteurs sont tenus d'ajouter à cette déclaration l'indication précise de la maison où. les marchandises et denrées sont déposées, et le lieu de leur destination, ainsi que le jour et l'heure où elles doivent être enlevées. Les préposés peuvent, en cas de suspicion de fraude, se transporter au lieu de l'enlèvement, et exiger la représentation desdites marchandises et denrées au fur et mesure de leur sortie du lieu de dépôt, et avant leur départ ; à défaut de cette représentation, les propriétaires ou conducteurs sont poursuivis pour l'amende de 500 fr. *Loi du 19 vendémiaire an 6, art. 2.*

Dans ces différens cas, c'est-à-dire, soit qu'on enlève les marchandises dans l'étendue des quatre lieues pour les y faire circuler, soit qu'on les conduise dans l'intérieur, soit enfin qu'on ait été les y chercher, les propriétaires ou conducteurs, sont tenus de prendre au bureau, et avant l'enlèvement, des passavans indicatifs de leurs qualité, quantité, poids, nombre et mesure, du lieu de leur destination, du tems nécessaire pour le transport, et de la route à tenir. *Loi de 1791, tit. 3, art. 16; et loi du 19 vendémiaire, art. 3.*

Ces passavans, nuls après l'expiration des délais, seront représentés aux bureaux sur la route, et, à toutes réquisitions, aux employés des différens postes, qui pourront conduire les marchandises au plus prochain bureau pour y être visitées, sauf les dommages et intérêts envers le conducteur, si ce bureau n'est pas sur la route, et s'il n'y a ni fraude ni contravention. *Loi de* 1791, *tit.* 3, *art.* 16.

Si les objets ainsi déclarés et expédiés s'écartent de la route, ils seront confisqués. *Loi du* 19 *vendémiaire an* 6, *art.* 3.

Police des frontières de terre, pour ce qui circule entre les bureaux et l'étranger. N°. 4.

Les particuliers dont les habitations sont situées entre les bureaux des douanes et l'étranger, qui veulent y faire arriver, soit de l'intérieur de l'Empire, soit de l'étendue du territoire soumis à la police frontière, des bestiaux, chevaux, mules et mulets, cires, soies et autres objets dont la sortie est défendue ou soumise à des droits, n'obtiennent de passavant pour ce transport, qu'autant qu'ils sont porteurs de certificats de la mairie du lieu de la destination, constatant que ces bestiaux et marchandises sont pour leur usage et consommation. *Arrêté du* 25 *messidor an* 6, *art.* 1er.

Sans cette mesure, les habitans des lieux situés entre la dernière ligne des bureaux et l'étranger, auraient pu tirer des lieux sujets à la police, ou de l'intérieur, sous prétexte de subvenir à leur consommation, des marchandises sujettes à des droits ou prohibées, destinées pour l'étranger, et qui y eussent ensuite passé sans obstacle.

Police particulière à Thonon (V. Thonon.)

Police pour les matières propres à la fabrication du papier. (V. Drilles.)
Relativement aux entrepôts. (V. Entrepôts.)
aux grandes fabriques. (V. Fabriques.)
aux moulins. (V. Moulins.)

Police des côtes, et des rivières qui conduisent de la mer dans les ports intérieurs.

Il importait d'interdire aux petits bâtimens chargés de marchandises prohibées, l'approche des côtes de France, à une certaine distance; cette interdiction, existante depuis un arrêt du conseil, du 19 mars 1719, a été renouvelée par l'article 7 du titre 13 du code de 1791; et, plus récemment, par le décret du 4 germinal an 2, qui ordonne la saisie de tous bâtimens au-dessous de 100 tonneaux, à l'ancre ou louvoyant dans les quatre lieues des côtes de France, ayant à bord des marchandises prohibées. (V. Navires.)

Il devenait encore nécessaire d'établir *pendant la nuit*, pour certaines productions, une police intérieure près les côtes et rivières : elle a été réglée par l'article 85 de la loi du 8 floréal an 11, d'après lequel les étoffes de toute espèce, les toiles de coton blanches, teintes ou peintes, les toiles de nankin, les mousselines, la bonneterie, la rubannerie, les sucres raffinés, bruts, têtes et terrés, les cafés et autres denrées coloniales, les poissons salés, les cotons filés, les tabacs en feuille et ceux fabriqués, ne peuvent, pendant la nuit, être transportés ni circuler dans la distance d'un myriamètre (deux lieues anciennes) des côtes, à peine de confiscation et de 5oo fr. d'amende.

Ces objets ne peuvent également, sous lesdites peines, être transportés ni circuler de nuit dans la même distance des rives des fleuves, rivières et canaux qui conduisent de la mer dans les ports intérieurs, mais seulement jusqu'au point où il existe des bureaux de douanes. *Même article.*

Police particulière aux rives de l'Escaut. Il est des localités où les moyens ordinaires sont insuffisans pour la repression de la contrebande : les rives du fleuve qui sépare l'Empire Français du territoire Hollandais, sont principalement dans ce cas. Le Préfet du département de l'Escaut, constamment animé du désir d'atténuer un fléau qui s'opposait à la prospérité des manufactures de ce pays, et au progrès d'établissemens nouveaux, auxquels son zèle a si puissamment contribué, a senti le besoin de suppléer à cette insuffisance. Ses premières tentatives n'ayant pas obtenu tout le succès qu'il en espérait, il a pris, le 8 août 1806, l'arrêté le plus propre à réprimer la fraude, et à contribuer en même tems à la sûreté publique et particulière, objet non moins essentiel de sa sollicitude.

L'article 1er. porte qu'aucun individu ne pourra s'embarquer par les ports du département de l'Escaut, pour l'étranger, s'il n'est muni d'un passeport du préfet de son département, qui relatera le motif de son voyage, et visé par le maire du lieu de l'embarquement, qui en tiendra note sur un registre à ce destiné.

L'article 2, qu'aucun individu venant de l'étranger, et abordant par les ports de ce département, ne pourra pénétrer en France, s'il n'est muni d'un passeport en règle et revêtu du visa du maire du lieu du débarquement, qui tiendra note de ce visa sur un registre *ad hoc ;* que si le voyageur est étranger, le maire lui enjoindra de se présenter au préfet ou sous-préfet le plus voisin du lieu du débarquement, et fera mention de cette obligation sur le passeport ; que si cet individu n'est pas muni de passeport, ou si cette pièce n'est pas en règle, le maire fera remettre le porteur à la gendarmerie, qui le conduira devant le préfet ou le sous-préfet.

L'art. 3 veut que les ports de l'Ecluse, de Breskens, de Terneusen et de Welzoorde, soient les seuls où il sera permis de laisser embarquer les passagers qui voudront aller à l'étranger, et où l'on pourra recevoir ceux qui en arriveront.

D'après l'art. 4, les bateliers faisant le service desdits ports pour le transport des voyageurs, seront nommés par le préfet, sur la présentation des maires, et d'après l'avis des sous-préfets ; tout autre batelier qui serait surpris à faire ce service, sera traduit au tribunal de police pour s'y voir condamner aux peines que ce tribunal prononce.

Art. 5. Tout batelier chargé du transport des voyageurs à l'étranger, qui aurait à son bord un ou plusieurs individus non munis de passeport délivré par le préfet, et visé par le maire du lieu de l'embarquement, sera aussi traduit devant le tribunal de police, et la faculté de transporter des passagers lui sera interdite.

Art. 6. Les passages de marchandises pour

l'étranger ne pourront avoir lieu sur des barques au-dessous du port du 4 tonneaux.

Art. 7. Les barques de passage ne pourront
avoir au-delà de quatre rameurs et quatre
avirons.

Art. 8. Les habitans qui s'occupent de la
pêche sur l'Escaut, devront être munis d'une
carte de pêcheur, qui leur sera délivrée gratis
par le maire du lieu de leur domicile : le maire
enverra chaque année l'état nominatif au sous-
préfet.

Art. 9. On pourra faire la pêche dans des
barques au-dessous de 4 tonneaux, qui alors ne
pourront avoir que deux avirons et, au plus,
quatre hommes à bord, lesquels devront être
munis de leur carte de pêcheur, et ne pourront
franchir le milieu de l'Escaut. Ces cartes seront
retirées à ceux qui contreviendront à ces dispositions, et ils ne pourront en obtenir de nouvelles.

Art. 10. Toute barque de passage ou de
pêche ne pourra sortir que de jour, et devra
toujours rentrer dans les ports avant la nuit.

Art. 11. Les barques et les bâtimens servant
à la navigation ne pourront, pendant la nuit,
être ailleurs que dans les ports où les préposés
des douanes seront à même d'observer leurs
mouvemens : le préfet désignera ces ports ,

sur la proposition du Directeur des douanes.

Art. 12. Les barques employées aux travaux des digues, pourront, lorsque les circonstances l'exigeront, n'être point amarées dans les ports ; mais elles le seront au point le plus rapproché des travaux. Les maîtres de ces barques devront être munis d'une carte du chef des travaux, attestant leur service et désignant les hommes qui les montent : la signature du chef des travaux sera légalisée par le maire du lieu des travaux.

Art. 13. Toutes barques quelconques devront être marquées, à leur avant, du nom du port et d'un numéro.

Art. 14. Les barques qui seront trouvées arrêtées et amarées à tout autre lieu de la côte que les ports qui seront désignés, conformément à l'article 11, et, en général, les barques qui seront trouvées en contravention aux dispositions du présent arrêté, devront être saisies et conduites au port le plus voisin du bureau des douanes, où elles resteront sous la garde des préposés des douanes jusqu'à la décision du préfet, auquel il en sera sur-le-champ donné avis par le sous-inspecteur des douanes ou autre employé supérieur.

Art. 15 Les employés des douanes arrêteront et livreront à la gendarmerie tout individu non pourvu de passeport, de carte de pêcheur ou de carte du chef des travaux des digues, qu'ils trouveront sur une embarcation quelconque.

Art. 16. Les préposés des douanes sont autorisés à arrêter aussi les particuliers qu'ils rencontreront, la nuit, dans les deux myriamètres de la frontière, hors des routes et sentiers fréquentés.

Fait à Gand, le 8 août 1806.

Signé FAIPOULT.

Pour expédition conforme,

Par le Préfet,

Le secrétaire général de la préfecture,

P. TINEL.

PORTS FRANCS *de Mayence et Cologne.* Tout bateau remontant ou descendant le Rhin, était obligé, d'après le droit d'étape dont jouissaient déjà les villes de Mayence et Cologne, et qu'elles ont conservé, de s'y arrêter et d'y décharger sa cargaison, qui, si elle avait une destination ultérieure, ne pouvait suivre sa route que sur un autre bateau.

Les bateaux qui arrivaient dans ces deux villes, portaient, en général, comme à présent, des marchandises à trois destinations diverses :

les unes, venant de Hollande, Suisse ou Alle-
magne, devaient être introduites dans les pays
de la rive gauche du Rhin, après le payement
des droits d'entrée dont elles étaient susceptibles;
les autres avaient été expédiées d'un port français de la rive gauche, pour un autre port de
la même rive.

La troisième classe se composait de marchandises dites de *transit*, c'est-à-dire, venant de
l'étranger et destinées à y retourner, en suivant
leur route par le Rhin : celles-ci formaient la
plus forte partie des chargemens.

Quand on établit les douanes françaises à
Mayence et Cologne, on assigna bien sur les
quais un local où ces diverses marchandises
seraient déposées, en attendant leur destination
ultérieure ; mais on en excepta celles anglaises,
dont le séjour sur ces quais facilitait les versemens dans l'intérieur. On exigea que les déchargemens fussent précédés de déclarations
et de permis, et la répulsion des marchandises
anglaises de ces quais, obligea le batelier à les
décharger sur la rive droite, avant de conduire
à Mayence ou Cologne celles permises ; le nouveau batelier, après avoir rechargé celles-ci,
allait reprendre les autres à leur dépôt.

Les gênes, frais et retards qui en résultaient
pour le commerce de transit, l'éloignèrent de

la rive française, sans empêcher la contrebande.

En effet , les marchandises ayant été char-gées pêle-mêle sur chaque bateau, quoiqu'à trois différentes destinations, il régnait, lors de leur débarquement, une confusion qui donnait la facilité d'y en glisser de prohibées. Toutes étaient entassées sur le quai, où chaque con-signataire venait, à son gré, démêler celles qui le concernaient ; quelques-uns prolongeaient même le rembarquement des colis de pur tran-sit , afin d'entretenir l'encombrement et la con-fusion. Cette confusion ne permettait pas de s'assurer si , parmi les marchandises débarquées, il ne s'en trouvait pas d'anglaises , et rendait l'introduction de celles-ci, en ville, d'autant plus facile que la barrière de séparation était loin de présenter de grands obstacles.

Il était bien à désirer que l'on trouvât un moyen de ramener le commerce de transit sur la rive gauche du Rhin, sans compromettre les produits et le sort de nos manufactures. M. le Directeur général pensa qu'on pourrait remplir ce double objet , en affranchissant du régime des douanes une partie des ports de ces deux villes ; en considérant ce local comme une extension du Rhin, comme une partie de ce fleuve abandonnée par les eaux ; en donnant à cette espèce de grève la même liberté dont

jouit le fleuve, qui est neutre ; en y laissant conséquemment effectuer, sans formalité, toute
opération commerciale, et en portant au passage
du quai à la ville, la surveillance qui s'exer-
çait au rivage et sur le quai.

Cette idée me parut lumineuse, et M. le commissaire général des départemens de la rive
gauche du Rhin, qui en jugea ainsi et redou-
tait tout délai qui retardait le bien à faire, prit
de suite des arrêtés conformes, qui furent ap-
prouvés au conseil d'état.

On parvint, dans la suite, à faire révoquer
les dispositions concernant les marchandises
anglaises; et on y était fondé sur ce que les
réparations convenues pour fermer le passage
entre les quais et la ville, n'avaient point été
faites.

S. M. l'Empereur, après avoir pesé, lors du
voyage qu'il a fait dans ces deux villes, les intérêts de leur commerce, et s'être assuré, par
lui-même, qu'il existait des moyens de circons-
crire la fraude, que le défaut de réparations ne
rendait que trop praticable, prit les arrêtés des
29 fructidor an 12 et 9 vendémiaire an 13,
dont les dispositions, confirmées par les art. 31
et 48 de la loi du 1er. pluviose suivant, ré-
tablissent le régime qui avait été accordé à ces
deux ports les 22 floréal et 22 prairial an 10.

Les faits ont répondu aux espérances ; la contrebande par ces ports est devenue difficile, et le commerce de transit a pris une nouvelle vie.

On avait à regretter que l'enceinte du port de Mayence fût trop resserrée, et manquât de magasins propres à recueillir et abriter les marchandises dans le tems des inondations, où les eaux du Rhin couvrent le quai. S. M. y a pourvu, en accordant au commerce de cette ville un local considérable, dans lequel seront des magasins où toutes marchandises et denrées étrangères pourront être librement déchargées, déposées, et rechargées pour l'étranger ou toute autre destination : ces magasins, de la construction desquels on s'occupe, seront à l'abri des inondations. *Loi du 1ᵉʳ. pluviose an 13, art. 49.*

Cologne, dont les magistrats donnent chaque jour des preuves qu'ils sont amis de l'ordre et ennemis des abus, a obtenu également toutes les facilités dont elle avait besoin, et en a paru très-satisfaite. On s'occupera vraisemblablement des moyens de doubler l'espace de son port, les bateaux y formant, dans l'état actuel, un encombrement nuisible à la célérité des chargemens et déchargemens. Ces bateaux courent d'ailleurs des risques, lorsqu'il descend des flottes de bois de construction, les radeaux, qu'il n'est pas facile de diriger, exigeant un passage très-large ; il suffirait au commerce d'acheter une douzaine de petites maisons qui appartiennent à la ville.

Il serait également utile qu'il y fût creusé, entre la tour de Bayenne et la porte du Rhin, un port de sûreté pour abriter les bâtimens contre les glaces, qui occasionnent chaque année de grandes pertes au commerce.

En donnant à ces deux villes les facilités dont elles avaient besoin pour dégager de toute entrave leur commerce de l'étranger à l'étranger, il a été pris des précautions propres à prévenir les abus.

Le local qui sert d'entrepôt à Cologne, où on aborde par le Rhin, et qu'on appelle franc, est fermé de murs très-élevés, crépis et blanchis à l'extérieur. Les marchandises destinées pour l'intérieur, ne peuvent sortir que par la porte du bureau des douanes, et après y avoir été déclarées et visitées. Des préposés des douanes sont placés aux deux extrémités de l'enceinte, afin d'empêcher toute communication par le Rhin, entre la partie franche du port et le surplus. D'autres préposés ont un corps-de-garde dans l'intérieur, pour s'assurer que l'on ne cherche point à introduire des marchandises de ce local dans la ville, soit en pratiquant des souterrains, soit en faisant passer ces marchandises par dessus les murs. Enfin, les gens de pied ne peuvent arriver au quai franc, et en sortir, que par un tourniquet, et le quai n'est ouvert qu'aux négocians, bateliers et ouvriers qui y ont besoin.

Ces détails étaient nécessaires pour rectifier l'opinion des personnes qui avaient pensé que l'on formait à Mayence et à Cologne les mêmes établissemens que l'on avait proscrits ailleurs.

On sait que les nombreux habitans de Bayonne et Dunkerque ne payaient pas d'impôt sur les sucres, cafés, tabacs, toiles et autres objets venant de l'étranger ; qu'ils pouvaient consommer toute espèce de marchandises interdites au surplus des français ; que les voyageurs et les milliers d'individus qui venaient aux marchés de ces deux grandes cités, participaient à cette franchise sur les objets qu'ils en tiraient en détail ; que l'entrepôt à Bayonne et Dunkerque, de marchandises anglaises, de tabacs et d'autres productions assujetties à de forts droits d'entrée, y avait fait former des compagnies d'assurance se chargeant de l'introduction de tous ces objets, qui, dans quelques minutes, pouvaient, au moyen d'espions, de connivences ou de violences, passer impunément du lieu

franc dans le lieu sujet. Au moyen de ces franchises , la loi qui interdit l'approche des côtes
aux bâtimens au-dessous de 100 tonneaux, chargés de marchandises prohibées, et qui est le plus
grand obstacle aux versemens frauduleux, était
de nul effet dans la distance de sept à huit lieues
de ces villes , puisqu'il suffisait, pour éluder cette
loi , de déclarer ces bâtimens et leur chargement à la destination de l'un de ces ports.

La franchise accordée à une portion des quais
de Mayence et de Cologne, n'a aucun de ces
inconvéniens; elle ne donne à nul habitant de
ces villes, la facilité de se procurer une livre de
café ou un mètre de basin , mousseline, casimir
ou velours de coton, en fraude ou en contrebande. Celui qui voudrait faire passer furtivement en France les marchandises étrangères déposées à Mulheim, Deutz, ou autres lieux sis
sur la rive droite en face de Cologne et Mayence,
aurait moins de risques à courir en cherchant à
les débarquer sur un point quelconque de la rive
gauche, que de les apporter dans le local franc,
d'où l'introduction frauduleuse dans ces villes
est presque impossible.

Les dispositions adoptées par S. M. Impériale
auront donc donné à Mayence et à Cologne tous
les avantages des entrepôts illimités, sans courir
les dangers de versemens frauduleux dans l'inté-

rieur, et fixé pour jamais sur la rive gauche du Rhin un commerce qui avait toujours été la principale branche d'industrie des négocians de ces deux villes.

Pourvoi en cassation. Les seuls jugemens rendus en dernier ressort, et dont il n'échoit point appel, sont susceptibles de recours en cassation. (*Constitution.*)

Toute disposition, dans le prononcé des jugemens, qui se trouve contraire au texte ou à l'esprit d'une loi en vigueur, encore que la peine de nullité n'y soit pas exprimée, donne ouverture à la cassation du jugement en entier. *Constitution, et loi du* 1er. *décembre* 1790.

Mais le recours en cassation ne peut avoir lieu 1°. contre les jugemens préparatoires et d'instruction, si ce n'est après le jugement définitif. *Loi du* 2 *brumaire an* 4.

2°. Lorsque le pourvoi n'est motivé que sur un point de fait, et non sur une violation à la loi : ce principe a été maintenu par arrêt de la cour de cassation, du 4 prairial an 13.

3°. Quand la déclaration des juges n'a porté que sur un point de fait, fût-elle même erronée, la cour ne pouvant connaître du fonds des affaires. *Arrêts de cette cour, des* 22 *frimaire et* 12 *messidor an* 11.

Il y a deux sortes de pourvois en cassation :
pourvoi en matière civile, et pourvoi en matière criminelle.

Pourvoi en matière civile. La demande en
cassation n'arrête pas l'exécution du jugement :
dans aucun cas et sous aucun prétexte, il ne
peut être accordé de surséances. *Loi du* 1er.
décembre 1790, *art.* 16.

Pour former ce pourvoi, le délai est de trois
mois, à compter du jour de la signification du
jugement, à personnne ou à domicile, pour tous
ceux qui habitent en France. *Loi du* 1er. *décembre* 1790, *art.* 14.

Dans ce délai, il ne faut compter ni le jour de
la signification ni celui de l'échéance, s'ils tom-
bent dans cet intervalle. *Décision du* 1er. *frimaire an* 2.

Le délai est de six mois pour les habitans de
l'île de Corse. *Décret du* 11 *février* 1793 ;
d'un an pour les habitans de Saint-Domingue
et autres colonies d'Amérique ; de deux ans
pour celle de l'Inde. *Réglement de* 1738.

Pour les gens de mer, le délai de trois mois
ne court que depuis leur retour en France. *Décret du* 2 *septembre* 1793.

Avant de pouvoir présenter aucune requête

en cassation en matière civile, il faut consigner une amende. (V. AMENDE.)

Les parties ne sont tenues à passer aucune déclaration au greffe du tribunal dont elles ont l'intention d'attaquer le jugement; la remise de leurs productions à la cour de cassation, est le premier acte qu'elles aient à faire. Ce n'est conséquemment que par un certificat du greffier de cette cour, que l'Administration peut s'assurer si le pourvoi a eu lieu en tems utile, et ce certificat ne se délivre que sur le vu de l'expédition du jugement, et de l'original d'exploit de sa signification.

L'arrêt d'admission, lequel contient en entier la requête de la partie qui s'est pourvue, doit être signifié au défendeur dans les trois mois de sa date, à peine de déchéance du pourvoi : le défendeur doit aussi, par cette même signification, être cité à comparaître, dans les délais, devant la cour de cassation.

Si les parties à citer sont hors de France, le délai de la signification est le même que celui accordé pour se pourvoir.

Le délai pour comparaître en défendant, est de quinze jours pour Paris et les dix lieues d'alentour; d'un mois pour les autres lieux compris dans les anciens ressorts des parlemens de

Paris, Rouen, Dijon, Metz, Douai et Artois; de deux mois pour les ressorts des autres ci-devant parlemens et cours souveraines; d'un an pour Saint-Domingue. *Réglement de 1738.*

Si la partie citée laisse prendre contre elle arrêt par défaut, elle peut y former opposition; mais cette opposition n'est recevable qu'autant que l'acte par lequel elle est formée, contient aussi offre réelle d'une somme de 100 francs au moins, pour réfusion des frais de contumace.

Cette dernière formalité est de rigueur, et, à son défaut, l'opposition est nulle et doit être regardée comme non avenue.

Pourvoi au criminel. La constitution accordant généralement la faculté du recours en cassation contre les arrêts des cours d'appel, on ne pouvait en être privé contre ceux des cours de justice criminelle, rendus sur appel de jugemens de police correctionnelle, qu'autant qu'il y aurait eu exception et exclusion précises : loin qu'elles soient prononcées par aucune loi, celle du 3 brumaire (code des délits et des peines) accorde la faculté d'appel contre les jugemens des tribunaux correctionnels; ainsi il résulte de la disposition constitutionnelle, que la faculté du recours en cassation existe contre les arrêts des cours de justice criminelle en matière de police correctionnelle : ainsi jugé par arrêt de la cour de cassation, du 17 floréal an 11, relativement à un pourvoi de l'Administration contre un arrêt de la cour de justice criminelle de la Haute-Saône, concernant des marchandises prohibées.

Le prévenu en matière de police correctionnelle, n'est pas recevable à présenter comme moyen de cassation, les nullités commises en première instance, et qu'il n'aurait pas opposées devant la cour d'appel, en exceptant seulement la nullité pour cause d'incompétence. *Art. 2 de la loi du* 29 *avril* 1806.

Mais une nullité contre l'acte fondamental de l'action, c'est-à-dire, en matière de douanes, contre le procès-verbal ou rapport, peut être proposée utilement, et pour la première fois, en tout état de cause.

La cassation en matière criminelle ne peut avoir lieu que pour certaines contraventions, expressément désignées dans le code des délits et des peines.

Il en est de même des arrêts des cours de justice criminelle, contre lesquels on ne peut se pourvoir, si ce n'est pour violation des règles de la compétence ou excès de pouvoir. Arrêt de la cour de cassation, du 16 pluviose an 13.

Mais en matière de douanes, il suffit, pour

être admis à se pourvoir contre un arrêt d'une cour de justice criminelle, que cet arrêt ait méconnu les dispositions de la loi sur laquelle la saisie est fondée.

En matière criminelle, le condamné a droit de se pourvoir. *Code des délits et des peines, art.* 440.

Le procureur général impérial peut également, dans les trois jours, déclarer au greffe qu'il demande, au nom de l'Empereur, la cassation de l'arrêt. *Art.* 441.

Dans les affaires pour contravention à la loi du 10 brumaire an 5, il est préférable que ce soit le procureur général impérial qui déclare le pourvoi, parce que toute contravention à cette loi est plutôt un délit public qu'une infraction aux lois prohibitives.

S'il se refusait à déclarer le pourvoi conjointement avec les préposés, l'Administration pourrait utilement recourir seule à ce moyen ; c'est ce qui résulte d'un arrêt de la cour de cassation, du 16 prairial an 8, qui casse et annulle, sur le seul pourvoi de l'Administration, l'arrêt d'une cour de justice criminelle.

Le condamné a trois jours francs, après celui où son arrêt lui a été prononcé, pour déclarer au greffe qu'il se pourvoit en cassation ; pendant ces trois jours, il est sursis à l'exécution de l'arrêt. *Code des délits et des peines,* *art.* 440.

L'Administration des douanes serait en conséquence non recevable en son pourvoi contre l'arrêt d'une cour de justice criminelle rendu contradictoirement sur l'appel d'un jugement de tribunal correctionnel, si la déclaration de ce pourvoi n'a pas eu lieu, en son nom, dans les trois jours, attendu que, d'après l'article 205 du même code, les dispositions des articles 440, 441, et autres relatives aux recours en cassation contre les arrêts des cours de justice criminelle rendus sur déclaration de jurés, sont communes aux recours en cassation contre les arrêts des mêmes cours rendus sur appel des tribunaux correctionnels : ce principe a été consacré par arrêt de la cour de cassation du 22 août 1806, et à l'égard d'une déclaration de pourvoi faite après l'expiration de ce délai.

La déclaration du recours en cassation faite au greffe, en conformité des articles 440 et 441, soit par le condamné, soit par le procureur général impérial, est inscrite par le greffier sur un registre particulier à ce destiné. *Art.* 447 *du code des délits et des peines.*

Elle est signée du déclarant, ou, s'il ne sait pas signer, le greffier en fait mention. *Art.* 448.

Le condamné, soit en faisant la déclaration

dont il vient d'être parlé, soit dans les dix jours suivans, remet au greffe une requête contenant ses moyens de cassation.

Le greffier lui en donne une reconnaissance, et transmet sur-le-champ cette requête au procureur général impérial. *Art.* 449.

Dans les dix jours qui suivent la déclaration du recours en cassation, le procureur général fait passer au ministre de la justice l'expédition de l'arrêt, les pièces du procès et la requête du condamné, s'il en a remis une. *Art.* 450.

Comme, d'après l'art. 449 ci-dessus, les requêtes en cette matière doivent être remises, au plus tard, dans les dix jours qui suivent la déclaration de pourvoi, les directeurs ou receveurs des douanes doivent joindre cette requête à cette déclaration, et en envoyer la copie avec les pièces nécessaires à l'Administration, pour qu'elle puisse y faire immédiatement telles augmentations ou additions qu'elle jugera convenables. *Circulaire du* 9 *fructidor an* 11.

Dans les vingt-quatre heures de la réception des pièces du procès, le grand juge ministre de la justice les adresse à la cour de cassation, et il en donne avis, dans les deux jours suivans, au procureur général impérial près la cour de justice criminelle, lequel en avertit, par écrit, le président, le condamné et son conseil. *Art. 451 du code des délits et des peines.*

La cour de cassation prononce sur le recours en cassation, dans le mois de l'envoi qui lui a été fait des pièces par le grand juge ministre de la justice. *Art 452 du même code.*

En cette matière, la cour ne rend point, comme au civil, d'arrêt d'admission; elle rejette le pourvoi, ou prononce définitivement la cassation, sur la simple requête de la partie qui s'est pourvue; mais comme il est possible que l'exposé de cette partie soit tronqué, faux, ou ait pour base des moyens que la partie adverse peut écarter, elle est admise à former opposition à l'arrêt, afin que la discussion s'établissant contradictoirement, comme en matière civile, la religion des juges soit parfaitement éclairée.

Ainsi, en matière criminelle, l'opposition est admise contre les arrêts portant cassation.

Pouvoir particulier. Les préposés stipulant pour l'Administration n'en ont pas besoin pour suivre, en son nom, chaque affaire devant les tribunaux : la commission que leur délivre l'Administration, leur tient lieu de ce pouvoir.

La cour de cassation a consacré ce principe par plusieurs arrêts, notamment ceux des 16 nivose et 25 brumaire an 7, et 25 messidor an 8 : ce dernier a été rendu dans l'espèce suivante :

La cour de justice criminelle du département du Pas-de-Calais avait déclaré la régie des douanes déchue de l'appel interjeté, en son nom, par un de ses proposés (commissionné), sur le motif qu'il n'avait pas joint à sa requête d'appel un pouvoir spécial des régisseurs, et que sa commission ne pouvant suppléer à ce pouvoir, il y avait, dès-lors, contravention à l'article 195 du code des délits et des peines. La cour de cassation a décidé que cet employé se trouvait investi par sa commission, d'un pouvoir général suffisant pour faire toutes les recherches et saisies en exécution des lois; *faire les poursuites, et suivre* toutes les opérations y relatives. Cet arrêt rappelle celui du 5 brumaire an 8, rendu dans cette même affaire, et qui avait déjà établi ce principe. Il a été maintenu par arrêt de la même cour, du 15 fructidor an 11, qui a réformé celui de la cour criminelle du département de la Manche, lequel avait rejeté un appel émis par l'Administration, sur le motif que son fondé de pouvoir n'en avait pas de suffisans.

PRÉFETS. La ligne des douanes s'étend dans cinquante et une préfectures.

MM. les préfets de l'universalité de ces départemens ont tous fait ce qui a dépendu d'eux pour la prospérité de cet établissement.

Les départemens de l'ancienne France appréciaient tellement les avantages du nouveau régime des douanes, qu'ils ont secondé puissamment leurs administrateurs : on peut compter dans ce nombre les départemens des Bas et Haut Rhin, quoiqu'antérieurement à 1791 ils communiquassent librement avec l'étranger.

En effet, la chambre du commerce de Strasbourg, animée du plus pur zèle, a pris elle même, dès qu'il a été en son pouvoir, les mesures les plus propres à ralentir la contrebande, dont l'ancien régime de cette province avait donné à quelques habitans le goût et l'habitude.

Les administrés du Haut-Rhin, qui étaient également à l'instar de l'étranger, ne pouvaient mieux manifester leur opinion qu'en motivant leur vote pour la nomination de M. Félix Desportes, leur préfet, aux premières places de la magistrature, sur ce qu'il était parvenu à détruire la contrebande, qui est le fléau des manufactures, et qui préjudiciait notamment à celles de ce département, dont elles sont la principale richesse.

MM. les préfets qui ont eu le plus de sollicitude, sont ceux des départemens du Mont-Tonnerre, Rhin-et-Moselle, de la Roër et

Meuse-Inférieure, dont les administrés avaient pour prétexte que le nouveau régime avait substitué des droits et des prohibitions à la liberté de leur commerce.

Les habitans de la Roër alléguaient en outre qu'ils étaient privés, par le régime des douanes, des bénéfices que laissait dans leur pays l'extraction de quantités immenses de grains excédant leur consommation, qu'ils étaient antérieurement en possession d'exporter librement.

MM. les préfets des départemens du Mont-Tonnerre, Rhin-et-Moselle, et de la Meuse-Inférieure, parfaitement secondés, ainsi que leurs collègues, par MM. les généraux divisionnaires et autres commandans militaires, ont détruit successivement les préjugés de leurs administrés. Nul ne pouvait mieux parvenir à dissiper ceux des habitans de la Roër, que M. Laumond, conseiller d'état , alors leur préfet, actuellement de Seine-et-Oise et précédemment du Bas-Rhin. Nommé, en 1794, commissaire des finances et des revenus nationaux, cette place pénible et difficile, dans les circonstances, l'avait mis à portée d'apprécier les douanes sous tous les rapports. Il fit en conséquence dans ces tems malheureux, en faveur des employés de cette partie, tout ce que son zèle bien connu pour la chose publique lui suggéra. Sa sollicitude redoubla dans le département de la Roër, où il a senti que le service des douanes avait besoin d'une protection plus spéciale. Il a convaincu ses administrés que, s'ils faisaient momentanément quelques sacrifices, ils en seraient amplement dédommagés par les bénéfices que leur procurerait l'accroissement de leurs fabriques.

Il existait dans le département de l'Escaut, une très-grande quantité d'assureurs, et beaucoup de ses habitans avaient avec l'étranger des relations considérables de contrebande. On doit au zèle ardent de M. Faipoult, ex – ministre, préfet de ce département, et membre de la société d'encouragement pour l'industrie nationale, ainsi qu'à sa constante sollicitude et à sa fermeté, d'avoir fait disparaître les dangereux agens de ce commerce.

Préposés des douanes; *leurs obligations.*
N°. 1er.

Ils sont tenus de prêter serment devant les juges de paix (substitués aux tribunaux de district). *Loi du 22 août* 1791, *tit.* 13, *art.* 12. (V. Age, *Certificat de bonnes mœurs.*)

Ils doivent toujours être munis de leur commission, et l'exhiber à toute réquisition. *Loi de*

1791 , *tit.* 13, *art.* 16; *décret du 4 germinal an 2, titre 4, art.* 1ᵉʳ.

Ceux destitués ou démissionnaires sont tenus de remettre, à l'instant, à la régie ou à son fondé de pouvoir, leurs commissions. *Loi du 22 août* 1791 , *tit.* 13, *art.* 24. (V. Comptables et Contrainte.)

Nommés pour assister au chargement ou déchargement d'un navire, ils sont tenus de s'y transporter à la première réquisition. (V. Chargement et Déchargement.)

Les commandans militaires dans les départemens, les préfets, les sous-préfets et les municipalités, sont tenus de leur faire prêter main-forte, et les gardes nationales, troupes de ligne ou gendarmerie nationale, de leur donner ladite main-forte à la première réquisition, sous peine de désobéissance. *Tit.* 13, *art.* 14 *de la même loi.* (V. Main-forte.)

Ils doivent représenter, pendant un an, les acquits originaux de payement pour lesquels ils ont délivré des brevets de contrôle.

Préposés; leurs prérogatives. N°. 2. Ils ont, pour l'exercice de leurs fonctions, le port d'armes à feu et autres. *Art.* 15 *du tit.* 13 *de la loi de* 1791.

Ils ne peuvent être forcés à se charger de tutelle, curatelle et de collecte, ni d'aucunes charges publiques, à raison de l'incompatibilité de ces charges avec leur service. *Même article.*

Ils sont sous la sauve-garde spéciale de la loi; il est défendu de les injurier ou maltraiter, et même de les troubler dans l'exercice de leurs fonctions, à peine de 500 fr. d'amende, et sous telle autre peine qu'il appartiendra, suivant la nature du délit. *Même titre, art.* 14, *et décret du 4 germinal an 2, tit.* 4, *art.* 2. (V. Opposition *à leur exercice.*)

Ils sont dispensés des frais de casernement des troupes, et de toutes fournitures y relatives. *Arrêté du 30 vendémiaire an 4.*

Ils ne peuvent être détournés par aucune autorité, du service pour lequel ils sont commissionnés et salariés. *Arrêté du 12 floréal an 2.*

Ni requis pour le service de la garde nationale, ou tenus de se faire remplacer. *Arrêté du 17 prairial an 7*, et lettres de S. Ex. le ministre de la police générale, des 9 nivose an 8, et 29 germinal an 9, à l'administration municipale de Nantes, tant pour les employés des bureaux que pour ceux des brigades.

Ni être portés sur la liste des jurés. *Décision du 8 floréal an 5.*

Préposés ; leurs fonctions et attributions.
N°. 3.

Ils peuvent visiter, dans l'étendue des deux myriamètres des côtes, tous bâtimens au-dessous de cent tonneaux. (V. NAVIRES.)

Aller à bord de tous bâtimens entrant ou sortant. (V. BATIMENS DE MER.)

Ils ont la faculté de faire leurs recherches dans les maisons où des entrepôts seraient formés. (V. *Entrepôts et Magasins.*)

Ils peuvent faire pour raison des droits de douanes, tous exploits et autres actes de justice que les huissiers ont accoutumé de faire ; ils peuvent toutefois se servir de tel huissier que bon leur semble, notamment pour les ventes d'objets saisis, confisqués ou abandonnés. *Loi du 22 août 1791, tit. 13, art. 18.*

Préposés ; peines qu'ils peuvent encourir.
N°. 4.

Ceux qui reçoivent directement ou indirectement quelque récompense, gratification ou présent, sont condamnés aux peines portées dans le code pénal contre les fonctionnaires publics qui se laissent corrompre. *Décret du 4 germinal an 2, tit. 4, art. 3.*

En cas de concussion, voyez *ce mot.*

Les préposés qui sont convaincus d'avoir

favorisé les importations ou exportations d'objets de contrebande, même sans attroupement et port d'armes, sont punis de la peine des fers, qui ne peut être prononcée pour moins de cinq ans ni pour plus de quinze. *Loi du 13 floréal an 11, art. 6.*

Ils sont punis de la peine de mort, si la contrebande qu'ils ont favorisée a été faite avec attroupement et port d'armes. *Même article.*

Les employés coupables méritent, sous le rapport politique comme sous celui de l'intérêt de nos manufactures, l'animadversion générale ; on ne peut trop prendre de précautions pour qu'ils n'échappent point à la peine portée contre eux.

Pour que le préposé surpris faisant la contrebande, ne puisse se soustraire aux poursuites de la justice pendant le délai qu'entraîne la nécessité d'obtenir l'autorisation de M. le Directeur général, il faut, quand on peut l'arrêter en flagrant délit, le conduire sur-le-champ en prison. *Circulaire du 16 pluviose an 12.*

Préposés ; pour leur mise en jugement.
N°. 5.

L'art. 75 de l'acte constitutionnel du 22 frimaire an 8, porte que les agens du gouvernement ne peuvent être poursuivis pour des faits relatifs à leurs fonctions, qu'en vertu d'une dé-cision du conseil d'état.

L'exécution d'une pareille disposition rela-tivement aux employés des douanes, était d'au-tant plus importante, que le service de cette partie avait été fréquemment paralysé, sur les lignes les plus exposées à la fraude, par des ar-restations arbitraires, et notamment au moyen d'inscriptions de faux admises contre des rap-ports par des tribunaux défavorablement pré-venus ; d'où il était résulté que des préposés avaient été enlevés à leurs fonctions, et avaient subi toutes les rigueurs d'une longue détention, avant même qu'il eût été reconnu, par juge-ment en dernier ressort, que l'accusation de faux était fondée. Ces circonstances s'étaient déjà présentées dans plusieurs affaires, lorsque le préposé Aumayer étant poursuivi pour un fait relatif à ses fonctions, la cour de cassation annulla, par arrêt du 20 prairial an 11, toute la procédure qui avait eu lieu contre lui, ainsi que le jugement du tribunal criminel du dépar-tement du Mont-Tonnerre qui l'avait terminée. Elle motiva son arrêt sur ce que cette poursuite n'avait été autorisée par aucun acte du pouvoir administratif.

Un autre arrêt de la même cour, du 21 du même mois, cassa également un jugement de

compétence du tribunal spécial de l'Escaut, relatif à deux employés qui se trouvaient détenus
par suite d'une inscription de faux, sans que
les poursuites eussent été préalablement autorisées par un acte de l'Administration.

Ce que la constitution et le premier tribunal
de l'état avaient ainsi consacré, a été régularisé,
quant à la forme, par un arrêté du gouvernement, du 29 thermidor an 11, dont l'art. 1er. est
ainsi conçu : « Le Directeur général des douanes
» pourra désormais autoriser la mise en juge-
» ment des préposés qui lui sont subordonnés. »

Il résulte de ce principe et de l'arrêté, qu'en
toutes circonstances où des préposés seraient
prévenus, dans l'exercice de leurs fonctions, de
délits tels que l'abus de leurs armes, excès ou
mauvais traitemens sans nécessité, etc., les
pièces de la procédure doivent être envoyées
par les procureurs généraux impériaux au grand
juge ministre de la justice, avant que l'accusation soit admise, pour, par le Directeur général
des douanes, sur la communication qui lui en
sera donnée, agir en conformité de la faculté
que lui délègue l'arrêté.

Il est à remarquer, relativement aux inscriptions de faux, que la procédure ne prend le caractère de procédure criminelle, qu'après que les
moyens de faux sont déclarés pertinens et admis-

sibles, par jugement en dernier ressort et inatta-
quable : d'où il suit qu'avant de mettre le Directeur général dans le cas d'user de la faculté qui lui
est déléguée, il convient de combattre d'abord ces
inscriptions par tous les moyens que donne la
loi, c'est-à-dire (en les supposant d'ailleurs dûment régularisées quant à la forme) de contester,
s'il y a lieu, l'admissibilité des moyens au fond ;
d'appeler du jugement qui admettrait ces moyens,
qu'on réputerait non pertinens, et de se pourvoir,
par suite, en cassation, si le premier jugement
était maintenu contre le vœu des principes qu'on
aurait établis, et dont le plus essentiel est qu'aucun moyen de faux ne peut valoir qu'autant qu'il
attaque le fait principal de la contravention. En
observant cette marche, il peut arriver souvent
que des inscriptions de faux soient rejetées
comme non pertinentes, ce qui ne laisserait
aucune ouverture à une procédure criminelle.

Dans le cas, au surplus, d'admission définitive,
c'est au moment où elle serait prononcée, qu'a-
vant que les pièces fussent remises à la cour de
justice criminelle spéciale, l'envoi devrait en
être fait au grand juge ministre de la justice,
qui les communiquerait au Directeur général.

Le maintien de ce principe a été jugé si important, que son excellence le grand juge a décidé,
le 6 pluviose an 12, qu'un préposé saisi faisant

lui même la contrebande et dénoncé pour ce fait à la justice, ne pouvait être arrêté avant que le Directeur général eût prononcé, conformément à la faculté que lui en donne l'arrêté; que l'on pouvait informer sur les délits imputés aux préposés; qu'il était même nécessaire de le faire pour saisir les traces du délit, recueillir et conserver les preuves, et éclairer le Directeur général sur les décisions qu'il aurait à rendre; mais que là devait se borner l'instruction préalable à son autorisation.

Un seul cas est excepté, celui de flagrant délit : ainsi, dans l'espèce qui a donné lieu à la question, le préposé prévaricateur aurait pu, sans mandat ni ordonnance de justice, être arrêté sur-le-champ et conduit en prison, conformément aux articles 1er et 3 de l'arrêté du 4e. complémentaire an 11 : en le laissant échapper, on avait fait cesser pour lui le cas de flagrant délit; on ne pouvait plus que suivre à son égard l'arrêté du 29 thermidor an 11.

Toutes les fois que des juges se sont écartés de ce principe, la cour de cassation les y a rappelés, notamment par arrêts des 19 pluviose, 17 ventose et 27 fructidor an 12 : le 1er., relatif au préposé Wiperfurt, dont l'ordonnance de traduction au jury d'accusation par le tribunal criminel de la Roër a été annullée;

le 2ᵉ., à un préposé du département de la Sesia, qui avait estropié un particulier dans l'exercice de ses fonctions; le 3ᵉ., à l'inspecteur de Rochefort traduit devant le tribunal de police de cette ville. Il s'était pourvu prématurément contre le jugement de ce tribunal, et sans consigner l'amende : la cour, obligée de le déclarer non recevable dans son pourvoi, a néanmoins cassé ce jugement sur le réquisitoire du procureur général, et dans l'intérêt de la loi.

La même cour a rendu, le 16 mai 1806, un semblable arrêt dans l'espèce suivante :

Le receveur de Remagen ayant, dans le rapport d'une soustraction, faite à son bureau, de marchandises saisies, énoncé que des nommés Hoffmann faisaient partie d'un rassemblement: leur père remit à la police une plainte dans laquelle il imputait à ce receveur d'avoir décrié son nom, et demandait à faire entendre des témoins ; le receveur opposa en vain à cette plainte son procès-verbal, et excipa de l'incompétence du tribunal, n'ayant pas dû y être cité sans autorisation des administrateurs des douanes. Le tribunal prétendit que cette autorisation n'était pas nécessaire, ne s'agissant point de fraude par les proposés dans l'exercice de leurs fonctions, et condamna le receveur à des amendes, etc. Ce jugement a été cassé par la cour, comme contraire à la constitution et à l'arrêté de l'an 11.

Préposés destitués ou renvoyés ; pour leur éloignement des lignes. N°. 6.

Un décret impérial, du 25 octobre 1806, porte que les employés des douanes, non domiciliés précédemment dans le lieu où ils étaient de service, et qui auront été destitués ou renvoyés, pourront être tenus de s'éloigner à la distance de deux myriamètres, au moins, des côtes dans les départemens maritimes, et à même distance de la première ligne frontière, dans les autres départemens, s'il en est ainsi ordonné par l'Administration des douanes, qui en donnera avis au ministre de la police. Les dispositions de cet arrêté contiennent une exception formelle à l'égard des individus originaires des lieux où ils ont exercé leurs fonctions; quant aux préposés qui y sont étrangers, elles ne sont que facultatives : la mesure ne doit pas, en conséquence, porter contre ceux qui ne paraîtraient pas dangereux.

L'injonction à ces préposés de s'éloigner de la frontière, doit être autorisée par le Conseiller d'état Directeur général, auquel les directeurs des départemens doivent transmettre les signalemens de ces ex-employés, avec des notes sur la

conduite qu'ils ont tenue, les causes de destitution
et leurs observations : l'injonction de s'éloigner
qu'ordonnera le Directeur général, sera ensuite
notifiée à ces employés par le chef du service
que le directeur du département en aura chargé.

PRESCRIPTION. La prescription est une sorte
de fin de non recevoir, mais avec cette différence que la fin de non recevoir résulte ou de
l'expiration du tems, ou de l'omission des formalités, ou du défaut de qualités des parties, et
qu'elle est relative aux actes particuliers d'une
procédure encore pendante devant les tribunaux, tandis que la prescription tire ses moyens
seulement du tems où la demande contre laquelle on l'invoque est formée, et qu'elle
n'existe que pour des affaires entièrement ter-
minées sur lesquelles on voudrait revenir.

Prescription en faveur de la régie. Toute
demande contre la régie en restitution de droits et
de marchandises, payement de loyers et appointemens des préposés, est non recevable deux ans
après l'époque que les réclamateurs donneraient
au payement des droits, dépôt des marchandises,
échéances des loyers et appointemens, s'il n'y
avait auparavant demande formée en justice,
condamnation, promesse, convention ou obliga-

tion particulières et spéciales. *Loi du 22 août 1791, tit.* 13, *art.* 25.

La régie n'est plus assujettie, trois ans après chaque année expirée, à représenter les registres de recette et autres de ladite année, à moins qu'il n'y ait des instances encore subsistantes, pour l'instruction et jugement desquelles lesdits registres et papiers soient nécessaires. *Même article.*

Il ne peut être admis aucunes réclamations relatives aux droits, amendes, ou autres sommes consignées ou payées par les soumissionnaires des acquits-à-caution, passé le délai de six mois après l'expiration du terme fixé par les acquits-à-caution pour leur décharge. *Tit.* 3, *art.* 14.

Les préposés sont dispensés de représenter les originaux des acquits de payement, après l'année de leur dépôt dans un bureau de contrôle. *Tit.* 2, *art.* 25.

Prescription contre la régie. La régie est non recevable à former aucune demande en payement de droits, un an après que lesdits droits ont dû être payés, s'il n'y avait auparavant contrainte décernée et signifiée, promesse, convention ou obligation particulières et spéciales. *Loi de* 1791, *titre* 13, *art.* 25.

A intenter action pour faux ou altération dans un certificat de décharge, *tit.* 3, *art.* 10, *et dé-*

('(269)')

crèt du 4 *germinal an 2, tit. 7, art.* 3, pour
le commerce en France, quatre mois après le
rapport dudit certificat.

Ce délai est de six mois pour les expéditions
hors la France, mais en Europe; de dix pour les
Indes occidentales et l'Afrique, jusqu'au cap de
Bonne-Espérance, et de deux ans pour tous les
lieux situés au-delà du Cap. *Décret du 4 germinal an 2, tit. 7, art.* 3.

PRESTATION DE SERMENT DES PRÉPOSÉS. Elle
peut avoir lieu devant les juges de paix, substitués aux tribunaux de district. *Lettres du ministre de la justice à celui des finances, de
pluviose an* 4.

La prestation de serment doit être inscrite à
la suite des commissions, faire mention de la
représentation des certificats de bonnes mœurs,
et être enregistrée, sans frais, au greffe du tribunal. *Loi de* 1791, *tit.* 13, *art.* 12.

Les préposés qui ont prêté le serment dans la
forme ci-dessus, sont dispensés de le renouveler lorsqu'ils passent dans le ressort d'un
autre tribunal, à la charge d'en faire enregistrer
l'acte dans ce dernier tribunal, ce qui sera exécuté sans frais. *Art.* 13.

L'exécution littérale des dispositions de l'art.
12 a été recommandée par lettre de son ex-

cellence le grand juge, du 7 ventose an 14, portant que ces actes ne doivent payer que le droit d'enregistrement et celui du timbre du papier nécessaire à la rédaction de la minute de l'acte ; que la délivrance d'expédition est inutile, et qu'il suffit qu'il soit fait mention par le greffier, et sans frais, de la prestation de serment et de l'acquit des droits (le remboursement de ses déboursés), en marge ou à la suite des commissions.

La loi du 22 frimaire an 7, § 3, sur l'enregistrement, ne soumet, art. 68 du tit. 10, l'acte de prestation de serment des employés (qu'il désigne sous le nom de gardes des douanes), pour entrer en fonctions, qu'au droit fixe de 3 francs.

Elle porte ce droit à 15 fr. à l'égard de tous autres employés salariés par l'état.

Les lieutenans et sous-lieutenans de brigades ne doivent que 3 fr. comme les simples préposés. *Lettre du ministre des finances, du 20 vendémiaire an 11.*

Il en est de même des lieutenans d'ordre, lieutenans principaux et contrôleurs de brigades.

L'enregistrement au greffe, en cas de changement de résidence des préposés, de l'acte de serment qu'ils ont déjà prêté, n'est sujet qu'au droit fixe d'un franc, suivant le n°. 6 du §.

1ᵉʳ. de l'article 68 de la loi du 22 frimaire an 7.

Preuve testimoniale. Elle ne peut suppléer au défaut des procès-verbaux qui doivent constater les retardemens éprouvés en route. *Loi de* 1791, *tit.* 3, *art.* 8.

Elle serait inadmissible contre des préposés qui auraient refusé, quoique mal-à-propos, de décharger un acquit-à-caution. *Même tit., art.* 6.

Elle ne peut être admise contre les rapports de saisie, d'après l'art. 11 du tit. 4 de la loi du 9 floréal an 7, portant que ces rapports, rédigés dans la forme prescrite, et affirmés, seront crus jusqu'à inscription de faux.

La cour de cassation l'avait déjà jugé, le le 22 vendémiaire de la même année, en annullant deux jugemens du tribunal criminel de l'Escaut, portant que les procès-verbaux des préposés n'étaient pas suffisans pour établir la contravention, et qu'il était nécessaire de faire entendre des témoins.

Elle a confirmé ce principe, par arrêt du 15 frimaire an 13 dans l'espèce suivante :

Le tribunal de première instance, avant de prononcer sur une saisie d'objets prohibés, avait reçu les dépositions de plusieurs témoins, contrariant les faits énoncés au rapport. Ce tribunal, sans parler dans le considérant de son jugement

des dépositions des témoins ni de leur résultat, avait accordé main-levée de la saisie, et son jugement avait été confirmé par la cour de justice criminelle de la Meuse-Inférieure. L'arrêt de la cour de cassation est ainsi motivé : « Con-
» sidérant que les faits allégués par les pré-
» venus, ne peuvent avoir et n'ont d'autre objet
» que de détruire ceux résultant du procès-
» verbal des préposés, puisque, sans cela, ils
» seraient insignifians et absolument inutiles
» à leur défense ;

» Que si, dans le considérant de son juge-
» ment, le tribunal de police correctionnelle
» n'a pas parlé des dépositions des témoins
» qu'il a entendus, ni de leur résultat, il ne
» les a pas rejetées, et n'a pas même dit qu'il
» jugeait sans y avoir égard ; qu'ainsi ces dé-
» positions peuvent être présumées avoir in-
» flué sur sa décision, et en avoir formé l'un
» des élémens ;

» Qu'en refusant d'annuller son jugement,
» qui, contre la lettre et l'esprit de la loi du
» 9 floréal an 7, avait reçu, sans inscription
» de faux, des dépositions de témoins, op-
» posées par des prévenus de fraude à un pro-
» cès-verbal des employés des douanes, la cour
» de justice criminelle de la Meuse-Inférieure
» s'est approprié le vice de ce jugement, et

» a contrevenu à la loi du 9 floréal an 7 , etc. ».

Des grains avaient été saisis pour avoir été trouvés sur une route autre que celle indiquée par le passavant : le prévenu, sans recourir à l'inscription, avait été admis à prouver qu'il ne s'était point écarté de cette route , et le tribunal criminel des Pyrénées orientales s'était déterminé sur ce que le fait articulé tendait seulement à la justification de la partie , et non à détruire ceux portés au procès-verbal ; cependant, cet acte énonçant qu'au moment de l'arrestation le prévenu ne suivait pas la route tracée par le passavant , ce fait étant positif et opérant la contravention , il était évident que celui allégué par le prévenu , ne pouvait être reconnu vrai , sans que le fait constaté par le rapport fût trouvé faux : ainsi l'inscription en faux était la seule voie autorisée par la loi, aux termes de l'art. 11 du tit. 4 de celle du 9 floréal an 7.

L'arrêt de la cour de cassation, du 7 nivose an 12, a annullé le jugement du tribunal criminel.

Mais si un préposé de l'Administration avait consenti que l'on fournît une preuve offerte , le jugement rendu par suite de cette preuve ne présenterait pas de violation à la loi , et ne donnerait en conséquence point ouverture à cassation : ainsi jugé contre l'Administration , par arrêt de cette cour , du 7 germinal an 11.

Il s'agissait d'une saisie de sucre, faite au domicile d'un aubergiste, que le propriétaire avait demandé à prouver n'y avoir déposé que momentanément et jusqu'à l'acquit des droits. Le stipulant de l'Administration ne s'était point opposé à l'admission de cette preuve, d'après laquelle la saisie avait été annullée. Voyez, au surplus, les devoirs de MM. les PROCUREURS IMPÉRIAUX à cet égard.

Preuves de non contravention dans toutes actions sur saisie. Ces preuves sont à la charge du saisi. *Décret du 4 germinal an 2, tit. 6, art. 7.*

Cet article ne peut s'entendre que d'un éclaircissement nécessaire sur le lieu de la saisie , et de toute autre preuve qui n'attaque point le procès-verbal; il n'est point applicable à une preuve testimoniale, hors le cas de l'inscription de faux. Arrêt de la cour de cassation, du 9 vendémiaire an 9.

PRÉVARICATION *d'un employé, relativement à une saisie :* elle doit être jugée avant de prononcer sur le fond. Arrêt de la cour de cassation, du 3 frimaire an 12.

Un particulier sur lequel il avait été saisi des grains, avait demandé à prouver que les préposés saisissans avaient reçu de lui une somme d'argent pour le laisser passer librement. Il prétendit, en conséquence, devoir profiter de la disposition de l'art. 4 du tit. 4 du décret du 4 germinal an 2, qui porte que si un coupable dénonce la corruption des préposés, il sera absous des peines d'amende et confiscation. Le tribunal civil de Mondovi, après l'audition des témoins, jugeant que la preuve de la prévarication était suffisamment établie, avait prononcé immédiatement l'absolution des peines encourues pour le fait de contravention. Le tribunal criminel avait confirmé le jugement : mais sur le pourvoi, il fut observé que, si le décret de l'an 2 absolvait un coupable de fraude, qui avait dénoncé la corruption des employés, cette absolution était nécessairement subordonnée à la preuve régulièrement établie du fait de corruption ; qu'un fait de cette nature constituant un délit punissable de peines infamantes, ce n'était que dans les formes déterminées pour la poursuite et le jugement d'un pareil délit, qu'il devait être jugé s'il y avait eu ou non corruption des préposés ; que, jusqu'à ce que la dénonciation eût été reconnue fondée, il ne pouvait y avoir lieu, par les tribunaux saisis de la connaissance du fait de la contravention, à faire jouir le dénonciateur du bénéfice de la loi ; qu'il en était du fait de corruption, comme de celui de faux dont serait argué le procès-verbal constatant une contravention ; que, dans l'un et l'autre cas, il devait être préalablement procédé, dans les formes voulues par la loi, au jugement du délit, et que ce n'était qu'après le jugement, qu'il pouvait être statué sur les intérêts civils ; que le tribunal civil de Mondovi, jugeant correctionnellement, s'était cependant permis de faire profiter immédiatement la partie saisie de la disposition de l'article relatif au dénonciateur, excès de pouvoir que le tribunal criminel avait partagé. Ces considérations ont déterminé à casser leurs jugemens.

PRISES FAITES SUR L'ENNEMI. Un arrêté du 17 floréal an 9, art. 1er., charge l'officier en chef de l'administration de la marine, et, en son absence, celui qui le remplace dans l'ordre de service, de la vente des prises, ainsi que l'était le juge de paix, dont il remplit toutes les fonctions à cet égard.

PRIVILÉGE DU TRÉSOR PUBLIC. L'état, aux droits duquel est l'Administration des douanes, est préféré à tous créanciers, pour droits, confiscation, amende et restitution, et avec la contrainte par corps. *Décret du 4 germinal an 2, tit. 6, art. 4.*

PROCÉDURES. On nomme ainsi les actes, les expéditions et instructions d'un procès.

On distingue la procédure civile, et la procédure criminelle.

Procédure civile : est celle dans laquelle il s'agit de toute autre chose que de crime.

Comme, aux termes de l'art. 49 du code de procédure civile, les demandes qui intéressent l'état et le domaine, sont dispensées du préliminaire de la conciliation, nous ne parlerons point des formalités qui ont lieu à cet égard.

Celles concernant le rapport étant remplies, il en est donné copie au prévenu, avec citation à comparaître dans les vingt-quatre heures devant le juge de paix de l'arrondissement. *Loi du 9 floréal an 7, art. 6.*

Cette disposition de la loi avait été mal interprétée par le tribunal civil de l'arrondissement d'Alexandrie, qui avait annullé un procès-verbal des préposés des douanes, sous prétexte que cet art. 6 exigeait que le prévenu eût un délai de vingt-quatre heures pour fournir ses moyens de défense; et, conséquemment, que la

citation devait être donnée, à la première audience, après l'expiration de ces mêmes vingt-
quatre heures ; mais la cour de cassation a
fait justice de ce faux principe, et, par arrêt du
3 juin 1806, elle a décidé que, puisque le
procès-verbal avait été clos le 28 frimaire an
13, à midi, et qu'il contenait assignation à comparaître le lendemain, à neuf heures du matin,
les préposés, loin d'avoir violé la loi, s'y étaient
au contraire formellement assujettis.

Procédure criminelle. Cette procédure, appelée aussi extraordinaire, est celle qui se fait
en matière criminelle.

Les lois de brumaire et ventose an 5, ne
prescrivant pas de formes particulières pour
constater les contraventions relatives aux marchandises anglaises et aux grains, ni pour l'instruction, ce sont naturellement les dispositions
du code de brumaire an 4 qui doivent être
suivies.

Aussi, le tribunal criminel de l'Escaut ayant
annullé un rapport constatant une contravention
à la loi sur les grains, sous prétexte qu'il ne
contenait pas citation à la partie, conformément
à l'art. 6 de la loi du 9 floréal an 7, la cour de
cassation, considérant que ledit article ne s'applique qu'au cas où l'affaire est de la compé-

tence de la justice de paix, a annullé, le 11 floréal an 10, le jugement du tribunal.

Un autre jugement du même tribunal, rendu dans la même espèce, a été cassé par autre arrêt du 17 du même mois de floréal.

PROCÈS-VERBAUX. (V. RAPPORT.)

PROCUREURS GÉNÉRAUX IMPÉRIAUX. Il en existe près la cour de cassation, les cours de justice criminelle, les cours de justice criminelle spéciale, et près les cours d'appel en matière civile.

Dans le cas de contrebande avec attroupement et port d'armes, les procès-verbaux (rapports), dûment affirmés, doivent être remis à MM. les procureurs généraux près les cours de justice criminelle. *Arrêté du 4ᵉ. complémentaire an 11, art. 6.*

Ces magistrats sont tenus de décerner le mandat de dépôt contre les prévenus de contrebande et leurs complices, s'ils ne sont pas déjà en arrestation ; de requérir la délivrance du mandat d'arrêt ; de dresser l'acte d'accusation, lorsqu'il y a lieu ; et, toutes autres affaires cessantes, de faire traduire les prévenus et leurs complices devant la cour de justice criminelle spéciale : le tout sans aucune espèce d'interruption ni de retard, et sous leur responsabilité per-

sonnelle. *Art.* 7. *Voyez*, à ce sujet, CONTRE-
BANDIERS *avec attroupement*, et COURS DE
JUSTICE CRIMINELLE SPÉCIALE.

Leurs substituts sont tenus de leur rendre
compte de toutes les poursuites faites pour contravention aux lois qui prohibent les marchandises de contrebande, et les procureurs impériaux près les tribunaux correctionnels, de leur
adresser une expédition de tous les jugemens
qui sont rendus, dans les trois jours de leur prononciation. *Art.* 11.

MM. les procureurs généraux impériaux sont
encore spécialement chargés de surveiller la
poursuite, l'instruction et le jugement de toutes
les affaires concernant l'introduction de toute
espèce de marchandises de contrebande, la
vente ou l'entrepôt des marchandises anglaises
dans l'intérieur : ils sont tenus de se pourvoir,
par voie de droit, dans les délais prescrits par
la loi, contre tout jugement qui, au mépris de
l'article 11 du titre 4 de la loi du 9 floréal an 7,
aurait admis la preuve testimoniale contre les
procès-verbaux, ou prononcé d'autres nullités
que celles admises par les dix premiers articles
du même titre ; enfin, contre les jugemens qui,
au mépris de l'art. 16, auraient excusé les contrevenans sur l'intention. *Art.* 12.

Ils doivent, en outre, rendre tous les mois

au grand juge ministre de la justice, un compte particulier de leurs diligences à ce sujet, et de chaque affaire, en lui adressant, ainsi qu'au ministre de l'intérieur, une expédition de tous les jugemens qui sont portés en cette matière. *Même article.*

PROCUREURS IMPÉRIAUX. Il en existe près les tribunaux civils d'arrondissement, et les tribunaux de police correctionnelle.

On doit leur communiquer les affaires concernant les douanes, comme intéressant le trésor public. *Art. 83 du code de procédure civile.*

Ils sont tenus d'adresser aux procureurs généraux impériaux près les cours de justice criminelle, dans les trois jours de leur prononciation, une expédition de tous les jugemens rendus pour contravention aux lois qui prohibent les marchandises de contrebande. *Arrêté du 4e. complémentaire an 11, art. 11.*

Lorsque des jugemens ont admis d'autres nullités que celles prononcées par la loi, ils sont tenus de se pourvoir, comme on le voit *au mot* NULLITÉS.

PRODUIT DES DROITS. Il ne peut être saisi dans les mains des receveurs, ni en celles des redevables, à peine de nullité: nonobstant lesdites saisies, les redevables seront contraints au payement des sommes par eux dues, les huissiers interdits de leurs fonctions et condamnés en 1000 fr. d'amende, sans préjudice des dommages-intérêts de la régie contre les huissiers et les saisissans. *Loi du 22 août* 1791, *tit.* 12, *art.* 9. (V. HUISSIERS.)

PROHIBITION. On en distingue de trois sortes : absolue, conditionnelle et locale.

La prohibition absolue a lieu à toutes les entrées et sorties.

Une marchandise absolument prohibée que l'on tente d'introduire ou d'exporter par mer, ou par terre, est confisquée, ainsi que les bâtimens de mer, voitures et animaux servant au transport. *Décret du 4 germinal an 2, tit. 2, art.* 10.

Les propriétaires desdites marchandises, maîtres des bâtimens, voituriers et autres, sont solidairement condamnés en l'amende de 500 fr. *Loi du 22 août* 1791, *tit. 5, art.* 1er.

Sont dans le cas des deux articles ci-dessus, les marchandises prohibées qui ont dépassé le premier bureau, ou qui ont pris un chemin détourné (*Loi de* 1791, *tit. 5, art.* 2); de même que celles trouvées entre l'étranger et le bureau.

Celles que les préposés auront trouvées dans les deux myriamètres (quatre lieues) des côtes, sur des bâtimens au-dessous de cent tonneaux. *Même article, et décret du 4 germinal an 2, tit. 2, art. 7.*

Celles qu'ils auront vu charger à bord de toute espèce de bâtimens de mer, ou mettre à terre. *Même article 2 du tit. 5 de la loi de 1791.*

Celles qui, substituées à d'autres, seraient trouvées, lors de la visite, au bureau de destination ou de passage désigné pour la décharge des acquits-à-caution. *Loi du 22 août 1791, tit. 3, art. 9.*

Celles qui seraient transportées d'un port à un autre de l'Empire, ou d'un lieu à un autre, en empruntant le territoire étranger, sans être accompagnées d'un acquit-à-caution. *Tit. 5, art. 3.*

La nullité d'un procès – verbal de saisie de marchandises prohibées à l'entrée, n'en empêche pas la confiscation, qui doit être poursuivie à la requête du procureur impérial : la partie n'est affranchie que de l'amende. *Tit. 10, art. 23.*

Même disposition pour les objets prohibés à la sortie : la confiscation doit en être requise par le procureur impérial près le tribunal, et prononcée dans la même audience. *Loi du 15 août 1793, art. 4. (V. Confiscation d'office.)*

Les marchandises prohibées qui sont déclarées sous leur propre dénomination en les présentant au bureau des douanes, ne sont point assujetties à la saisie; celles destinées à l'importation, sont renvoyées à l'étranger; celles destinées à l'exportation, restent dans l'intérieur. *Loi de* 1791 , *tit.* 5, *art.* 4. (Voyez, pour *l'exception*, Marchandises anglaises.)

Prohibition conditionnelle. C'est celle résultant des lois qui assujettissent à justifier de l'origine de certaines marchandises fabriquées.

Prohibition locale. C'est la restriction d'entrée ou de sortie par certaines parties des frontières ou des côtes, ou seulement par certains bureaux.

Si on tentait l'exportation ou l'importation par d'autres passages, on encourrait la confiscation et l'amende de 100 francs. *Loi du* 22 *août* 1791, *titre* 4, *art.* 8.

L'importation des tabacs en feuilles étrangers par d'autres bureaux de terre que ceux désignés, soumet à la confiscation de la marchandise, des chevaux, harnais et voitures qui auront servi au transport. *Loi du* 29 *floréal an* 10, *art.* 1er.

Propriétaires *des marchandises.* Ils sont

responsables civilement du fait de leurs facteurs, agens, serviteurs et domestiques, en ce qui concerne les droits, confiscations, amendes et dépens. *Loi du 22 aout* 1791, *tit.* 13, *art.* 20.

Ils sont non recevables à revendiquer des objets saisis sur d'autres. (V. REVENDICATION.)

Cette disposition a été maintenue par jugement de la cour de cassation, du 11 floréal an 9, qui a annullé un jugement du tribunal civil de l'Escaut, du 6 messidor an 7, lequel, sur la réclamation de différens négocians intervenus après un premier prononcé du tribunal de paix, avait accordé main - levée de plusieurs balles de café saisies à défaut de déclaration par le capitaine du bâtiment.

Q.

QUALITÉ *des marchandises.* Pour celle à énoncer dans les déclarations, voyez DÉCLARATIONS et MANIFESTE.

QUANTITÉ , *idem ;* voyez encore DEFICIT et EXCÉDANT.

———

R.

RAPPORT *ou* PROCÈS-VERBAL. C'est, en matière de douanes, l'acte rédigé pour constater une contravention aux lois sur cette partie. Un rapport est donc la base de presque toutes les affaires qui intéressent l'Administration : ainsi, il est important que les préposés connaissent toutes les formes auxquelles les actes de cette sorte sont assujettis, et les actions qui peuvent en résulter.

On peut réduire les formalités des rapports à deux espèces générales : celles intrinsèques, qui en font partie essentielle, et sans lesquelles ils n'existeraient pas ; et celles extrinsèques, qui, négligées, n'entraînent pas la nullité du rapport, mais laissent à désirer pour le complément de la preuve, ou exigent de nouvelles formalités pour suppléer les omissions.

Les formalités intrinsèques des rapports sont, qu'ils aient *une date certaine* et précise, par *l'énonciation* de *l'année,* du *jour* et de *l'heure ;* qu'ils contiennent les *noms, qualités* et *demeures* des *préposés et* du *stipulant;* la *nature* du *délit* ou de la *contravention,* le *lieu* où ils ont été commis ; *l'énumération des denrées, effets ou marchandises ; la désignation du nombre et de la qualité des prévenus ; la saisie des effets, leur description, le transport et dépôt au bureau, sous ficelle et cachet, ou la main-levée des marchandises permises : le tout en présence des prévenus, ou eux dûment interpellés, avec mention des sommations requises et des réponses.*

Les formalités extrinsèques sont, 1°. *l'assignation*, lorsqu'elle n'a pas été donnée par le même contexte, ou la *signification simple*, lorsqu'il ne doit pas être donné assignation ; 2°. *l'affirmation* ; 3°. *l'enregistrement* ; 4°. *le dépôt, au greffe, des rapports susceptibles de suite à l'extraordinaire.*

Le rapport qui suit, rédigé pour constater un versement frauduleux de marchandises anglaises, peut servir de modèle, quant au contexte, comme conforme à ceux de M. Magnier-Grandprez, sauf, pour le surplus, la différence des contraventions.

L'an   le   à la requête de
nous   préposés des douanes
à   y demeurant, certifions
qu'étant, à environ   du matin
de ce jour, sur   nous avons vu,
après divers signaux, descendre sur la plage,

d'une chaloupe qui a repris ensuite le large, un grand nombre de ballots; et quatre hommes, qui étaient sur cette plage, charger de ces ballots sur trois voitures attelées chacune de deux chevaux. Trois de ces individus ont pris la fuite (1); ayant interpellé le quatrième resté, en lui déclarant nos qualités, de nous dire ses noms et profession, ceux des particuliers qui avaient pris la fuite, et ce que contenaient les ballots tirés de la chaloupe, a répondu se nommer

voiturier à   ; qu'il n'était avec personne, et n'avoir aucun compte à nous rendre. Ayant ouvert par le coin l'un des ballots, et reconnu, au tact, qu'il contenait des velours de coton et des étoffes de laine, toutes marchandises réputées anglaises, nous avons obligé ledit   de venir avec nous à la douane de   où nous avons conduit ensemble les trois voitures et six chevaux, ainsi que trente-deux ballots trouvés tant sur ces voitures que sur la grève, et des-

---

(1) Il eût été possible que tous se fussent enfuis ; alors la saisie aurait été faite au préjudice d'inconnus, et les préposés auraient affiché copie du rapport à la porte du bureau, en énonçant, dans l'acte même, que cette formalité aurait été remplie.

cendus de la chaloupe. Arrivés audit bureau, à sept heures du matin, et procédant, en présence dudit   et de **M.**   receveur, à la vérification et description des marchandises, nous avons immédiatement reconnu que le ballot n°.   marqué   du poids brut   renfermait dix-huit pièces de velours, tirant chacune quarante-trois mètres; le ballot n°.   marqué   vingt pièces de casimir bleu, belle qualité, tirant chacune cinquante-sept mètres (1), etc. : lesquelles marchandises sont nommément prohibées par les art. 1 et 5 de la loi du 10 brumaire an 5, ainsi conçus : « L'importation des » marchandises manufacturées provenant soit » des fabriques, soit du commerce anglais, » est prohibée, tant par mer que par terre, » dans toute l'étendue de l'Empire. Sont réputés provenir des fabriques anglaises, quelle » qu'en soit l'origine, toute espèce de velours » de coton, toutes étoffes et draps de laine, » de coton et de poil, ou mélangés de ces » matières ». En conséquence, nous avons dé-

---

(1) La description doit être faite, pièce par pièce ; il faut indiquer particulièrement l'aunage de chacune, la largeur de l'étoffe, si elle n'en a pas une constante, sa couleur, sa qualité, etc.

claré audit   la saisie des trente-deux
ballots de marchandises ci-dessus décrites, suivant le dénombrement et la description détail-
lés, mentionnés ci-dessus; desquels le receveur s'est chargé, après que nous avons eu ap-
posé le cachet de l'un de nous sur chacun desdits ballots (*ou après que nous les avons eu
plombés au coin de ce bureau*), en invitant
ledit à y apposer son cachet; il y a consenti
(*ou a refusé*) : desquels cachets l'empreinte est
en marge du présent (1). Avons également déclaré la saisie des trois voitures à deux roues,
qui resteront à la douane sous la garde du receveur, et des six chevaux, l'un sous poil
        de la taille de   mar-
quant   ans (*ou hors de marque*);
l'autre, etc., etc. Lesdits chevaux ont été mis
en fourrière chez le sieur (*son nom, sa demeure*), suivant l'acte annexé au présent, et
moyennant le salaire convenu à   (2).

---

(1) Lorsque le prévenu assiste à la rédaction du rapport, il est bon, non-seulement que les préposés ap-
posent leur cachet sur les marchandises saisies, mais
encore qu'ils y fassent mettre celui du prévenu. Ils
doivent veiller à ce que la cire ne soit pas cassante.

(2) S'agissant de marchandises, dont la consommation est défendue, on ne peut offrir la remise sous
caution.

Pour procéder aux fins de ce rapport, rédigé de suite, nous susdits et dénommés d'autre part, avons déclaré audit   (1) que l'assignation au tribunal civil de   jugeant correctionnellement, lui sera signifiée dans les formes que la loi détermine, aussitôt que l'ordonnance de renvoi de la procédure audit tribunal aura été faite par le directeur du jury, et que nous le conduisions devant le juge de paix de   , qui recevra, en sa présence, l'affirmation de notre rapport, pour ledit être immédiatement traduit devant le substitut du procureur général impérial près la cour de justice criminelle, magistrat de sûreté

----

(1) Les préposés doivent finir ainsi, toutes les fois que dans une saisie de marchandises anglaises, ils ont pu arrêter le prévenu. S'il s'était évadé, ils devraient se borner à énoncer la citation, et procéder comme s'il était absent, c'est-à-dire, afficher la copie du rapport à la porte du bureau. S'il eût été question de contravention aux lois de douanes, autres que celles sur les marchandises anglaises et sur les grains, on aurait ajouté : Avons assigné ledit

à comparaître demain, à dix heures du matin, devant le tribunal de paix de

pour entendre prononcer la confiscation des objets ci-dessus désignés, et se voir condamner en l'amende de

conformément à   etc.

pour l'arrondissement de   , le tout par application de l'art. 15 de la même loi du 10 brumaire (*on pourrait en citer le texte*); à quel effet notre rapport et le prévenu seront remis audit juge. Avons donné lecture de notre présent rapport audit   , avec sommation de le signer; il y a consenti (*ou a refusé, ou a répondu ne le savoir.*) Fait et clos en ladite douane de   à   heures avant (*ou après*) midi dudit jour (*date, mois et an*); avons signé avec le sieur   , receveur, constitué gardien, et à l'instant donné et notifié audit   copie du présent.

RəBELLION. (V. VəIES DE FAIT.)

RECEVEURS. On en distingue de deux sortes; ceux particuliers, et ceux principaux.

Receveurs principaux. Ils sont tenus d'avoir un registre-journal sur lequel ils portent, de suite et sans aucune transposition, surcharge ni rature, toutes les parties de recette et de dépense qu'ils font. Ce registre doit être paraphé tant par le juge que par le directeur de l'arrondissement. *Loi de* 1791, *tit.* 13, *art.* 28.

RECOURS. Il est assuré aux capitaines, voituriers et autres chargés de la conduite des marchandises, contre les marchands et propriétaires, lorsqu'ils ont été induits en erreur par l'énonciation des lettres de voiture, connaissemens et charte-parties. *Tit. 5, art. 1er. de la loi de 1791.*

A la régie, contre ses préposés.

RÉCUSATION DE JUGES. Elle peut être proposée dans les affaires des douanes.

Quand elle a eu lieu contre un juge qui a concouru à un jugement, sans qu'il ait été légalement prononcé sur la régularité de cette récusation, ce jugement est nul. **Arrêt de la cour de cassation, du 13 messidor an 9, contre l'Administration des douanes.**

RÉGIE DES DOUANES. Elle est responsable du fait de ses préposés, dans l'exercice et pour raison de leurs fonctions, sauf son recours contre eux et leurs cautions. *Loi du 22 août 1791, tit. 13, art. 19.*

Elle est tenue de remettre, chaque année, au greffe du tribunal de commerce du chef-lieu de la direction, un rôle, certifié du directeur de l'arrondissement, des noms et surnoms de ceux qui montent ses bâtimens de mer. *Même tit., art. 6, et loi du 16 octobre même année.*

De représenter ses registres pendant trois ans. *Loi de 1791, tit. 13, art. 25.*

Les poursuites contre les individus qui contreviennent aux lois sur les importations et les exportations, doivent être faites, au nom de la régie, par les employés qu'elle a dans les départemens, et qui la représentent.

Trois jugemens rendus sur autant d'espèces semblables, par le tribunal criminel de la Manche, ayant déclaré la régie sans qualité pour poursuivre devant les tribunaux, les condamnations contre les fraudes constatées par ses agens, sous prétexte qu'elle n'est instituée que pour percevoir les droits établis sur l'entrée et sur la sortie, le tribunal de cassation les a annullés le 26 vendémiaire an 9, fondé sur ce que le droit qu'a la régie de poursuivre, résulte de l'intérêt que la loi lui accorde dans les confiscations, et encore sur ce que ce droit lui est formellement attribué, quant au pourvoi en cassation, puisque le procureur impérial n'est chargé de défendre les intérêts du gouvernement, que sur les mémoires qui lui sont fournis par les agens de l'Administration, régisseurs et préposés.

L'art. 4 du tit. 6 du décret du 4 germinal an 2, l'autorise à user de la contrainte par corps envers les redevables, pour droits de douanes, confiscations, amendes et restitutions ; comme on le voit au mot CONTRAINTE.

Toutes les fois qu'un receveur aura fait sans succès les démarches nécessaires pour obtenir le payement de droits arriérés, de confiscations et d'amendes relatives soit aux saisies, soit au non rapport des acquits-à-caution, il devra employer la voie de la contrainte par corps, en se fondant sur les dispositions des lois des 22 août 1791 et 4 germinal an 2; et en se conformant, pour le mode d'exécution, à celles des art. 3, 4, 9, 10 et 14 du tit. 3 de la loi du 15 germinal an 6, ainsi qu'à l'art. 33 du tit. 13 de la loi du 22 août 1791.

S'il s'agit d'acquit-à-caution non déchargé, voyez *Certificat de décharge*, au mot *Acquit-à-caution*.

Régime des douanes. On y est sujet, lorsqu'on a été admis à exercer en France les droits politiques et civils de citoyen : la cour de cassation l'a ainsi jugé, conformément à l'avis du conseil d'état, du 24 floréal an 9, par arrêt du 24 frimaire an 13, contre les habitans du hameau des Cressonnières, en Suisse, commune des Rousses, qui voulaient se soustraire aux effets d'une saisie de marchandises anglaises, et qui avaient cependant été condamnés par la cour de justice criminelle du Jura.

Registres. Ils doivent être reliés, et les feuillets paraphés sans frais par le juge de paix. *Loi de* 1791, *tit.* 13, *art.* 27 *et* 28.

Ceux de déclarations, payement des droits, soumissions, descentes des marchandises, et décharges des acquits-à-caution, doivent être écrits sans lacune ni interligne, les sommes y être inscrites sans chiffres ni abréviations (1); sauf, après qu'elles auront été inscrites en toutes lettres, à les tirer en chiffres hors ligne. *Art.* 26.

Il doit, dans chaque bureau, en être tenu un destiné à inscrire les marchandises restées dans les douanes. *Tit.* 9, *art* 1er.

Ces registres, en cas de perte des expéditions, peuvent servir à la décharge des redevables (2). *Tit.* 13, *art.* 26.

---

(1) On ne peut rien changer à ce qui a été écrit sur les registres qui font foi en justice, sinon en présence des parties intéressées, ou elles duement appelées.

(2) Lorsque, pour l'instruction d'une instance, il est nécessaire de connaître le contenu d'un registre, on ne doit en donner que des extraits certifiés véritables, ou les communiquer sur le bureau et sans déplacer. Aucun juge ne peut ordonner le dépôt du registre à son greffe, sinon dans le cas d'inscription de faux. La représentation aurait encore lieu, si l'on prétendait que l'extrait délivré n'est point conforme au registre.

Dans le cas d'apposition de scellés sur les papiers d'un comptable, les registres de recette et autres de l'année courante ne sont pas renfermés sous les scellés ; ils sont seulement arrêtés et paraphés par le juge, qui les remet au préposé chargé de la recette par *interim*, lequel en demeure garant comme dépositaire de justice ; et il en est fait mention dans le procès-verbal d'apposition des scellés. *Même tit.* 13, *art.* 21.

RÉGLEMENS. D'après l'art. 12 du tit. 2 de la loi du 24 août 1790, les tribunaux ne peuvent en faire ; mais ils s'adresseront au corps législatif toutes les fois qu'ils croiront nécessaire, soit d'interpréter une loi, soit d'en faire une nouvelle. Le tribunal civil de l'arrondissement de Turnhout ayant contrevenu à cet article, en prenant, les 23 frimaire et 13 pluviose an 10, des délibérations portant qu'il ne pouvait admettre le receveur de la douane de cet arrondissement à prendre des conclusions dans les causes en matière de contravention aux lois des 10 brumaire et 26 ventose an 5, que par le ministère d'un avoué, a cour de cassation a, par arrêt du 1er. germinal an 10, cassé ces arrêtés, pour excès et usurpation de pouvoir.

(299)

Relache forcée. Celle par fortune de mer, poursuite d'ennemis ou autres cas fortuits, oblige les capitaines et maîtres de navires, barques et autres bâtimens, de justifier, par un rapport, dans les vingt-quatre heures de leur abord, des causes de la relâche. *Loi de* 1791 *, tit.* 6 *, art.* 1er.

Cette justification est de rigueur. Arrêt de la cour de cassation, du 16 germinal an 11.

Un tribunal d'appel avait confirmé un jugement du tribunal de première instance de Marseille, qui avait refusé de prononcer la confiscation d'un chargement de tabac du Brésil, sous le prétexte que le capitaine était en relâche forcée. Les deux jugemens ont été annullés, faute par le capitaine d'avoir rempli les formalités prescrites pour constater cette relâche.

Cette relâche soumet à représenter aux préposés lorsqu'ils se rendent à bord, le manifeste ou état du chargement. *Même article* 1er. *du tit.* 6 *de la loi de* 1791.

Les capitaines doivent encore, dans les vingt-quatre heures de leur arrivée, faire au bureau des douanes une déclaration sommaire, contenant le nombre des caisses, balles, ballots et tonneaux de leur chargement; indiquer le port de leur destination ultérieure, et prendre certificat du tout des préposés des douanes, à peine de saisie et de confiscation, et de 500 fr. d'amende, pour sûreté de laquelle les bâtimens et marchandises seront retenus. *Même article, et art.* 3.

Si un bâtiment entre par détresse dans un port qui n'est pas celui de sa destination, le préposé de la douane permettra la décharge du bâtiment, la vente des objets de nature périssable, ou qu'il sera nécessaire de vendre pour payer les frais de radoub, conformément aux lois et tarifs : le surplus pourra être rechargé, et le bâtiment partir pour le port de sa destination, en payant le droit de tonnage, et demi pour cent de la valeur des objets non vendus, pour frais de magasin. *Décret du 4 germinal an* 2, *tit.* 2, *art.* 6.

Les préposés des douanes constatent seuls la nécessité de la relâche forcée dans les îles assujetties à un régime d'exception. *Même décret, tit.* 1er., *art.* 4.

Remise *sur les confiscations et amendes.* (V. Transaction.)

Requête. Celle d'appel d'un jugement de première instance, en matière de police correctionnelle, doit être signée de l'appelant ou de son fondé de pouvoir, et, dans ce dernier cas, le pouvoir est joint à la requête, ainsi qu'on le voit aux mots *Appel au criminel*; mais il ne faut point en conclure que, sur un appel au nom de la régie des douanes, il y a nullité quand le pouvoir est signé par un autre employé que le receveur; aussi le tribunal criminel des Deux-Nèthes ayant déclaré, le 22 thermidor an 6, la régie non recevable dans un appel de ce genre, son jugement a été annullé, le 25 brumaire an 7, par la cour de cassation, fondé sur ce que, dans les affaires de douanes, le receveur ne poursuit pas en son nom, mais bien en celui de la régie, et qu'il existe entre les divers employés de cette régie, une hiérarchie et une subordination qui ne laissent jamais ses bureaux vacans, et les fait se suppléer les uns les autres par *intérim*.

Requête en cassation. En matière civile, elle ne sera pas reçue au greffe, et les juges ne pourront y avoir égard, à moins que la quittance de l'amende dont la consignation est ordonnée, n'y soit jointe.

Seront néanmoins dispensés de la consignation d'amende, les agens du gouvernement, lorsqu'ils se pouvoiront pour affaires qui les concernent directement. (Cette disposition est applicable à la partie des douanes.) *Loi du 2 brumaire an 4, tit. 3, art. 17.*

Cette requête est, de plus, soumise à un droit d'enregistrement de 15 fr., outre le décime, et à un droit de greffe de 18 à 20 fr., non compris le timbre de la requête.

Les réquêtes en matière civile se rédigent dans les bureaux de l'Administration.

Requête en matière criminelle. On aurait désiré qu'elles pussent être rédigées dans les bureaux, comme celles en matière civile.

RESTITUTION DE DROITS. Elle est accordée à ceux qui justifient que la perception n'était pas fondée. *Décision du 24 novembre 1791.*

L'ordre en est donné sur l'acquit original de payement.

Quand la représentation de cet acquit original ne peut être faite, la régie est autorisée à effectuer le remboursement sur le *duplicata*, à la charge que ce ne sera que trois mois après la demande, et que le réclamant sera tenu de fournir caution solidaire avec lui, de rendre la somme si, dans l'espace de deux ans de la date de l'acquit, le porteur de l'acquit original venait à en réclamer le remboursement. *Même décision.*

RETENUE *de marchandises.* Elle peut avoir lieu pour sûreté des condamnations personnelles

encourues par un capitaine de navire, à bord
duquel on aurait trouvé des marchandises sujettes aux droits et non portées au manifeste,
nonobstant la réclamation des tiers qui prétendraient en être propriétaires. Arrèt de la cour
de cassation, du 28 pluviose an 12 (sections
réunies), qui a annullé un jugement du tribunal
civil de Gand, lequel avait décidé le contraire,
sous prétexte que l'art. 6 du titre 7 du décret du
4 germinal an 2, avait abrogé les art. 4 et 21 du
titre 2, et l'art. 20 du titre 13 de la loi du 22
août 1791.

REVENDICATION. Celle faite, par des propriétaires, d'objets saisis ou confisqués sur d'autres, pour fraude ou contravention, ou de leur
prix, ne peut être admise, sauf leur recours contre
les auteurs de la fraude. *Loi du 22 août* 1791,
tit. 12, *art.* 5.

Cette disposition avait été méconnue par le
tribunal civil du département de l'Escaut, le 9
nivose an 6, relativement à des cafés saisis dont
il avait ordonné la remise au propriétaire, quoique ce dernier, juridiquement étranger à la
cause, ne se fût pourvu contre le jugement du
tribunal de paix, ni par appel ni par opposition.
Ce jugement a été annullé par la cour de cassation, le 7 brumaire an 7.

Quant aux marchandises retenues pour sûreté des condamnations, voyez Retenue.

La revendication des créanciers , même privilégiés, est également inadmissible. *Loi de* 1791, *tit.* 12, *art.* 5.

Mais le propriétaire qui revendiquerait des marchandises en nature, sous balles et sous cordes, au domicile d'un comptable ou d'un redevable de droits saisi par la régie, serait préféré à elle. *Loi de* 1791, *tit.* 13, *art.* 22.

Rive gauche du Rhin : est sujette au régime uniforme.

Lorsque nos armées eurent assuré à la France la possession de tout le pays situé sur la rive gauche du Rhin, les négocians de Mayence et de plusieurs autres lieux circonvoisins, demandèrent que les barrières des douanes ne fussent point portées sur le Rhin.

En accueillant cette demande, on aurait violé le principe d'après lequel tous les citoyens français doivent, autant que faire se peut, être assujettis aux mêmes lois, aux mêmes contributions. On aurait encore rompu l'unité qui doit exister entre toutes les parties de l'Empire; on eût été ramené aux tems où, dans l'intérieur de la France, la marche du voyageur et la circulation des denrées étaient retardées à chaque

pas par des visites et des perceptions de droits;
où, par une inconséquence révoltante, une marchandise permise dans une province, était défendue dans l'autre.

La proposition, examinée sous les rapports
politiques, sous ceux de l'industrie nationale et
des finances de l'état, n'était pas plus favorable.

L'habitude, la langue et les usages unissant
les habitans des pays qui bordent le Rhin, il
pouvait être agréable à ceux de la rive gauche
de conserver toute liberté dans leurs relations
réciproques avec ceux de la rive opposée; mais
il importait trop au Gouvernement de rappro-
cher d'une manière particulière les nouveaux
réunis des autres français, pour laisser subsister
une barrière entre ces membres d'une même
famille.

Sous les rapports industriels, il était nécessaire de relever nos manufactures; de les tirer
de l'état où les avaient réduites une longue
guerre et l'introduction des marchandises anglaises : il fallait ajouter au nombre des consommateurs de nos fabriques, ceux des pays réunis;
et, sans l'avancement des barrières au Rhin, tous
les habitans de la rive gauche, communiquant librement avec l'étranger, auraient continué à
recevoir les produits de ses manufactures, au
lieu de les tirer de celles nationales; le numé-

raire de la France aurait continué de passer à nos voisins; et non-seulement les habitans de la rive gauche se fussent pourvus de marchandises étrangères pour leur consommation, mais leur territoire en serait encore devenu l'entrepôt général. La contrebande aurait trouvé plus de facilités à pénétrer par les lignes qui existaient alors, que par les bords du Rhin : en effet, les marchandises que l'on veut introduire par la rive gauche, doivent non-seulement y aborder sur un bâtiment, que l'on apperçoit de loin, mais y être déchargées, mises sur des voitures, et traverser le territoire soumis à la police des douanes; et ces différentes opérations, en exigeant beaucoup de tems, accroissent les moyens de répression.

Les Mayençais et autres promettaient qu'il ne serait point commis d'abus; mais on connaît quel degré de confiance on peut accorder à de semblables promesses : l'événement a prouvé que l'intérêt général était toujours sacrifié à l'intérêt particulier.

La question, considérée sous le rapport du revenu public, était encore facile à résoudre. Les droits de douane qui portent sur l'introduction des denrées et marchandises étrangères, sont en proportion du nombre des consommateurs; et en y assujettissant les habitans des pays réunis, les produits ne pouvaient qu'acquérir de l'accroissement.

Ces principes, développés de la manière la plus lumineuse par M. Collin, alors administrateur des douanes, dont l'activité et le zèle étaient déjà aussi connus que ses talens, nommé, par arrêt du 9 messidor an 6, commissaire du Gouvernement pour former l'établissement des bureaux tant à Mayence que sur le reste du Rhin, et même à Genève, où il se concilia, par son aménité et son attachement au commerce, l'estime générale de tous les administrés, prévalurent sur tous les raisonnemens contraires. La translation fut ordonnée.

On avait donné au commissaire général du Gouvernement près la rive gauche du Rhin, la faculté de faire des réglemens particuliers à cette partie. La constitution y a été établie depuis, et avec elle les lois générales des douanes. Mais comme il venait à Mayence et à Cologne, de la Hollande, de la Franconie et de la Souabe, beaucoup de marchandises qui en étaient expédiées pour l'étranger, il a paru nécessaire d'assurer à ces deux ports, quand il a été possible de le faire sans inconvéniens, la continuation de ce commerce d'économie. (Voyez, à ce sujet, Ports francs.)

(308)

Riz. Il est assimilé aux grains par suite des dispositions de la loi du 7 vendémiaire an 4, dont l'art. 18 prohibe, en termes généraux, l'exportation des grains et farines de toute espèce. Arrêt de la cour de cassation, du 14 pluviose an 11.

S.

Saisie. On nomme ainsi, en matière de douanes, l'arrestation que les préposés et autres particuliers, auxquels le droit en a été conféré ou l'ordre donné, sont obligés de faire des marchandises à l'égard desquelles les lois sur les importations, exportations, entrepôts ou circulation, ont été violées.

Toutes les contraventions aux lois de douanes ne donnent pas lieu à la saisie ; quelques-unes ne sont punies que par l'amende : celles qui entraînent la saisie sont, notamment, les fausses déclarations, quand il s'agit d'un droit au-dessus de 12 fr. ; les substitutions dans les marchandises expédiées par acquit-à-caution, lorsque celles substituées sont défendues à l'entrée ; et, enfin, l'introduction ou l'exportation frauduleuse des marchandises sujettes aux droits ou prohibées.

Il est d'autres cas où les préposés sont également tenus de saisir ; mais ils rentrent dans ceux généraux qu'on vient de prévoir.

Tout citoyen français a le droit de saisir. (V. Contravention.)

Ceux qui procèdent aux saisies, doivent faire conduire, autant qu'il est possible, au bureau le plus prochain du lieu de l'arrestation, les marchandises trouvées en contravention, ainsi que les chevaux, voitures, bateaux etc. servant à leur transport, et y rédiger de suite leur rapport. *Loi du 9 floréal an 7, tit. 4, art. 2.*

Il y a quatre classes de saisies bien distinctes : saisies en campagne, ou sur navires non pontés ; saisies sur bâtimens de mer pontés ; saisies pour falsification d'expéditions, et saisies à domicile.

Saisies en campagne. Il faut comprendre sous ce titre les saisies faites sur les frontières de terre et les côtes, tant à la circulation qu'à l'importation et à l'exportation ; les saisies sur bâtimens non pontés (*voyez ces mots*), et celles qui ont lieu pour fausses déclarations, substitutions des marchandises, etc.

Saisies sur des bâtimens de mer pontés. Lorsque le déchargement ne pourra pas avoir lieu de suite, les saisissans apposeront les scellés sur les ferremens et écoutilles. Le rapport, qui sera rédigé à fur et mesure du déchargement, fera mention du nombre, des marques et des numéros des ballots, caisses et tonneaux. La description en détail ne sera faite qu'au bureau, en présence de la partie, ou après sommation d'y assister : il lui sera donné copie à chaque vacation. L'apposition des scellés sur les portes, ou d'un plomb ou cachet sur les caisses ou ballots, aura lieu toutes les fois que la continuation sera renvoyée à une autre séance ou vacation. *Loi du 9 floréal an 7, tit. 4, art. 8.*

Cet article ne déroge pas à l'art. 5 du tit. 10 de la loi du 22 août 1791, d'après lequel le rapport, c'est-à-dire le premier contexte, doit être rédigé à bord du bâtiment : ainsi jugé par arrêt de la cour de cassation, du 1er. ventose an 8.

Les autres contextes doivent être rédigés au bureau.

Saisies sur bâtimens non pontés. L'obligation de dresser le rapport à bord du bâtiment, ne concerne que ceux pontés.

Il suffit pour la validité du rapport relatif à un bâtiment non ponté, d'y énoncer l'espèce, le poids ou le nombre des objets saisis : arrêt de la cour de cassation, du 3 ventose an 10, qui a décidé que l'injonction de faire mention dans les rapports, des marques et numéros des ballots, n'était applicable qu'aux saisies faites sur bâtimens pontés. Ce principe a été confirmé par autre arrêt de la même cour, du 7 fructidor suivant : le tribunal civil de Marseille avait annullé une saisie de tabac faite à bord d'un bâtiment, sous prétexte que les préposés n'avaient point indiqué le poids particulier de chaque balle, et qu'au lieu de figurer les marques et numéros, ils s'étaient contentés de dire que ces balles ne contenaient que des marques barrées et insignifiantes. Il a enfin été maintenu par arrêts des 13 vendémiaire et 6 floréal an 11 : le dernier relatif à trois saisies d'huile faites à Marseille, et dont les rapports n'énonçaient que le nombre des barriques, l'espèce des marchandises qu'elles contenaient, et le poids total de ces barriques : le tribunal d'appel, en se fondant sur les dispositions des art. 3, 7 et 8 du tit. 4 de la loi du 9 floréal an 7, avait fait main-levée, sur le motif que les rapports n'indiquaient pas le poids en détail, et les marques des barriques. La cour de cassation a annullé ce jugement comme ayant fait une fausse application des articles précités, et a décidé que les préposés avaient rempli toutes les formalités prescrites par la loi pour les cas de saisies faites sur des bâtimens de mer non pontés.

Saisies motivées sur le faux ou l'altération des expéditions.

Le rapport énoncera le genre de faux, les

altérations ou surcharges. Lesdites expéditions, signées et paraphées des saisissans, *ne varietur*, seront annexées au rapport, qui contiendra la sommation faite à la partie de les signer, et sa réponse. *Loi du 9 floréal an 7, tit. 4, art. 4.*

Ce rapport, qui, au surplus, doit être immédiatement rédigé, est porté devant le tribunal de la compétence duquel la saisie se trouve : ce tribunal, après s'être fixé sur les pièces arguées de faux, et s'il juge qu'il y a lieu à poursuivre pour le faux, renvoie à cet effet devant le magistrat de sûreté, en suspendant d'ailleurs toutes poursuites sur le fond de la saisie jusqu'après le jugement de faux.

Saisies à domicile. Il y en a de deux sortes : les saisies de marchandises anglaises, qui peuvent se faire dans toute l'étendue de la France, et celles pour l'entrepôt dans les lieux sujets à la police frontière.

Pour pouvoir valablement saisir à domicile des marchandises autres que celles prohibées par la loi du 10 brumaire an 5, il est nécessaire de se faire accompagner dans son opération, par le maire ou son adjoint : ainsi jugé par arrêt de la cour de cassation, du 12 prairial an 10. Des préposés avaient vu introduire des cafés, en fraude, dans une maison. Au lieu de requérir l'adjoint municipal de les accompagner dans leurs opérations, à défaut de l'agent municipal qui avait donné sa démission, ils eurent recours au commissaire de police de Turnhout. Le tribunal de première instance d'Anvers s'appuya de cette circonstance pour annuller la saisie. L'Administration invoqua l'arrêté du 9 ventose an 6 : la cour décida que cet arrêté ne concernait que les saisies de marchandises anglaises.

Lorsqu'il y aura lieu de saisir dans une maison, la description des marchandises y sera faite, et le rapport y sera rédigé. *Loi du 9 floréal an 7, tit. 4, art. 7.*

Les marchandises dont la consommation n'est pas prohibée, ne seront pas déplacées, pourvu que la partie donne caution solvable pour leur valeur. *Même article.*

Si la partie ne fournit pas caution, ou s'il s'agit d'objets prohibés, les marchandises seront transportées au plus prochain bureau. *Idem.*

Celui qui occupe un appartement, est naturellement responsable de ce qui s'y trouve : ce principe constant, sans lequel tout dépôt frauduleux pourrait être couvert, a été maintenu par arrêt de la cour de cassation, du 7 floréal an 12, dans l'espèce suivante :

Un tanneur de St.-Goar, chez lequel on avait trouvé, sous les matelas d'un lit, des marchandises anglaises , prétendait qu'elles y avaient été placées à son insu par des juifs, locataires dans la même maison ; que, par son métier, il était étranger à ce commerce ; que la chambre où ces marchandises avaient été trouvées , n'était point fermée à clef. Ces considérations avaient déterminé le tribunal criminel de Rhin-et-Moselle à ne prononcer, conformément au jugement de première instance, que la confiscation des marchandises , sans amende ; ce qui a donné lieu à l'arrêt de la cour de cassation.

Tous les condamnés sur une saisie sont solidaires. *Loi du 4 germinal an 2, tit. 6, art.* 22.

Il est défendu à toute autorité judiciaire de donner des décisions sur les saisies.

Chacune doit être l'objet d'un rapport.

SELS. Le droit auquel ils sont assujettis, est fixé par la loi du 24 avril 1806. L'article qui en détermine la quotité, ainsi que le décret du 11 juin suivant, qui prescrit les formalités propres à prévenir les fraudes et à concilier la sûreté de la perception avec les facilités dues au commerce et à la pêche, sont imprimés à la suite de la dernière édition du Tarif des droits de douanes : on n'a à traiter ici que des peines infligées pour contravention aux réglemens sur cette partie.

Les sels transportés dans l'étendue des trois lieues soumises à la surveillance des préposés des douanes, sans être accompagnés d'un acquit-à-caution, seront saisis et confisqués. *Art. 7 du décret impérial du 11 juin 1806.*

Ceux qui circuleraient dans la même étendue de territoire, avant le lever ou après le coucher du soleil, seront soumis aux mêmes peines, si le congé ou acquit-à-caution ne porte une permission expresse de transport pendant la nuit. *Même article.*

Ceux transportés dans le rayon de trois lieues des côtes de tout l'Empire (1), soit qu'il y existe ou non des marais salans, salines et fabriques de sel, sans déclaration préalable au bureau le plus prochain du lieu de l'enlèvement, et sans être accompagnés des congés ou acquits-à-caution prescrits, seront saisis et confisqués, ainsi que les chevaux, ânes, mulets et voitures

---

(1) Cette distance doit se mesurer , 1°. du rivage de la mer vers l'intérieur , pour la partie des côtes située immédiatement sur la mer ; 2°. pour les rivières affluentes à la mer , de chaque point du bord de ces mêmes rivières , en rentrant aussi vers l'intérieur des terres , et ce jusqu'au dernier bureau des douanes. *Décision de S. Ex. le ministre des finances , du 31 mars 1807.*

employés au transport ; et les conducteurs seront, en outre, condamnés à une amende de
100 fr., conformément à l'art. 57 de la loi du
24 avril. *Décret du 25 janvier 1807, art. 2.*

Il ne pourra être établi aucune fabrique,
chaudière de sel, sans une déclaration préalable
de la part du fabricant, à peine de confiscation
des ustensiles propres à la fabrication, et de
100 fr. d'amende. *Art. 51 de la loi d'avril.*

Tous propriétaires d'ateliers de salaisons, qui,
sans déclaration préalable, employeront du sel
en salaisons de poissons, ou qui en auront en
dépôt dans les lieux où se font ces salaisons,
devront justifier qu'ils ont acquitté ou soumis-
sionné le droit ; et, à défaut de cette preuve, ils
encourront la saisie et confiscation du sel et des
salaisons trouvés chez eux, avec une amende du
double des droits fraudés. *Art. 40 du décret
du 11 juin.*

S'il résulte de la vérification dans leurs magasins ou ateliers, que la quantité de poisson
pressé n'est pas proportionnée à la quantité de
sel prétendue consommée, ils seront condamnés
à payer une amende de 100 fr., et, en outre,
le double des droits fraudés. *Art. 43.*

Ceux qui recevront dans leurs magasins ou
ateliers, des sels dont les droits n'auraient pas
été acquittés ou soumissionnés, seront con-

(318)

damnés à payer une amende de 100 fr., et le triple des droits fraudés. *Art.* 45.

Les mêmes peines seront prononcées contre ceux qui, pour masquer la fraude, supposeront des salaisons qu'ils n'ont pas faites, ou substitueront dans des barriques ou barils, à des poissons salés, toutes autres matières. *Art.* 46.

Si la quantité de poisson salé représentée par un maître de chasse - marée ou chaloupe, à son arrivée dans un port, n'était pas proportionnée à la quantité de sel consommée, ce maître payera une amende de 100 fr., et, en outre, le triple du droit dont le sel non représenté aurait été susceptible. *Art.* 53.

Il encourra la même peine, s'il se trouvait à son bord du sel neuf dont il n'aurait pas fait la déclaration, et, en outre, la confiscation du sel. *Art.* 54.

Dans l'un et l'autre cas, son bâtiment pourra être retenu pour sûreté de l'amende. *Méme art.*

Si ce maître n'était pas porteur d'un acquit-à-caution pour justifier que le sel qui a été employé à des salaisons, a été levé aux marais salans de France, et que les droits en ont été préalablement assurés, les salaisons et le sel qui se trouveront à son bord seront confisqués, avec amende de 100 fr. *Art.* 50.

Mêmes peines pour celui rencontré en mer

par une embarcation des douanes, sans être muni d'une expédition qui justifie l'origine du sel existant à son bord, et que les droits en ont été cautionnés. *Art.* 51.

Les soumissionnaires et leurs cautions doivent s'engager, en cas de non rapport de certificat de décharge, à acquitter l'impôt sur les sels portés dans l'acquit-à-caution, et à payer de plus une amende de 500 fr. *Circulaire du* 18 *juillet* 1806.

Les excédans sur les quantités expédiées par acquit-à-caution, donnent lieu à la saisie, conformément à l'art. 76 de la loi du 8 floréal an 11, toutes les fois qu'ils sont au-dessus du 20e. des quantités portées en l'acquit-à-caution. *Circulaire du* 7 *octobre* 1806.

Les procès-verbaux de fraudes et contraventions pour les sels, sont assujettis aux formalités prescrites par les lois aux employés de la régie des douanes. Les condamnations seront poursuivies par voie de police correctionnelle, conformément aux dispositions des mêmes lois, et punies de la confiscation des objets saisis, etc., et de l'amende de 100 fr. *Art.* 57 *de la loi d'avril.*

Cette amende est encourue individuellement, et non collectivement, par tous porteurs pris en fraude, faisant partie d'un même attroupement quoique sans armes, et désignés dans un seul procès-verbal (1). *Lettre de son excellence le grand juge, ministre de la justice, du 17 septembre 1806, à MM. les procureurs généraux impériaux près les cours de justice criminelle des départemens où il existe des salins.*

Toutes les saisies qui donneront lieu à la confiscation des sels, emporteront aussi celle des chevaux, ânes, mulets, voitures, bateaux et autres embarcations employés au transport. *Décret du 11 juin, art. 16.*

En cas de saisie de chevaux, mulets et autres moyens quelconques de transport de sel, en contravention à la loi, dont la remise sous caution aura été offerte par procès-verbal, et refusée par la partie, il sera procédé à la vente par enchère desdits objets, à la diligence de l'Administration des douanes, en vertu de la permission du juge de paix le plus voisin. *Décret du 20 novembre 1806, art 1er.*

L'ordonnance du juge de paix portant *permis de vendre*, sera signifiée, dans le jour, à la partie saisie, si elle a un domicile réel ou élu dans le lieu de l'établissement du bureau de la douane;

---

(1) On doit conclure, dans tous les rapports, d'après ce principe conforme à l'esprit de la loi.

et, à défaut de domicile connu, au maire de la commune, avec déclaration qu'il sera procédé immédiatement à la vente, tant en absence qu'en présence, attendu le péril de la demeure. *Art.* 2.

Il n'est pas dérogé, pour le jugement du fond, à l'article 57 de la loi du 24 avril, qui en attribue la connaissance aux tribunaux de police correctionnelle. *Art.* 3.

SERMENT. (V. NULLITÉS.)

SIGNIFICATIONS *des jugemens.* Celles de tous jugemens rendus sur saisies, doivent être faites, soit à la partie saisie, soit au préposé indiqué par le rapport. *Loi du 14 fructidor an 3, art.* 11.

Celles à la partie sont faites à son domicile, si elle en a un réel ou élu dans le lieu de l'établissement du bureau; sinon à celui du maire de la commune. *Même article.*

Les significations à l'Administration des douanes sont faites au receveur poursuivant. *Même article.*

Les jugemens rendus contre des inconnus, doivent être signifiés au maire de la commune du lieu de l'établissement du bureau où les marchandises saisies ont été déposées.

Pour ceux relatifs aux étrangers, voyez *ce mot.*

Le code pénal applicable aux saisies de marchandises anglaises et de grains, paraît dispenser
des significations; cependant il est plus régulier
de les faire, et quand il n'y a pas de signification
d'appel de la part du prévenu, on ne doit exécuter le jugement qu'après s'être assuré au greffe
que l'appel n'y a point été déclaré.

Au moyen de cette signification faite au prévenu, on obtient les fins du jugement.

Quand on veut signifier un acte, il faut en
faire copie, et terminer par la formule suivante :

Signifié et délivré copie de   ci-dessus
au sieur   parlant à   afin qu'il n'en
ignore, par nous   à ce autorisés en
notre qualité.

A   le

Formule de signification.

L'an   le   à la requête de M. le
Directeur général et de MM. les administrateurs des douanes impériales, pour lesquels
domicile est élu
nous soussignés (*noms et qualités des employés
qui exploitent*) avons signifié et laissé copie au
sieur   (*son domicile, ou, à son défaut,
celui de droit*) en son domicile, en parlant à
          à ce qu'il n'en ignore, et ait à y

satisfaire; nous lui avons également laissé copie du présent original.

Le tribunal criminel du département de l'Escaut avait déclaré nul, le 15 messidor an 6, un acte d'appel contenant assignation par des préposés des douanes, sous prétexte qu'il ne faisait pas mention des noms, surnoms et domiciles des exploitans. La cour de cassation a annullé ce jugement, le 7 brumaire an 7, attendu qu'aucune loi n'impose aux préposés des douanes l'obligation de se conformer, à l'égard des significations qu'ils sont autorisés à faire, à ce que prescrit l'ordonnance de 1667 sur les significations en général.

Cette signification doit, à peine de nullité, être enregistrée, dans les quatre jours, au bureau de la résidence des exploitans ou de celle de la partie. *Art.* 20 *de la loi du* 22 *frimaire an* 7.

SOLIDARITÉ. Celle des condamnations contre plusieurs personnes, pour un même fait de fraude, a lieu tant pour la restitution des marchandises confisquées dont la remise provisoire a été faite, que pour l'amende et les dépens. *Loi du* 22 *août* 1791, *tit.* 12, *art.* 3.

SOMMATION. Celle de comparaître dans les

vingt-quatre heures de la clôture du **rapport,**
ne doit être faite au prévenu qu'en matière civile : ainsi jugé par la cour de cassation, les 8 et
16 germinal an 7, en réformant deux jugemens
du tribunal criminel de l'Escaut, du 14 pluviose
précédent, lesquels faisaient main-levée de
marchandises anglaises saisies, sur le fondement que la formalité de l'assignation n'avait
pas été remplie.

Substituts *des procureurs généraux impériaux près les cours de justice criminelle.*

Dans le cas de simple fraude, c'est à eux,
magistrats de sûreté pour l'arrondissement dans
lequel la fraude a été commise, que les procès-
verbaux (rapports) doivent être remis, comme
on le voit aux mots Contrebandiers *avec attroupement. Arrêté du 4 complémentaire
an 11, art. 6.*

Ils sont tenus de décerner le mandat de dépôt
contre les prévenus de contrebande et leurs
complices, s'ils ne sont pas déjà en arrestation ;
de requérir la délivrance du mandat d'arrêt ;
de dresser l'acte d'accusation, lorsqu'il y a lieu ;
et, toutes autres affaires cessantes , de faire
traduire les prévenus devant le tribunal d'arrondissement jugeant correctionnellement : le tout
sans aucune espèce d'interruption ni de retard,

et sous leur responsabilité personnelle. *Art.* 7.

Ils sont également tenus de rendre compte aux procureurs généraux impériaux près les cours de justice criminelle, de toutes les poursuites qu'ils ont faites pour contravention aux lois qui prohibent les marchandises de contrebande. *Art.* 11.

Sucres candis. Ce sont des sucres raffinés au premier degré : ils sont conséquemment compris dans la prohibition de la loi, sous la dénomination générique de *Sucre raffiné* : ainsi jugé, les 15 et 29 nivose an 9, par la cour de cassation.

Sucres raffinés. Les individus qui en introduisent, doivent être poursuivis conformément à la loi du 10 brumaire, et à l'art. 5 de l'arrêté du 4ᵉ. complémentaire an 11.

Suspicion de fraude *dans un bâtiment.* En ce cas, les préposés peuvent faire transporter des navires au bureau, les caisses, ballots, etc., pour être procédé à leur visite. *Loi du* 22 *août* 1791, *tit.* 13, *art.* 8.

Ou les visiter dans le navire même, en en requérant l'ouverture. *Décret du* 4 *germinal an* 2, *tit.* 2, *art.* 8.

Suisse. Le traité d'alliance passé, le 23 fructidor an 6, entre le gouvernement français et la république helvétique, porte (*article* 11) que les jugemens définitifs en matière civile, ayant force de chose jugée, rendus par les tribunaux français, seront exécutoires en Suisse, et réciproquement, après qu'ils auront été légalisés par les envoyés respectifs.

Ainsi, lorsqu'à raison d'une contravention aux lois des douanes, un jugement portant confiscation avec amende, est obtenu contre un Suisse, l'expédition de ce jugement doit être adressée à son excellence le grand - juge pour qu'il certifie véritable la signature du greffier, qui est au bas de cette expédition : elle doit ensuite recevoir la légalisation du ministre des relations extérieures ; et enfin sur cette légalisation, celle du ministre Helvétique en France est apposée.

Cet article du traité énonçant particulièrement et uniquement les jugemens en matière civile, ceux rendus en toute autre matière, quoique portant condamnations civiles, ne sont point exécutoires en Helvétie. *Lettre de S. E. le grand-juge, du* 6 *floréal an* 7.

Pour que l'habitant Suisse soit justiciable d'un tribunal français, il faut qu'il ait été pris en flagrant délit, ou saisi et arrêté sur le territoire français où le délit a été commis. *Même lettre.*

T.

Tableau indicatif des bureaux. (V. Bureau.)

Tarif. Celui des droits dont la perception est confiée à l'Administration des douanes, et les différentes lois rendues pour son exécution, doivent être dans tous les bureaux, et communiqués à ceux qui voudront en prendre connaissance. *Loi du 22 août* 1791 *, tit.* 13 *, art.* 3.

Témoins. Dans les affaires qui sont de la compétence des tribunaux de première instance, on procède par audition de témoins : ainsi, dans les saisies de grains ou de marchandises anglaises, il peut en être entendu; ce qui n'empêche pas que les procès-verbaux des employés ne soient crus jusqu'à inscription de faux. Mais, si les témoins attaquent le fond du rapport sans que cette inscription ait eu lieu, le tribunal ne peut avoir égard à leurs dépositions : elles doivent donc se borner à des développemens sur les circonstances accessoires de l'affaire.

Territoire étranger. Quand on met en question si le territoire dans lequel il a été fait une saisie, est étranger, le gouvernement peut seul statuer sur cette question : ainsi jugé, le 9 fructidor an 8, à l'occasion d'une saisie de marchandises anglaises faite à l'endroit appelé les Cressonnières, dont il est parlé aux mots Régime des Douanes. Les prévenus avaient prétendu que ce lieu ne faisait point partie du territoire français, et le tribunal criminel du Jura l'avait décidé.

Timbre *des expéditions de douanes.* Le prix doit en être remboursé. *Loi du 22 août* 1791, *tit.* 1er., *art.* 7.

Les passavans délivrés pour le transport et la circulation des denrées et marchandises dans les deux myriamètres des frontières, en ont été exemptés. *Loi du 22 ventose an 12, article 24.*

Cette dispense est d'autant plus juste que les habitans des deux myriamètres éprouvent assez de gêne par une police que commande l'intérêt général, sans avoir encore à supporter les frais de timbre des expéditions.

Les acquits-à-caution délivrés pour la circulation des grains, et les certificats des maires et adjoints, relatifs au transport desdits grains, en sont également exempts. *Même article de la loi du 22 ventose.*

Cette exemption est limitée, pour les marchandises, aux deux myriamètres des frontières de terre, et pour les grains, à ces deux myriamètres et à la circulation près des côtes.

La formalité est maintenue pour les marchandises envoyées par mer d'un port dans un autre, pour celles qui empruntent le territoire étranger, ou que l'on conduit par le Rhin, et pour le transport des drilles et des tabacs dans le myriamètre des côtes. *Circulaire du 5 pluviose an 12.*

THONON. Cette ville était, par sa situation sur les bords du lac de Genève, ouverte à toutes les marchandises étrangères, et quand des objets prohibés y étaient une fois introduits, on ne pouvait ni les saisir, ni en refuser l'expédition pour l'intérieur, sa population excédant deux mille ames.

Une loi, du 19 vendémiaire an 6, a pourvu aux abus qui résultaient de cette position.

D'après les art. 1er. et 2, chaque commerçant qui tire de l'étranger, à la destination de Thonon, des marchandises sujettes à un droit de vingt francs par cinq myriagrammes, et qui se propose de les mettre en circulation, est tenu, à l'arrivée de ces marchandises, de les faire inscrire sur un registre , et de déposer au bureau l'acquit de payement des droits. Lorsqu'il tire de l'intérieur des marchandises assujetties à ce droit, ou de même nature que celles prohibées à l'entrée, il doit requérir la même inscription, qui lui sera accordée sur la représentation de l'acquit-à-caution ou du passavant dont les marchandises auront été accompagnées.

Il ne sera accordé de passavans et autres expéditions pour les objets ci-dessus que l'on voudra enlever de Thonon à une destination ultérieure, qu'autant qu'ils auront été inscrits sur le registre désigné. *Art.* 3.

TRAITÉ DE COMMERCE. La nécessité d'en exécuter les conditions , nonobstant toutes lois particulières , résulte du principe général et de droit public, que les conventions entre deux puissances ne peuvent être changées que par des lois constitutionnnelles, ou par un nouveau traité entre les deux parties contractantes , et jamais par les lois particulières que l'une d'elles aurait faites pour sa police et son régime intérieur.

TRANSACTION. C'est une convention par laquelle on prévient ou on termine une contestation. La transaction étant un acte synaliagmatique, ne peut être révoquée que de la même manière dont elle a été formée.

· L'Administration des douanes est autorisée à transiger sur les procès relatifs aux contraventions aux lois qui régissent cette partie, soit avant, soit après le jugement. *Arrêté du 14 fructidor an 10, art. 1er.*

D'après l'art. 2, les transactions sont définitives, 1°. avec l'approbation du directeur sur les lieux, lorsque, sur les procès-verbaux de contraventions et saisies, les condamnations et amendes à obtenir ne s'élèvent pas à plus de 500 fr.;

2°. Avec l'approbation du Directeur général des douanes, lorsque lesdites condamnations s'élèvent de 500 fr. à 3000 fr.;

3°. Avec l'approbation du ministre des finances, lorsqu'elles s'élèvent de 3 à 10,000 fr.;

4°. Avec un arrêté du gouvernement, lorsqu'elles s'élèvent à plus de 10,000 fr.

La faveur accordée aux parties ayant principalement pour motif qu'il est plus avantageux de terminer promptement les procès de fraude que d'épuiser les lenteurs des tribunaux et les ressources de la chicane, les préposés ne peuvent consentir de transaction sur les affaires jugées en dernier ressort : il leur a même été défendu, ainsi qu'on en indique les motifs aux mots EXAMEN DES AFFAIRES, d'en faire aucune, même en cas de non jugement, et quel que fût le montant des condamnations encourues, sans en avoir référé au Conseiller d'état Directeur général. *Circulaire du* 27 *pluviose an* 12.

TRANSPORT *des marchandises.* Après le permis délivré, il doit être fait à bord des bâtimens, ou, par terre, à l'étranger ou dans l'intérieur, immédiatement et sans délai, sans emmagasinage ou transport rétrograde. *Décret du 4 germinal an* 2, *tit.* 3, *art.* 2.

TRIBUNAUX. Ils sont institués pour juger les constestations qui surviennent entre les citoyens, et punir les délits qui compromettent l'ordre social.

Les tribunaux sont ou civils ou criminels : la jurisprudence civile est composée des tribunaux de paix, des tribunaux civils d'arrondissement et des cours d'appel ; la jurisprudence criminelle, des tribunaux de police correctionnelle, des jurys, des cours criminelles et des cours de justice criminelle spéciale.

La jurisprudence des douanes embrassant le civil et le criminel, les préposés doivent connaître les principales dispositions des lois judiciaires, en ce qui concerne la composition des tribunaux et leurs différentes formes de procéder. Voici celles qui doivent fixer plus particulièrement leur attention, et qui sont propres à chaque tribunal.

Tribunaux de paix. Chaque juge de paix remplit seul les fonctions, soit judiciaires, soit de conciliation, qui sont attribuées aux justices de paix par les lois actuelles. *Loi du 29 ventose an* 9, *art.* 2.

En cas de maladie, absence ou autre empêchement du juge de paix, ses fonctions sont remplies par un suppléant. *Art.* 3.

A cet effet, chaque juge de paix a deux suppléans. *Même art.*

Lorsqu'une des parties citées ne comparaît pas, il intervient jugement par défaut. *Loi du 26 octobre* 1790, *tit.* 3, *art.* 2.

La partie condamnée par défaut, peut former opposition au jugement, dans les trois jours francs de la signification (ainsi qu'il est dit au mot *Opposition*) en vertu d'une cédule qu'elle obtient du juge de paix, et qu'elle fait notifier à l'autre partie. *Art.* 3, *et code de procédure,* *art.* 20.

La partie opposante qui se laisserait juger une seconde fois par défaut sur son opposition,

n'est plus reçue à former une nouvelle opposi-
sition ; et le tribunal de première instance ne
peut, dans aucun cas, recevoir l'appel d'un
jugement du tribunal de paix, lorsqu'il a été
rendu par défaut. *Art. 4 du tit. 3 de la loi
de 1790, et 22 du code de procédure.*

Tribunaux civils d'arrondissement. Ils doivent, aux termes de l'art. 20 de l'acte constitutionnel de l'an 3, se diviser en sections, et,
d'après l'art. 16 de la loi du 30 germinal an 5,
chaque section du tribunal civil d'arrondissement,
en cas d'empêchement momentanée de quelques uns des juges, ou de l'absence des suppléans,
a la faculté d'appeler un ou deux citoyens du
nombre de ceux qui sont dans l'usage d'exercer
le ministère de défenseur officieux, à l'effet de
completter instantanément le nombre de juges
requis pour le jugement du procès.

De la nécessité de cette division, il résulte
que chaque section a une compétence particulière, et que des juges d'une section appelés
sans nécessité dans l'autre destinee à juger, y
sont sans pouvoir ; que la loi du 30 germinal
an 5, en autorisant une section à appeler des
juges d'une autre, ne s'applique qu'à ceux nécessaires pour completter le nombre fixé pour
rendre un jugement valable, et non au-delà :

aussi des juges d'une section, autre que celle compétente , ayant été appelés sans nécessité pour un jugement, ce jugement a été annullé par arrêt de la cour de cassation, du 13 messidor an 9, rendu au préjudice de l'Administration.

Il existe un tribunal civil par sous-préfecture ou arrondissement communal.

La loi du 27 ventose an 8, art. 7, a attribué à ces tribunaux, en premier et dernier ressort, dans les cas déterminés par la loi, la connaissance des matières civiles, également celle des matières de police correctionnelle : ils prononcent sur l'appel des jugemens rendus en premier ressort par les juges de paix.

Les jugemens de tous tribunaux d'arrondissement, ou correctionnels (lorsqu'il s'agit de délits), ne peuvent être prononcés par moins de trois juges. *Art.* 16.

Les appels de ceux qu'ils rendent dans les saisies de grains, se portent aux cours de justice criminelle.

Tribunaux spéciaux. (V. *Cours de justice criminelle spéciale.*)

TROUPES DE LIGNE. Il leur est enjoint d'arrêter tous individus qui introduisent des marchandises de fabrique ou du commerce anglais, ou qui les vendent ou les entreposent dans l'intérieur, ou qui tentent d'introduire des marchandises de contrebande, soit par versemens faits hors la présence des préposés des douanes, soit en évitant les bureaux frontières. *Arrété du 4e. complémentaire an 11, art. 1er.*

Elles doivent se conformer à ce qui est dit au mot MAIN-FORTE, et sont sujettes à toutes les dispositions qu'il contient.

U.

Usines. (V. Fabriques.)

V.

Vaisseaux de guerre, *ou tous autres de l'État.*

Les capitaines et commandans des vaisseaux de guerre, et ceux de tous autres bâtimens employés au service de la marine de l'état, sont tenus de remplir, soit à l'entrée, soit à la sortie, toutes les formalités auxquelles sont assujettis, par ce titre, les capitaines de navires marchands ; et ce, sous les mêmes peines, sans néanmoins que les bâtimens appartenant à l'état puissent être retenus sous aucun prétexte. *Loi du 22 août* 1791, *tit.* 2, *art.* 7.

Les préposés des douanes peuvent faire toutes visites dans ces vaisseaux, en requérant les commandans de la marine dans les ports, les capitaines desdits vaisseaux ou les officiers des états-majors, de les accompagner ; ce qu'ils ne pourront refuser, à peine de 500 liv. d'amende : et, en cas de contravention constatée sur lesdits bâtimens, les capitaines et officiers seront soumis aux peines portées contre ce délit. *Tit.* 13, *art.* 10 *de la même loi.*

Lesdites visites ne peuvent toutefois être faites après le coucher du soleil. *Même article.*

VALEUR DES MARCHANDISES. Elle doit être énoncée dans les déclarations, dans les acquits-à-caution pour marchandises prohibées à la sortie, et dans les manifestes relatifs aux bâti-mens au-dessus de cent tonneaux, chargés de marchandises anglaises.

VENTE DE MARCHANDISES *abandonnées ou naufragées.* (V. ABANDON *et* NAUFRAGE.)

Vente de marchandises sujettes à dépéris-sement, quand les propriétaires en ont refusé la remise sous caution. Elle peut être faite en vertu de la permission du juge, laquelle sera signifiée aux parties. *Loi du* 22 *août* 1791, *tit.* 10, *art.* 16.

Si les circonstances de la saisie obligent le juge d'accorder à la partie un délai (lequel ne pourra toutefois excéder trois jours), le juge-ment de renvoi autorisera la vente provisoire des marchandises sujettes à dépérissement, et des chevaux saisis, dont il n'aura pas été donné main-levée. *Loi du 9 floréal an 7, tit. 4, art. 13.*

En cas de jugement portant main-levée, dont la régie est appelante, si la partie ne demande pas la remise des marchandises saisies, dans les huit jours de la date du jugement, la vente peut en être faite, dans les trois jours de l'annonce à la partie, soit à son domicile, ou par affiche à la porte de la maison commune et à celle du bureau. *Loi du 14 fructidor an 3, art. 5.*

On avait induit des dispositions de ce dernier article, que celles du précédent étaient rapportées, et que la vente des objets saisis, même sujets à dépérissement ou à des frais de fourrière, ne pouvait être faite et ordonnée que dans le cas et après les délais déterminés par cet art. 5: le ministre de la justice a fait connaître aux procureurs impériaux près chaque tribunal civil des départemens frontières, qu'aucune loi n'avait dérogé aux dispositions de l'art. 16 du tit. 10 de celle de 1791, lequel devait toujours avoir son exécution.

Cette vente a lieu, soit que la partie comparaisse ou non. Toute opposition est non recevable. *Même art. 5 de la loi du 14 fructidor.*

Lorsqu'il est sursis, conformément à l'art.

536 du code des délits et des peines, au jugement d'une contravention , jusqu'après celui de l'inscription de faux, l'on peut faire la vente des marchandises sujettes à dépérissement, et des chevaux. *Arrêté du* 4e. *complémentaire an* 11, *art.* 9.

Vente de marchandises confisquées. S'il n'y a pas d'appel dans la huitaine de la signification du jugement, le neuvième jour, le receveur du bureau en indiquera la vente, par une affiche signée de lui, et apposée tant à la porte du bureau qu'à celle de l'auditoire du juge de paix, et procédera à la vente cinq jours après. *Loi du* 14 *fructidor an* 3 , *art.* 7.

Cette vente doit être publique. *Art.* 8.

Les marchandises peuvent être transférées dans la douane où cette vente se ferait plus avantageusement; mais les frais de transport doivent être prélevés sur la part des employés, sans que celle du trésor public en puisse être grevée.

Versement de bord a bord. Il ne peut en être fait qu'en présence des préposés. *Loi de* 1791, *tit.* 13, *art.* 11.

Celui effectué par suite de relâche forcée, ne donne point lieu au payement des droits, sinon dans le cas où le capitaine serait obligé de vendre partie de son chargement. *Tit. 6, art. 2.*

VISITES DOMICILIAIRES : doivent être faites dans l'étendue de la ligne frontière par les préposés ; dans l'intérieur, par les commissaires généraux ou commissaires de police dans les lieux où il y en a d'établis ; et par-tout ailleurs, par le juge de paix du canton. *Arrêté du 4e. complémentaire an 11, art. 2.*

Lorsque les officiers municipaux d'une commune et le juge du lieu refusent d'accompagner les employés, ceux-ci peuvent obtenir de l'Administration départementale un arrêté qui, à raison de ce refus ou empêchement, commette, pour les assister, un lieutenant ou commandant de gendarmerie ; la visite est alors légale : ainsi jugé par arrêt de la cour de cassation, du 15 frimaire an 9, qui a infirmé, comme contraire aux art. 36 et 39 du tit. 13 de la loi du 22 août 1791, un arrêt de la cour de justice criminelle des Deux-Nèthes, qui avait jugé différemment, relativement à une saisie de sucre faite, en vertu d'un pareil arrêté, dans une maison où les employés avaient vu entrer les porteurs.

Un adjoint municipal, pour assister les préposés des douanes dans l'exercice de leurs fonctions, en l'absence du maire, n'a pas besoin d'une délégation de celui-ci. Arrêt de la cour de cassation, du 9 frimaire an 12. La cour de justice criminelle du département de Rhin-et-Moselle, qui avait annullé le rapport des préposés, était motivé sur un arrêté des Consuls, du 2 pluviose an 9, portant que les maires seraient seuls chargés de l'administration, et auraient seulement la faculté de déléguer aux adjoints une partie de leurs fonctions. La cour suprême a jugé 1°. que, pour la validité de l'opération des préposés, il avait suffi qu'ils fussent accompagnés d'un fonctionnaire ayant caractère et qualité; 2°. que les adjoints sont appelés par la loi même à l'exercice de toutes fonctions municipales, lorsque les maires ne peuvent les remplir par eux-mêmes pour cause d'absence ou tout autre empêchement (et celui-ci était absent); 3°. que l'art. 7 de l'arrêté du 2 pluviose an 9, chargeait spécialement les maires de l'administration, et leur donnait la faculté de déléguer à leurs adjoints une partie de leurs fonctions; que cette disposition ne pouvait avoir pour objet que de régler l'exercice de ces mêmes fonctions, et de prévenir les inconvéniens d'une concurrence indéfinie; qu'ainsi cet art. 7 avait été mal interprêté, et qu'il y avait contravention formelle à l'art. 11 de la loi de brumaire an 5,

et à l'art. 13 de celle du 28 pluviose an 8.
(V. *Entrepôts et magasins.*)

VISITE DES MARCHANDISES. Elle peut être faite
dans chaque bureau d'entrée et de sortie sur la
route. *Décret du 4 germinal an 2, tit. 3,
art. 3.*

Les visites ne peuvent avoir lieu qu'en présence des maîtres des bâtimens ou voituriers,
propriétaires de marchandises, ou de leurs facteurs : en cas de refus de leur part d'y assister,
les marchandises restent en dépôt au bureau,
et il en est usé, à cet égard, comme dans le
cas des marchandises restées dans les douanes
faute de déclarations en détail. *Loi du 22 août
1791, tit. 2, art.* 16. (V. aussi IMPORTATIONS,
EXPORTATIONS *et* DÉCLARATIONS.)

VIVRES *et* AVITUAILLEMENT DES NAVIRES.
Ceux des navires étrangers doivent, à leur arrivée, être déclarés dans le même délai et dans
la même forme que les marchandises composant
le chargement. *Loi de 1791, tit. 8, art.* 1er.

VOIES DE FAIT *contre les préposés des
douanes.* Une saisie ou tout autre acte peut être
l'occasion d'injures ou voies de fait contre les
préposés, soit par des particuliers ou tous autres

qui auront voulu favoriser l'importation de la fraude ou de la contrebande.

Voyez, à cet égard, ce qui est prescrit par l'arrêté du 4e. complémentaire an 11.

VOITURES ET ÉQUIPAGES. Ils sont saisissables dans tous les cas de contravention aux lois de prohibition à l'entrée et à la sortie. (V. PROHIBITION.)

Ils peuvent être retenus pour sûreté des condamnations, dans le cas où, lors de la visite, les balles, ballots, caisses, etc., se trouvent en moindre nombre que celui porté en la déclaration. (V. DÉCLARATIONS.)

La remise des bâtimens, bateaux, voitures, chevaux et équipages saisis pour toute autre cause que pour prohibition de marchandises dont la consommation est défendue, doit être offerte sous caution solvable. (Voyez RAPPORT.)

L'art. 5 du tit. 4 de la loi du 9 floréal an 7, qui porte cette disposition, est impératif pour le cas qu'il prévoit; mais il ne contient ni injonction ni défense positive pour les autres cas : il peut donc, à l'égard de ces derniers, être considéré comme purement facultatif, d'après les circonstances. Or, comme il en existe beaucoup où la garde, même momentanée, des che vaux et voitures servant au transport, pourrait occasionner de grands frais, il ne peut qu'être utile aux intérêts de l'état d'offrir la remise, sous caution solvable, de ces chevaux et voitures, même quand ils auraient servi à l'importation de marchandises prohibées, autres cependant que celles dont la consommation est défendue; ce qui doit être abandonné à la prudence des employés supérieurs.

On ne pourrait, au surplus, faire de cette offre un moyen de nullité, sans ajouter à la loi, et sans supposer qu'en ordonnant telle mesure, elle a implicitement interdit telle autre. Ainsi, dans le cas où la remise, sous caution, d'objets prohibés mais non défendus à la consommation, ayant eu lieu, on arguerait de cette remise pour déclarer la saisie nulle, il conviendrait d'interjeter appel du jugement.

Voitures publiques. Leurs conducteurs ne peuvent avoir aucuns objets qui ne soient portés sur leurs feuilles de voyage, à peine de confiscation et de 300 liv. d'amende. *Décret du 4 germinal an 2, tit. 3, art. 8.*

Les voitures et chevaux seront également confisqués, et les fermiers ou régisseurs intéressés seront solidaires avec le conducteur pour l'amende de 300 liv. *Même article.*

, Mais lesdits fermiers, régisseurs ou entrepreneurs ne peuvent être responsables qu'autant que les marchandises saisissables ne sont point chargées sur leurs livres. *Décision du 12 ventose an 7.*

La faveur n'est cependant applicable qu'aux fermiers-régisseurs des messageries nationales; elle ne peut avoir lieu pour le propriétaire d'une diligence particulière : ainsi jugé par arrêt de la cour de cassation, du 17 brumaire an 14, annulant celui de la cour de justice criminelle du département du Haut-Rhin, relatif à des marchandises prohibées saisies sur une diligence particulière allant de Colmar à Bâle. Les entrepreneurs de la diligence, condamnés par le tribunal correctionnel, avaient été déchargés par la cour d'appel, sous prétexte qu'eux et le conducteur étaient à couvert de toute atteinte, par l'inscription sur la feuille et le chargement fait par l'expéditeur. La cour d'appel était tombée dans l'erreur ; car il résultait de la vérification, qu'il n'y avait pas d'identité entre les marchandises trouvées sur la voiture, et celles indiquées par le chargement sur la feuille. Ces considérations ont motivé l'arrêt de la cour de cassation qui a cassé celui de la cour criminelle comme contrevenant à la loi de 1791, et faisant une fausse application des décisions des 6 et 12 ventose an 7, que ledit arrêt a qualifié d'arrêtés.

ÉTAT,

PAR ORDRE TOPOGRAPHIQUE,

Des bureaux de douane et de navigation maritime ; indication de leur composition, et quotité du traitement affecté à chaque emploi.

Nota. Les bureaux destinés uniquement à la perception du droit sur les sels , sont marqués d'une astérisque *.

Lorsqu'on n'indique pas le traitement d'un emploi, c'est qu'il est de 800 fr.

DIRECTION DE BAYONNE.

Cette direction embrasse une partie des frontières des Hautes-Pyrénées, celles des Basses-Pyrénées , les côtes du même département et de celui des Landes.

M. GALIEN , directeur.

M. DOCTEUR , receveur à Bayonne.

Principalité d'Argelez.

1re. ligne. Luz , receveur, 600 f. : Cauterets , receveur, 500 : Arrens , receveur, 500.

2e. ligne. ARGELEZ, receveur, 1200 f.

Principalité de Bedous.

1re. ligne. Larruns, receveur : Urdos, receveur, 1000 f. ; visiteur, 700 : Lescun, receveur, 600 : Arrête, receveur, 500 : Licq, receveur : Larrau, receveur.

2e. ligne. BEDOUS, receveur, 1600 f. ; visiteur, 1100; commis.

Principalité de Saint-Jean-Pied-de-Port.

1re. ligne. Lecumbery, receveur, 500 f. : Saint-Michel, receveur : Roqueloux, receveur : Arnéguy, receveur, 1000; visiteur, 700 : Lasse, receveur : Les Aldudes, receveur : Baigorry, receveur : Bidarray, receveur, 500.

2e. ligne. SAINT-JEAN-PIED-DE-PORT, receveur, 1600 fr.; visiteur, 1100 : Hélette, receveur, 600.

Principalité de Saint-Jean-de-Luz.

1re. ligne. Basse-Boure, receveur : Ainhoa, receveur, 1600 f.; visiteur, 1000 : Cambo, receveur : Sarre, receveur : Olhette, receveur, 1000; visiteur, 700 : Behobie, receveur, 1600; visiteur, 1000 : Hendaye, receveur, 600.

2e. ligne. Ustaritz, receveur, 600 f. : SAINT-JEAN-DE-LUZ (1), receveur, 1800; deux visiteurs à 1400; commis, 1000 : Arcangous, receveur, 600.

BAYONNE, indépendant.

Receveur, 4000 f.; contrôleur aux visites sous-ins-

____

(1) S.-Jean-de-Luz est en seconde ligne par terre.

pecteur, 3ooo; commis principal à la navigation, 2600;
contrôleur d'entrepôt, 2600 ; deux receveurs aux déclarations à 2008; vérificateur-liquidateur, 2000; trois
vérificateurs à 1900; deux commis à 1500; *idem*, 1200;
deux aide-vérificateurs à 1000; commis de recette,
1300.

DIRECTION DE BORDEAUX.

Elle comprend les côtes du département de la Gi-
ronde, et partie de celles de la Charente-Inférieure.
M. Doazan, directeur.
M. Griffon, receveur à Bordeaux.

Principalité de Bordeaux.

La Teste-de-Buch, receveur, 1200 f. : Certes *, receveur, 1100 : Pauillac, receveur, 1400 : Bordeaux
(cette douane, la plus intéressante après celle d'Anvers, a produit en l'an 13, 11,356,000 f.), receveur,
6000; commis principal à la navigation, 3000; contrôleur aux entrepôts, 5400; deux *idem* à 3000; receveur aux
déclarations, 2200; sept *idem* à 2000; deux *idem* à 1900 ;
vérificateur garde-magasin, 2300; quatre vérificateurs à
2200; trois *idem* à 2100; cinq *idem* à 2000; deux commis
aux expéditions à 1850; trois *idem* à 1800; trois *idem*
à 1700; quatre aide-vérificateurs à 1200; commis de recette, 2000; un à 1200.

Principalité de Libourne.

Libourne, receveur, 3000 f.; visiteur, 1800; commis
aux expéditions, 1500 : Bourg, receveur, 1400.

Principalité de Blaye.

BLAYE, receveur, 2000 f.; visiteur, 1300; commis aux expéditions, 1100 : Mortagne, receveur, 750 : Royan, receveur, 900 : Saint-Vivien *, receveur, 900 : Le Verdon *, receveur, 900.

DIRECTION DE LA ROCHELLE.

Cette direction se compose d'une partie des côtes des départemens de la Charente-Inférieure et de là Vendée.

M. DELIONCOURT, directeur.

M. LAFFILÉ, receveur à la Rochelle.

Principalité de la Tremblade.

LA TREMBLADE, receveur, 2000 f.; visiteur, 1200; commis aux expéditions, 1000 : Mornac, receveur, 1200; visiteur, 900 : Riberou, receveur, 1200; visiteur, 900.

Principalité de Marennes.

MARENNES, receveur, 2000 f.; visiteur, 1200; commis aux expéditions 1000 : Chaslon *, receveur : Le Chaput *, receveur.

Principalité du Château, île d'Oleron.

Hors *, receveur, 700 f. : LE CHATEAU, receveur, 1800; visiteur, 1200; commis aux expéditions, 1000 : Saint-Pierre, receveur, 1200 : Saint-Denis, receveur, 900.

Principalité de Rochefort.

L'île d'Aix *, receveur : Soubise, receveur : Ro-

CHEFORT, receveur, 2800 f. ; commis principal à la navigation, 2000 ; deux receveurs aux déclarations à 1800 ; deux visiteurs à 1600 ; commis aux expéditions, 1400 ; *idem*, 1200 : Charente, receveur, 2600 ; visiteur au contre-mesurage des sels, 1800 ; visiteur, 1500 ; *idem*, 1400 ; *idem* 1300 ; commis aux expéditions, 1100 : Saint-Laurent *, receveur, 1000.

Principalité de la Rochelle.

Angoulin *, receveur, 900 f. : LA ROCHELLE, receveur, 3800 ; contrôleur aux entrepôts, 3000 ; commis principal à la navigation, 2400 ; deux receveurs aux déclarations à 1800 ; vérificateur, 1800 ; deux *idem* à 1600 ; commis aux expéditions, 1500 ; deux *idem* à 1300 ; *idem*, 1200 ; aide-vérificateur, 1000 : Lauzières *, receveur.

Principalité de Saint-Martin, île de Ré.

La Flotte, receveur, 950 f. : Ars, receveur, 700 : SAINT-MARTIN, receveur, 2100 ; visiteur, 1200 ; commis aux expéditions, 1000.

Principalité de Marans.

MARANS, receveur, 2400 f. ; visiteur, 1600 ; *idem*, 1400 ; commis aux expéditions, 1100 : Champagné *, receveur, 900 : Saint-Michel *, receveur : l'Aiguillon, receveur, 700 : Latranche, receveur, 700 : Moricq, receveur, 700.

Principalité des Sables.

Talmont *, receveur, 900 f. : LES SABLES, receveur, 2000 ; visiteur, 1200 ; commis aux expéditions, 1000 :

L'île d'Olonne *, receveur, 1000 : Vairé *, receveur, 900 : Fenouillé *, receveur : Saint-Gilles, receveur, 900.

DIRECTION DE NANTES.

Elle comprend les côtes du département de la Loire-Inférieure, et partie de celles des départemens de la Vendée et du Morbihan.

M. VILLERS, directeur.

M. GUILLEMARD, receveur à Nantes.

Principalité de Noirmoutiers.

Croix-de-Vic, receveur, 1200 f. ; visiteur : Challans *, receveur, 1000 ; visiteur : Barredemont, receveur, 700 : NOIRMOUTIERS, receveur, 1800 ; deux visiteurs à 1000 ; commis aux expéditions : Beauvoir, receveur, 1000 ; visiteur ; commis aux expéditions, 700 : Bouin, receveur, 900 ; visiteur ; commis aux expéditions, 700.

Principalité de Paimbœuf.

Machecoul *, receveur, 700 f. : Bourgneuf, receveur, 1200 ; trois visiteurs à 1000 ; deux commis aux expéditions : Sainte - Pazanne *, receveur, 700 : Arthon *, receveur, 700 : Pornic, receveur, 700 : PAIMBŒUF, receveur, 2800 ; contrôleur aux visites sous-inspecteur, 2500 ; commis principal à la navigation, 1800 ; visiteur, 1700, trois *idem* à 1600 ; trois commis aux expéditions à 1500 ; deux aide-visiteurs à 900.

Principalité de Nantes.

Pellerin, receveur, 1000 f. ; visiteur : NANTES, receveur, 5000 ; contrôleur aux visites sous-inspecteur,

3200 ; commis principal à la navigation, 3000 ; contrôleur aux entrepôts, 4000 ; *idem*, 3000 ; trois receveurs
aux déclarations à 2000 ; trois *idem* à 1800 ; vérificateur,
2400 ; deux *idem* à 2000 ; onze *idem* à 1800 ; commis
aux expéditions, 1800 ; cinq *idem* à 1600 ; quatre *idem*
à 1500 ; quatre aide-vérificateurs à 1000 ; commis de recette, 1800 ; *idem*, 1500 : Couëron, receveur, 1000 ;
visiteur.

Principalité du Croisic.

Méans, receveur : Saint-Nazaire, recéveur, 1500 f. ;
visiteur, 1000 : Portnichet *, receveur, 1000 ; visiteur : Pouliguen, receveur, 1400 ; visiteur, 1000 ;
trois *idem* et un commis : Le Croisic, receveur, 2500 ;
visit. 1400 ; deux *idem* à 1200 ; commis aux expéditions,
1000 ; deux aide-visiteurs : Guerrande *, receveur 1200,
visiteur : Mesquer, receveur, 1200 ; trois visiteurs ;
commis, 700.

Principalité de Rédon.

Pont-d'Armes *, receveur, 1000 f. ; visiteur : Her-
bignac *, receveur, 700 : Roche-Bernard, receveur,
700 : Trehiguier *, receveur, 900 : Vieille-Roche en
Nantais *, receveur, 700 : Rédon, receveur, 1800 ; visiteur, 1200 ; deux *idem* à 1000 ; deux commis aux expéditions.

DIRECTION DE L'ORIENT.

Cette direction embrasse la presque totalité des côtes
du département du Morbihan, et partie de celles du
Finistère.

M. Delafontaine, directeur.

M. Le Tourneur, receveur à l'Orient.

Principalité de Vannes.

Vieille-Roche, receveur, 700 fr. : Billiers, receveur, 700 ; visiteur, 600 : Penerf, receveur : Ambon *, receveur : Surzur *, receveur : Sarzeau, receveur : Port-Navalo, receveur, 600 * Noyalo *, receveur : Sené *, receveur : VANNES, receveur, 2000 ; visiteur, 1200 ; commis aux expéditions, 900 : Auray, receveur, 1000 : Locmariaquer, receveur, 600 : La Trinité, receveur : Quiberon, receveur, 600 : Intel, receveur ; Belle-Isle, receveur, 1000.

Principalité de l'Orient.

Port-Louis, receveur, 1200 fr. ; visiteur, 900 ; commis, 700 : Hennebont, receveur, 1000 : L'ORIENT, receveur, 4500 ; contrôleur aux visites sous-inspecteur, 2800 ; commis principal à la navigation, 2500 ; contrôleur aux entrepôts, 2600 ; receveur aux déclarations, 2200 ; *idem*, 2100 ; quatre vérificateurs à 2000 ; commis aux expéditions, 1900 ; *idem*, 1600 ; deux aide-vérificateurs à 1200.

Principalité de Quimper.

Poulduc, receveur, 700 fr. : Quimperlé, receveur, 700 : Pontaven, receveur, 700 : Laforêt, receveur, 600 : Concarneau, receveur, 1000 ; visiteur : Benodet, receveur, 700 : QUIMPER, receveur, 2000 ; visiteur 1200 ; commis aux expéditions, 900 : Pont-Labbé, receveur, 700 : Audierne, receveur, 1000 : Douarnenez, receveur, 1200 ; visiteur, 900 : Port-Launay, receveur.

DIRECTION DE BREST.

Elle se compose d'une partie des côtes des départemens du Finistère et des Côtes-du-Nord.

M. Davignon, directeur.

M. Marcheville, receveur à Brest.

Principalité de Brest.

Camaret, receveur, 600 fr. : Lanvoc, receveur,
600 : Landevenec, receveur, 600 : Le Faou, receveur,
600 : Daoulas, receveur, 600 : Plougastel, receveur,
700 : Landernau, receveur, 900 : Brest, receveur,
5000 ; commis principal à la navigation, 2000 ; deux
receveurs aux déclarations à 1800 ; deux vérificateurs
à 1700 ; commis aux expéditions, 1600 ; *idem*, 1400 ;
aide-vérificateur, 1000 : Le Conquet, receveur, 600 :
Labérildut, receveur, 600 : Argenton, receveur, 600 :
Kersaint, receveur, 600.

Principalité de Morlaix.

Roscoff, receveur, 1000 fr. ; visiteur : Abreverach,
receveur, 600 : Pontusval, receveur, 600 : Kernic,
receveur, 600 : Morlaix, receveur, 2000 ; receveur
aux déclarations, 1800 ; visiteur, 1700 ; commis aux
expéditions, 1200 : St.-Pol-de-Léon, receveur, 600 :
Loquirec, receveur, 600 : Lannion, receveur, 700 :
Perros, receveur, 600 : Tréguier, receveur, 900 : Lé-
zardrieux, receveur, 600 : Pontrieux, receveur, 600.

DIRECTION DE SAINT-MALO.

Cette direction embrasse le département d'Ille-et-Vilaine, et partie de celui des Côtes-du-Nord.

M. CASSEAUMAJOR, directeur.

M. DELAS, receveur à St.-Malo.

Principalité du Légué.

Brehat, receveur, 700 fr. : Paimpol, receveur 1200 ; visiteur, 900 : Portrieux, receveur, 1000 : Binic, receveur, 1000 : LE LÉGUÉ, receveur, 1500 ; visiteur, 1000 : Iffiniac *, receveur, 700 ; visiteur, 600 : Dahouet, receveur, 600 : Erqui, receveur, 600 : Port-à-la-Duc, receveur, 600.

Principalité de St.-Malo.

St.-Cast, receveur, 600 fr. : Le Guildo, receveur, 600 : Saint-Briac, receveur, 700 : St.-Suliac *, receveur, 700 : St.-Servan, receveur, 1500 ; visiteur, 1200 ; commis, 900 : ST.-MALO, receveur, 2200 ; commis principal à la navigation, 2000 ; contrôleur aux entrepôts, 2000 ; receveur aux déclarations, 1700 ; vérificateur, 1800 ; deux *idem* à 1700 ; deux commis à 1400 ; *idem* 1000 ; aide-vérificateur, 1000 : Cancalle, receveur, 600 : Le Vivier, receveur, 700 : Quatre-Salines, receveur, 700.

DIRECTION DE CHERBOURG.

Elle comprend les côtes du département de la Manche, et partie de celles du Calvados.

M. Eudel, directeur.

M. Dodun, receveur à Cherbourg.

Principalité de Granville.

Pontorson, receveur, 700 fr : Courtils, receveur, 900 : Ceaux *, receveur, 900 : Bouillet *, receveur, 900 : Gisors *, receveur : St.-Léonard, receveur, 1000; visiteur, 700 : Genest *, receveur, 900 : GRANVILLE, receveur, 2000 ; contrôleur aux entrepôts, 1800; deux visiteurs à 1400; *idem*, 1200; deux commis à 1000 : Bricqueville *, receveur, 1000; visiteur, 700 : Regneville, receveur; visiteur, 600 : Créances *, receveur, 700 : St.-Germain-sur-E, receveur, 700 : Port-Bail, receveur, 1000; visiteur, 700 : Carteret, receveur : Dielette, receveur, 700 :

Principalité de Cherbourg.

Omonville, receveur, 700 f. : CHERBOURG, receveur, 2300 ; contrôleur aux entrepôts, 2000 ; receveur aux déclarations, 1700 ; vérificateur, 1800 ; *idem*, 1700; *idem*, 1500; commis, 1400; *idem*, 1200; *idem*, 900 : Barfleur, receveur; visiteur, 600 : La Hougue, receveur, 900 ; visiteur, 600 : Quineville, receveur, 700 : Carentan, receveur, 700.

Principalité de Caen.

Isigny, receveur, 900 f. ; visiteur, 700 : Grand-Camp, receveur, 700 : Port-en-Bessin, receveur, 700 : Courceulles, receveur, 700 : Luc *, receveur, 700 : CAEN, receveur, 2000; contrôleur aux entrepôts, 1800; receveur aux déclarations, 1600; deux visiteurs à 1600; deux commis à 1100 : Sallenelles, receveur, 700 : Dives, receveur, 700.

DIRECTION DE ROUEN.

Cette direction est formée d'une partie des départemens du Calvados, de l'Eure et de la Seine-Inférieure.
M. Gruyer, directeur.
M. Deu, receveur à Rouen.

Principalité d'Honfleur.

Quai-au-Coq, receveur, 700 f. : Touques, receveur, 1200 ; visiteur, 900 : Trouville *, receveur, 1000 : Villerville, receveur, 600 : Honfleur, receveur, 2000 ; contrôleur aux entrepôts, 2000 ; commis principal à la navigation, 1800 ; visiteur, 1600 ; *idem*, 1500 ; *idem*, 1400 ; commis, 1400 ; *idem*, 1350 : Saint-Sauveur, receveur, 600 : Saint-Samson, receveur, 600 : Quillebœuf, receveur, 1400 ; visiteur, 900 : Aiziers, receveur, 600 : La Mailleraye, receveur, 600.

Principalité de Rouen.

La Bouille, receveur, 600 f. : Rouen, receveur, 5000 ; commis principal à la navigation, 3000 ; contrôleur aux entrepôts, 2600 ; quatre receveurs aux déclarations à 2200 ; *idem*, 2000 ; *idem*, 1900 ; vérificateur-liquidateur, 2400 ; trois vérificateurs à 2000 ; deux *idem* à 1900 ; trois commis à 1700 ; *idem*, 1600 ; *idem*, 1500 ; aide-vérificateur, 1200 ; commis de recette, 2000 : Dieppedalle, receveur, 1200 ; visiteur, 900 : Duclair, receveur, 600 : Caudebec, receveur, 1200.

Principalité du Hâvre.

Tancarville, receveur, 600 f. : Saint-Jacques, rece-

veur, 600 : Harfleur, receveur : LE HAVRE, receveur,
5000 ; contrôleur aux visites sous-inspecteur, 5400 ;
commis principal à la navigation, 3000 ; contrôleur aux
entrepôts, 3000 ; deux receveurs aux déclarations à
2200 ; deux *idem* à 2000 ; vérificateur-liquidateur, 2400 ;
deux vérificateurs à 2000 ; deux *idem* à 1900 ; quatre
commis à 1800 ; deux *idem* à 1600 ; *idem*, 1500 ; deux
idem à 1200 ; aide-vérificateur, 1000 ; commis de recette, 2000 ; *idem*, 1600 : Etretat, receveur, 1000 ;
visiteur, 900 : Fécamp, receveur, 2000 ; visiteur, 1600 ;
commis, 1400.

DIRECTION DE St.-VALERY-SUR-SOMME.

Elle embrasse une partie des côtes du département
de la Seine-Inférieure, et celles de la Somme.

M. BOUCHER, directeur.

M. CASSEN, receveur à Saint-Valery-sur-Somme.

Principalité de Dieppe.

Saint-Valery-en-Caux, receveur, 1200 f. ; visiteur,
1000 : DIEPPE, receveur, 3000 ; commis principal à la
navigation, 2000 ; contrôleur aux entrepôts, 2000 ; receveur aux déclarations, 1800 ; vérificateur, 1800 ; deux
idem à 1600 ; deux commis à 1200 : Le Tréport, receveur, 1000 ; visiteur.

SAINT-VALERY-SUR-SOMME, bureau indépendant.

Receveur, 2800 f. ; commis principal à la navigation,
2000 ; contrôleur aux entrepôts, 2000 ; vérificateur,
1800 ; *idem*, 1600 ; commis, 1400 ; *idem*, 1200 ; aide-
vérificateur, 1200.

Principalité d'Abbeville.

ABBEVILLE, receveur, 2200 f. ; receveur aux déclarations, 1800 ; visiteur, 1500 ; commis, 1200 : Le Crotoy, receveur, 1000.

DIRECTION DE BOULOGNE.

Les côtes du département du Pas-de-Calais composent cette direction.

M. LAMAR, directeur.

M. DRON, receveur à Boulogne.

Principalité d'Etaples.

Berck, receveur, 900 f. : ETAPLES, receveur, 1600 ; visiteur, 1200 ; commis, 1000.

Principalité de Boulogne.

BOULOGNE, receveur, 2800 f. ; contrôleur aux visites sous-inspecteur, 2700 ; commis principal à la navigation, 2200 ; receveur aux déclarations, 1800 ; vérificateur, 1800 ; *idem*, 1600 ; commis, 1400 ; *idem*, 1000 ; deux aide-vérificateurs à 1000 : Wimereux, receveur, 1000 : Ambleteuse, receveur, 1000.

CALAIS, bureau indépendant.

Receveur, 3600 f. ; contrôleur aux visites sous-inspecteur, 3400 ; commis principal à la navigation, 2200 ; receveur aux déclarations, 1700 ; vérificateur, 1900 ; *idem*, 1800 ; commis, 1600 ; *idem*, 1300 ; aide-vérificateur, 1000.

DIRECTION DE DUNKERQUE.

Elle comprend les côtes des départemens du Nord et de la Lys.

M. Duverger, directeur.

M. Querangal, receveur à Dunkerque.

Principalité de Dunkerque.

Gravelines, receveur, 1300 f.; visiteur, 1000; commis : Dunkerque, receveur, 5000; contrôleur aux visites sous-inspecteur, 3400; commis principal à la navigation, 3000; contrôleur aux entrepôts, 3000; receveur aux déclarations, 2200; *idem*, 2000; trois *idem* à 1800; cinq vérificateurs à 2000; *idem*, 1900; deux commis à 1700; *idem*, 1600; deux *idem* à 1500; aide-vérificateur, 1000; commis de recette, 1500 : Dunkerque, *bureau de conserve*, receveur, 1000.

Principalité d'Ostende.

Nieuport, receveur, 1200 f.; visiteur, 1000 : Slykens, receveur : Ostende, receveur, 4500; contrôleur aux visites sous-inspecteur, 3000; commis principal à la navigation, 2700; contrôleur aux entrepôts, 2800; deux receveurs aux déclarations à 2000; deux *idem* à 1800; trois vérificateurs à 2000; trois *idem* à 1800; trois commis à 1600; deux *idem* à 1500; deux aide-vérificateurs à 1000; commis de recette, 1200 : Blanckenberg, receveur.

Bruges, *douane d'entrepôt, en 2ᵉ. ligne, où on arrive par Ostende.*

Receveur, 2500 f.; trois vérificateurs à 1600; commis, 1000.

DIRECTION D'ANVERS.

Cette direction embrasse les côtes du département de l'Escaut, et la frontière de celui des Deux-Nèthes.

M. COLLIN, fils, directeur.

M. LE POITTEVIN, receveur à Anvers.

Principalité de Sas-de-Gand.

Sur l'Escaut. L'Ecluse, receveur, 1500 f.; visiteur, 1000; commis : Ardembourg, receveur, 900; visiteur, 700 : Cassandria, receveur : Breskens, receveur, 1000; visiteur 700 : Hooffplaaten, receveur, 1000; visiteur, 700 : Biervliet, receveur, 1000 : Philippine, receveur, 1100; visiteur : SAS-DE-GAND, receveur, 2000; receveur aux déclarations, 1500; visiteur, 1500; *idem,* 1400; commis, 1100; *idem,* 1000.

2e. ligne. Oostbourg, receveur : Caprycke, receveur : Langer-Brugge, receveur.

Principalité d'Hulst.

Sur l'Escaut. Axel, receveur, 1000 f. : Terneusen, receveur, 1000; visiteur, 700 : Zaamslaag, receveur, 900 : Welzoorden, receveur, 1000 : HULST, receveur, 1600; visiteur, 1200; commis, 1000; *idem,* 900 : Kieldrecht, receveur : Le Doël, receveur.

2e. ligne. Moorbeck, receveur : Saint-Gilles, receveur.

Principalité d'Anvers.

ANVERS (cette douane a produit en l'an 13, 16,346,000 f.), receveur, 5000 fr.; commis principal à la navigation, 3000; deux contrôleurs aux entrepôts à 3000; trois receveurs aux déclarations à 2000; *idem,* 1900; *idem,*

1800 ; trois vérificateurs à 2000 ; deux *idem* à 1900 ; deux *idem* à 1800 ; trois *idem* à 1700 ; deux commis à 1700 ; deux *idem* à 1600 ; *idem*, 1500 ; *idem*, 1400 ; *idem*, 1100 ; *idem*, 1000 ; trois aide – vérificateurs à 1200 ; commis de recette, 1800 ; *idem*, 1000 : Anvers, *bureau des minuties*, receveur, 1100 ; visiteur, 900 ; commis : Lillo, *sur l'Escaut, en avant d'Anvers*, receveur, 1200 ; visiteur, 900 ; commis, 900.

2e. ligne. Saint-Antoine, receveur, 700 f.

Principalité de West-Wesel, en première ligne.

Sandvliet, receveur, 700 fr. ; visiteur, 600 : Putte, receveur, 900 ; visiteur, 600 : Achterbroeck, receveur, 900 ; visiteur, 600 : WEST-WESEL, receveur 1400 ; visiteur, 1100 ; commis, 900 : Meersel, receveur, 600.

Principalité de Turnhoult.

1ere. ligne. Hoogstraaten, receveur, 900 fr. ; visiteur, 600 : Bar-le-Duc, receveur, 700 : Poppel, receveur, 600 : TURNHOULT, receveur, 1500 ; visiteur, 1000 ; commis : Arendonck, receveur : Postel, receveur, 600 : Baëlen, receveur ; visiteur, 600.

2e. ligne. Gierlé, receveur : Casterlé, receveur, 700 fr. : Ghéel, receveur, 700.

GAND, *douane d'entrepôt.*

Receveur, 2200 fr. ; vérificateur, 1600 ; *idem*, 1400.

DIRECTION DE CLÈVES.

Elle est formée des frontières du département de la

Meuse-Inférieure, et d'une partie de celles du département de la Roër.

M. TURC, directeur.

M. DELAHAYE, receveur à Clèves.

Principalité de Wéert, en première ligne.

Kerkoven, receveur, 900 fr. : Holvenne, receveur, 1400; visiteur, 1100. Néerpelt, receveur, 900. Achel, receveur, 900; visiteur, 700 : Hamont, receveur, 1000; visiteur, 700 : Loussen, receveur, 1000; visiteur, 700 : Bossooven, receveur : Hussooven, receveur : WÉERT, receveur, 1800; visiteur, 1200; commis, 1000 : Nederwéert, receveur, 900 : Meyel, receveur, 900.

Principalité d'Helecteren, en seconde ligne.

Tessenderlo, receveur : Pael, receveur : Beringen, receveur : HELECTEREN, receveur, 1700; visiteur, 1100; commis : Meuven, receveur, 900 : Grotroy, receveur : Tongerlo, receveur : Neerjtteren, receveur : Begden, receveur.

Principalité de Venlo.

1ere. ligne. Helden, receveur : Bray, receveur : Horst, receveur : Les Hayes, receveur : Meersel, receveur : Venraye, receveur, 1200 fr.; visiteur, 900 : Geesteren, receveur, 900.

2e. ligne, *sur la rive droite de la Meuse* : Ruremonde, receveur, 1000 fr.; visiteur : Le Roëver, receveur : Staël, receveur : VENLO, receveur, 1800 fr.; visiteur, 1200; commis, 1000 : Artsen, receveur.

Principalité de Cranembourg.

1ere. ligne, *sur la rive droite de la Meuse* : Wéel, re-

ceveur , 1400 ; visiteur , 1100 ; commis , 1000 : Ber-
ghen , receveur : Afferden , receveur : Heyden , receveur : Gennep , receveur , 900 : Moock , receveur ,
1000 ; visiteur : *sur l'extrême frontière* , Grasweg ou
Cromwal , receveur : Cranembourg , receveur , 1800 ;
visiteur , 1200 ; commis , 1000 : Zephelick , receveur :
sur le Waal , Kekerdom , receveur.

2ᵉ. ligne. Kevelaër , receveur , 900 : Goch , receveur,
1000 ; visiteur , 700.

Principalité de Clèves.

Sur le Rhin. Bimem , receveur : l'Écluse , receveur :
Griethuysen , receveur : Hurindick , receveur , 900 fr :
Griet , receveur : Neermorenter , receveur : Winem ,
receveur : Beck , receveur , 1200 ; visiteur.

2ᵉ. ligne. Clèves , receveur , 2400 fr. ; visiteur, 1400 ;
commis , 1200 : Calcar , receveur , 900 : Santen , receveur , 900 : Udem , receveur.

Principalité de Mœurs.

Sur le Rhin. Genderick , receveur : Burick , receveur , 1400 ; visiteur , 1000 ; commis , 900 : Ossem-
berg , receveur : Rhinberg , receveur , 1000 ; visiteur ,
700 : Orsoy , receveur , 1000 ; visiteur , 700 : Baerl , receveur : Homberg , receveur : Essemberg , receveur ,
1200 ; visiteur , 1000 : Emmerick , receveur : Fremers-
heim , receveur.

2ᵉ. ligne. Gueldres , receveur , 1000 fr. ; visiteur :
Neukircken , receveur : Mœurs , receveur , 1800 ; vi-
siteur , 1200 ; commis , 1000 : Kempen , receveur :
Oëdt , receveur.

DIRECTION DE COLOGNE.

Elle comprend une partie des départemens de la Roër et de Rhin-et-Moselle.

M. Gorsas, directeur.

M. Maitrié, receveur à Cologne.

Principalité de Neuss.

Sur le Rhin. Urdingen, receveur, 1700 fr. ; visiteur, 1300 ; *idem*, 1100 ; commis, 1000 : Langst, receveur : Obercassel, receveur, 1600 ; visiteur, 1100 ; commis, 1000 : Herdt, receveur : Neuss, receveur, 3600 ; visiteur 1700 ; *idem*, 1500 ; commis, 1200 ; *idem*; *idem*, 600 : Grimlinghausen, receveur, 1500 ; visiteur, 1200 ; *idem* 1000 : Stéotzelberg, receveur : Zons, receveur : Dormagen, receveur.

2ᵉ. ligne. Creveld, receveur, 1300 fr. ; visiteur, 900 : Wevelinghoven, receveur : Worst, receveur : Neersen, receveur : Gladbach, receveur : Rheydt, receveur : Odenkirchen, receveur : Gatzweiler, receveur, 1200 ; visiteur : Caster, receveur.

Principalité de Cologne.

Sur le Rhin. Woringen, receveur : Rhin-Cassel, receveur : Nehl, receveur : le Pont-de-Mulheim, receveur, 1500 fr. ; visiteur, 1200 ; commis, 1000 : Cologne, receveur, 5000 ; contrôleur aux visites sous-inspecteur, 2800 ; receveur aux déclarations, 2000 ; *idem*, 1800 ; deux vérificateurs à 2000 ; *idem*, 1800 ; deux *idem* à 1700 ; *idem*, 1600 ; commis, 1600 ; deux *idem* à 1500 ; *idem*, 1400 ; deux *idem* à 1200 ; *idem*, 1000 ; *idem* ; commis de recette, 1500 ; *idem*, 700, commis pour l'entrepôt, 1200 : Cologne, *bureau succursal*, receveur, 1800 ; visiteur, 1400 : Suirdt, receveur : Wesling, receveur.

2e. ligne. Bedburg, receveur : Quadrath, receveur, 1200 fr. ; visiteur, 1000 : Mytterath, receveur : Lechenich, receveur : Ahrem, receveur.

Principalité de Bonn.

Sur le Rhin. Hersel, receveur : BONN, receveur, 2200 fr. ; visiteur, 1600 ; *idem*, 1500 ; commis, 1400 : Godesberg, receveur : Melhem, receveur : Oberwinter, receveur : Remagen, receveur : Zinzig, receveur.

2e. ligne. Frissem, receveur : Grosbulessem, receveur : Rhinbach, receveur, 1000 fr. ; visiteur : Dernau, receveur.

Principalité de Coblentz.

Sur le Rhin. Brissich, receveur : Andernach, receveur, 1200 fr. ; visiteur, 1000 : Weissenturn, receveur, 1000 : Saint-Sébastien, receveur : Warscheim, receveur : COBLENTZ, receveur, 4000 ; contrôleur aux visites, 1800 ; receveur aux déclarations, 1800 ; quatre vérificateurs à 1600 ; commis, 1500 ; *idem*, 1200 ; *idem* 1000 ; commis de recette, 1200 : Rées, receveur.

2e. ligne. Kempenich, receveur : Mayen, receveur : Polich, receveur : Mosellekern, receveur, 1000 fr. ; visiteur : Laye, receveur.

DIRECTION DE MAYENCE.

Cette direction embrasse une partie du département de Rhin-et-Moselle, et presque tout le Mont-Tonnerre.

M. Colasson , directeur.
M. Gault , receveur à Mayence.

Principalité de Boppart , sur le Rhin.

Oberspey, receveur : Boppart , 2200 fr. ; visiteur, 1600 ; commis, 1200 : Saint-Goar, receveur, 1000 ; visiteur : Oberwesel , receveur, 900.

Principalité de Bingen , sur le Rhin.

Baccarach , receveur , 1200 fr. ; visiteur : Heimbach, receveur : Bingen , receveur, 2600 ; visiteur, 1800 ; *idem*, 1600 ; commis, 1000 : Galsheim , receveur : Weinheim, receveur : Nieder-Ingelheim , receveur : Heydesheim, receveur : Budenheim , receveur.

Principalité de Mayence , sur le Rhin.

Sur la rive droite , et vis-à-vis Mayence : Cassel , *porte de Francfort ,* receveur, 1800 fr. ; visiteur, 1400 ; *porte de Wisbaden ;* receveur, 1200 : Kostheim, receveur, 1000. *Sur la rive gauche :* Mayence , receveur , 4500 fr. ; contrôleur aux visites sous-inspecteur, 3000 ; receveur aux déclarations, 2400 ; vérificateur, 2200 ; deux *idem* à 1900 ; *idem*, 1600 ; commis, 1600 ; *idem*, 1500 ; *idem*, 1400 ; deux *idem* à 1200 ; *idem*, 1000 ; commis de recette, 1500. Mayence, *bureau succursal,* receveur, 1400 : Weissenau, receveur, 1000.

Principalité de Creutznach , deuxième ligne.

Castellaun, receveur, 900 fr. : Simmern, receveur, 1200 ; visiteur, 900 : Winterburg, receveur : Weins-

heim , receveur : Munster-Am-Stein (saline de) *,
contrôleur - receveur , 1600 ; commis aux pesées ,
1200 : Creutznach, receveur, 1800 ; visiteur, 1200 ;
commis, 900 : Creutznach (saline de) *, contrôleur-
receveur , 1600 ; commis aux pesées, 1200 : Lan-
genlonsheim , receveur : Woëlstein , receveur : Arms-
heim , receveur.

Principalité de *Worms* , sur le *Rhin.*

Nierstein , receveur , 1000 fr. : Oppenheim , rece-
veur , 2000 ; visiteur , 1500 ; commis , 1200 : Gunders-
blum , receveur , 1000 : Eich , receveur : Hamm , re-
ceveur : Rhinturckheim, receveur : Worms, receveur,
3000 ; visiteur , 1800 ; *idem*, 1600 ; commis , 1400 ;
idem, 1200 : Franckenthal, receveur, 1200 ; visiteur,
900.

Principalité de *Spire* , sur le *Rhin.*

Oggersheim , receveur, 1200 fr. : le Pont-de-Man-
heim , receveur, 1800 ; visiteur, 1200 ; commis , 900 :
Mundenheim , receveur, 900 : Neuhoffen , receveur :
Otterstadt, receveur : Spire, receveur, 2400 ; visiteur ,
1800 ; commis , 1400 ; *idem*, 1000 : Mechtersheim ,
receveur : Lingenfeld, receveur.

Principalité d'*Alzey* , deuxième ligne.

Enzheim , receveur : Alzey, receveur, 2200 fr. ; vi-
siteur, 1500 ; commis , 1200 : Oberflersheim , receveur :
Niderflersheim , receveur : Mundsheim , receveur :
Grosbockenheim , receveur : Kirckheim , receveur :
Grunstadt , receveur, 1200.

Principalité de Durckheim, deuxième ligne.

Ungstein, receveur : Durckheim, receveur, 2600 fr. ; visiteur, 1800 ; commis, 1400 : Durckheim (saline de) * , contrôleur - receveur, 1600 ; commis aux pesées, 1200 : Wackenheim, receveur : Deidesheim, receveur : Neustadt, receveur, 1400 ; commis, 1000 : Diedesfeld, receveur : Edenkoben, receveur : Roschbach, receveur.

DIRECTION DE STRASBOURG.

Cette direction comprend une légère portion du département du Mont - Tonnerre, le Bas et presque tout le Haut Rhin.

M. Magnier, directeur.

M. Magnier-Grandprez, receveur à Strasbourg.

Principalité de Lauterbourg.

Sur ou près le Rhin. Guermersheim, receveur, 1500 f. ; visiteur, 1300 : Sonderenheim, receveur : Leimersheim, receveur, 1000 ; visiteur : Woerth, receveur, 700 : Neubourg, receveur, 600 : Lauterbourg, receveur, 2400, visiteur, 1600 ; commis, 1400 ; *idem*, 600 : Münickhausen, receveur ; visiteur, 600 : Seltz, receveur, 600 : Neüheüsel, receveur, 700.

2e. ligne. Landau, receveur, 1200 ; visiteur : Wissembourg, receveur, 1200 ; visiteur, 1000 : Soultz-sous-Forêts, receveur, 1400 ; visiteur, 1000 : Haguenau receveur, 1200 ; visiteur.

Principalité de Strasbourg.

Sur ou près le Rhin. Reschwoog, receveur, 1000 f. : Drusenheim, receveur, 900 : Offendorf, receveur,

650 : La Wantzenau, receveur, 900; visiteur, 700 : Le Pont-du-Rhin, receveur, 2000; visiteur, 1600; commis, 1400; *idem*, 1200 : STRASBOURG, receveur, 4000; contrôleur aux visites sous-inspecteur, 2500; contrôleur aux entrepôts, 2400; receveur aux déclarations, 2000; vérificateur, 2000; trois *idem* à 1850; commis, 1800; deux *idem* à 1600; *idem*; commis de recette, 1500.

2e. ligne. Brumath, receveur, 1200 fr. : Wiltheim, receveur, 900 : Marlenheim, receveur : Ergersheim, receveur : Altdorff, receveur, 900.

Principalité de l'Ile-de-Paille.

Sur ou près le Rhin. Krafft, receveur, 700 f. : Rhinau, receveur, 1500; visiteur, 1100 : Schœnau, receveur : Marckolsheim, receveur, 900; visiteur, 700 : Artzheim, receveur, 700 : L'ILE-DE-PAILLE, receveur, 2600; visiteur, 1600; commis, 1400; *idem* : Chalampé, receveur.

2e. ligne. Niderenheim, receveur : Saint-Pierre, receveur, 900 f. : Schelestadt, receveur, 1000; visiteur : Illheüseren, receveur, 900 : Horbourg, receveur, 1000; visiteur, 600 : Sainte-Croix, receveur, 1000; visiteur, 600 : Ensisheim, receveur, 1400.

Principalité de Bourg-Libre.

1re. ligne. Huningue (*sur le Rhin*), recev., 1200 f.; visiteur : BOURG-LIBRE, receveur, 5000; contrôleur des visites sous-inspecteur, 2500; receveur aux déclarations, 2000; trois vérificateurs à 1850; *idem*, 1800; commis, 1600; *idem*, 1400; *idem*, 1000; commis de recette, 1500 : Bourg-Feld, receveur, 2600; visiteur, 1850; commis, 1400 : Hegenheim, receveur, 1000;

visiteur : Alschwiller, receveur, 750; visiteur, 600 : Oberwiller, receveur, 750; visiteur, 600 : Reinach, receveur, 1600; visiteur, 1000.

2ᵉ. ligne. Mülhausen, receveur, 1100 f.; visiteur, 900; commis, 600 : Dagsdorff, receveur, 1000; visiteur : Ferrette, receveur, 1000; visiteur.

Principalité de Delemont.

1ʳᵉ. ligne. Lauffon, receveur : Brislach, receveur, 1000 f.; visiteur : DELEMONT, receveur, 2000; visiteur, 1200; commis, 1000 : Monsevilliers, receveur, 700 : Mervilliers, receveur, 700 : Wermes, receveur, 700 : Crémines, receveur, 1000 : Court, receveur.

2ᵉ. ligne. Cornol, receveur, 1000 fr.; visiteur, 700.

DIRECTION DE BESANÇON.

Cette direction, qui s'étend un peu sur le département du Haut-Rhin, embrasse les frontières du Doubs et du Jura.

M. FAURIE, directeur.

M. LE BEL, receveur à Pontarlier.

Principalité de Bienne.

1ʳᵉ ligne. Perle, receveur, 900 f.; visiteur, 700 : BIENNE, receveur, 2000; visiteur, 1400; commis aux expéditions, 1000 : La Neuveville, receveur, 1000; visiteur, 700 : Nods (*Haut-Rhin*), receveur, 900 : Les Pontains, receveur, 900; visiteur, 700 : Renans, receveur, 900 : La Cibourg, receveur, 900; visiteur, 700.

2ᵉ. ligne. Reconvilliers, receveur, 900 f.; visiteur, 700 : Bellelay, receveur, 900 : Montfaucon, receveur, 900; visiteur, 700 : Saint-Ymier, receveur, 900.

Principalité de Morteau.

1ʳᵉ. ligne. Blanche-Roche, receveur, 700 f. : Le Villers, receveur, 700 : Les Sarrasins, receveur, 700 : Les Gras, receveur, 700.

2ᵉ. ligne. Les Plains, receveur, 700 f.; St.-Hyppolite, receveur, 1000 fr.; visiteur : Vaucluse, receveur, 700 : MORTEAU, receveur, 1600; visiteur, 1050 : Flangebouche, receveur; visiteur, 600 : Nods (*Doubs*), receveur; visiteur, 600.

Principalité de Pontarlier.

1ʳᵉ. ligne. Les Allemands, receveur, 700 f. : Verrières-de-Joux, receveur, 2600; visiteur, 1700; *idem*, 1450; commis, 1300 : Les Fourgs, receveur, 700 : Jougne, receveur, 2000; visiteur, 1550; *idem*, 1350 : Roche-Jean, receveur, 700 : Mouthe, receveur, 700 : Chaux-Neuve, receveur, 700.

2ᵉ: ligne. Sombacourt, receveur; visiteur, 600 f. : PONTARLIER, receveur, 2000; visiteur, 1300; commis, 1000 : Chaffois, receveur; visiteur, 600 : Bonnevaux, receveur; visiteur, 600 : Lalatelle, receveur, 700.

Principalité de Morez.

1ʳᵉ ligne. Bois-d'Amont, receveur, 700 : Landes-les-Rousses, receveur, 1000; visiteur.

2ᵉ. ligne. Les Planches, receveur, 700 f. : Morillon, receveur; visiteur, 600 : Chaux-du-Dombief, receveur; visiteur, 600 : MOREZ, receveur, 1800; visiteur, 1250; commis, 850 : Saint-Claude, receveur, 1000; visiteur.

DIRECTION DE GENÈVE.

Les frontières du département du Léman forment cette direction.

M. Adine, directeur.

M. Lavissière, receveur à Genève.

Principalité de Versoix.

1re. ligne. Mijoux, receveur, 700 f. : Crassier, receveur, 900 : Versoix (*sur le lac*), receveur, 3000 ; deux visiteurs à 1850 ; commis, 1500 ; *idem*, 1200.

2e. ligne. Gex, receveur, 900 f. : Saint-Genix, receveur, 1100 ; visiteur.

Principalité de Genève.

Sur le lac. Bellerive, receveur, 1300 fr. ; visiteur, 1050 : Genève, receveur, 3600 ; deux vérificateurs à 1850 ; commis, 1700 ; *idem*, 1500 ; trois visiteurs, *aux portes*, à 1400 ; trois *idem* à 1100.

2e. ligne. Carouge, receveur, 700 f. : Saint-Julien, receveur, 900 : Annemasse, receveur, 900 : Bonne, receveur, 700.

Principalité de Thonon.

Sur le lac. Hermance, receveur, 700 f. : Nernier, receveur, 700 : Bonnatray, receveur, 700 : Thonon, receveur, 1800 ; visiteur, 1200 : Évian, receveur, 900 ; visiteur, 700 : La Tourronde, receveur, 700 : Meilleray, receveur, 700 : Saint-Gingolph, receveur, 700.

1re. ligne. *vers les montagnes.* La Chapelle, receveur.

Principalité de Taninge.

1re. ligne. Morzines, receveur, 700 f. : Samoëns, receveur, 700 : Chamonix, receveur, 700.

2e. ligne. TANINGE, receveur, 1000 f. : Saint-Martin, receveur, 700.

DIRECTION DE VERCEIL.

Elle comprend les frontières des départemens de la Doire et de la Sésia, et la presque totalité de celles du département de Marengo.

M. SOUIRIS, directeur.

M. MORELLI, receveur à Verceil.

Principalité d'Aoste, vers le Valais.

1re. ligne. Pré-Saint-Didier, receveur : Saint-Remy, receveur, 1000 f.; commis, 900 : Valpelline, receveur : Valtournanche, receveur : Grassonney, receveur.

2e. ligne. AOSTE, receveur, 1800 f.; visiteur, 1200 ; commis, 1000.

Principalité de Crevacuore.

Sur ou près la Sésia, dont le cours sépare la France du royaume d'Italie. Crevola, receveur : Agnona, receveur : Aranco, receveur : CREVACUORE, receveur, 1800 f.; visiteur, 1200; commis, 1000 : Serravalle, receveur : Vintebbio, receveur.

2e. ligne. Croce-Mosso, receveur : Andorno, receveur.

Principalité de Gattinara.

Sur ou près la Sésia. GATTINARA, receveur, 1800 f. ;

visiteur, 1600; commis, 1200 : Lenta, receveur : Ghislarengo, receveur : Arborio, receveur : Albano, receveur.

2ᵉ. ligne. Biella, receveur, 1000 f. ; visiteur : Buronze, receveur : Salussola, receveur.

Principalité de Verceil.

Sur ou près la Sésia. Carezaneblot, receveur : VERCEIL, receveur, 3000 f. ; contrôleur aux visites sous-inspecteur, 2400 ; vérificateur, 1850 ; *idem*, 1600 ; commis, 1500 ; *idem*, 1200 : Prarola, receveur : Carezanne, receveur : Motta–di–Conti, receveur.

2ᵉ. ligne. Santhia, receveur : Tronsano, receveur, 900 f. ; commis : Dezzanne, receveur : Stropiana, receveur : Trino, receveur.

Principalité de Casal.

Sur ou près le Pô. Terreneuve, receveur : Frassinetto, receveur : Vallemacca, receveur.

2ᵉ. ligne. Villeneuve, receveur, 900 f. : CASAL (*sur le Pô*), receveur, 2000 ; visiteur, 1600 ; commis, 1400 : Occimiano, receveur.

Principalité de Valence, sur le Pô.

Bossole, receveur : VALENCE, receveur, 3000 f. ; visiteur, 1850 ; *idem*, 1600 ; commis, 1500 : Pecetto, receveur : Bassignana, receveur.

Principalité d'Alexandrie, en seconde ligne.

Palacina, receveur : Saint – Sauveur, receveur : ALEXANDRIE, receveur, 2200 f. ; visiteur, 1700 ; *idem*, 1500 ; commis, 1400.

DIRECTION DE VOGHÈRE.

Elle comprend les frontières du département de Gênes et de l'état de Plaisance, et une faible portion du département de Marengo.

M. Badon, directeur.

M. Argême, receveur à Saint-Pierre d'Arena.

Principalité de Sale.

Sur ou près le Pô. Piovera, receveur : Sale, receveur, 2000 fr.; contrôleur du transit, 2600; visiteur, 1200; commis, 1000 : Guazzora, receveur : Torti, receveur : Gerola, receveur : Silvano, receveur : Corana, receveur.

2e. ligne. Saint-Jullien, receveur : Marinone, receveur : Castel-Novo, receveur, 900 f.

Principalité de Casatisme.

Sur ou près le Pô. Cervesina, receveur : Bastida-pancarana, receveur : Cassina-bella, receveur, 1000; visiteur, 900 : Casatisme, receveur, 2400; contrôleur des visites et du transit, 2600; visiteur, 1850; *idem*, 1600; commis, 1400 : Rea, receveur : Mezzanino, receveur : Casenove, receveur.

2e. ligne. Voghère, receveur, 1200 f.; visiteur, 1000 : Casteggio, receveur.

Principalité de Saint-Pierre d'Arena.

Sur ou près le Pô. Saint-Cipriano, receveur : Port-Albera, receveur : Saint-Pierre d'Arena, receveur, 2000; contrôleur du transit, 2600 f.; visiteur 1600;

commis, 1400 : Arena, receveur ; Parpanèse, receveur.

2ᵉ. ligue. Broni, receveur : Stradella, receveur, 1000 fr. ; visiteur, 900 : Cardazzo, receveur, 1000.

Principalité de Plaisance.

Sur ou près le Pô. Grezzo, receveur : Mezzana, receveur : St. Imento, receveur : Cortebbia, receveur : PLAISANCE, receveur, 2400 f. ; visiteur, 1800 ; *idem*, 1600 ; commis, 1500 ; *idem*, 1400 : Plaisance, *bureau des minuties*, receveur, 1000 ; visiteur, 900 : Roncaillo, receveur.

2ᵉ. ligne. Castel-Saint-Jean, receveur, 1000 f. ; visiteur : Gragnano, receveur : Gossolengo, receveur : Quarto, receveur ; Podenzano, receveur.

Principalité de Saint-Nazzarre.

Sur ou près le Pô. Zerbio, receveur : SAINT-NAZZARRE, receveur, 2000 fr. ; visiteur, 1600 ; commis, 1400 : Olza, receveur : Mezzano, receveur.

2ᵉ. ligne. Cadeo ou Fontana Fredda, receveur : Corte-maggiore, receveur.

DIRECTION DE PARME.

Elle comprend les frontières de l'état de Parme, et partie de celles du département des Apennins.

M. MAYAN, directeur.

M. ALLOAT, receveur à Parme.

Principalité de Soragna.

Sur le Pô. Saint-Giuliani, receveur : Ongina, re-

ceveur : Zibello, receveur : Stagna, receveur : Rag-
gazzola, receveur : Torricella, receveur.

2e. ligne. Bussetto, receveur : Soragna, receveur,
1800 f.; visiteur, 1400; commis, 1200 : Saint-Second,
receveur.

Principalité de Parme.

1re. ligne. *Sur le Pô;* Sacca, receveur : *sur l'Enza;*
Cohenzo, receveur : Sorbolo, receveur : Saint-Prospero,
receveur, 900 f.; visiteur, 700 : Montechiarugolo, receveur : Traversetolo, receveur : Castione-de-Baratti,
receveur : Sasso, receveur.

2e. ligne. Viarola, receveur : Colorno, receveur :
Crocetta, receveur, 1000 f. : Parme, receveur, 2600;
contrôleur des visites et du transit, 2600; visiteur,
1800; *idem*, 1600; commis, 1400; *idem*, 1200 :
Marore, receveur : Mamiano, receveur : Langhirano,
receveur : Lagrimone, receveur.

Principalité de Bercetto.

1re. ligne. *Sur l'Enza;* Cedogno, receveur : Ranzano,
receveur : Vaëstano, receveur : Rigoso, receveur : *au
pied des Apennins;* Pianadetto, receveur : Mazza, receveur : Bercetto, receveur, 1800 fr.; visiteur, 1400;
commis, 1200 : Belforte, receveur.

2e. ligne. Lugagnano, receveur : Castellunchio, receveur.

Principalité de Borgo-Taro, qui borde les montagnes de la Toscane.

Borgo-Taro, receveur, 2000 fr.; visiteur, 1600;

commis, 1400 : Goltra, receveur : Varèse, receveur : Calabria, receveur : Brugnato, receveur.

DIRECTION DE GÊNES.

Cette direction embrasse une partie des frontières du département des Apennins , la totalité des côtes du même département et de celui de Gênes , et une partie de celles du Montenotte,

M. Brack, directeur.

M. Repetto, receveur à Gênes.

Principalité de Sarzane , en première ligne , vers la Toscane.

Piana , receveur : Ceparana , receveur : St.-Stefano, receveur : Sarzane, receveur, 2000 fr. : contrôleur des visites et du transit, 2600 ; visiteur , 1600 ; *idem*, 1500 ; commis, 1400 : St.-Michel, receveur : Orto-nuovo , receveur : Marinella (*maritime*) , receveur 1000 ; visiteur.

Principalité de la Spezia , frontière et maritime.

Puy – Varma (*frontière*), receveur. *Sur la Méditer-ranée*; Lerici, receveur, 1200 fr. ; visiteur, 900 : la Spezia , receveur, 1500 ; visiteur, 1200 ; *idem* , 1000 ; commis, 900 : Fesano, receveur : Lazareth , receveur , 1200 ; visiteur, 900 : Porto-Venere , receveur, 1200 ; visiteur, 900.

Principalité de Levanto.

Riomaggiore , receveur : Vernasse , receveur : Mon-terosso, receveur : Levanto, receveur, 1500 ; visiteur ,

1200 ; commis , 900 : Bonassola , receveur : Deva , receveur : Moneglia , receveur.

Principalité de Chiavari.

Sestri-du-Levant, receveur, 1200 fr. ; visiteur, 900 : Lavagne, receveur : CHIAVARI, receveur, 1800; visiteur, 1200 ; commis, 1000 : Zuagli, receveur : Rappallo, receveur : St.-Michel, receveur : Ste.-Marguerite, receveur, 1000 : Porto-Fino, receveur, 1200 ; visiteur , 900.

Principalité de Recco.

Camoglia, receveur , 1200 fr. ; visiteur, 900 : RECCO, receveur, 1500 ; visiteur, 1200 ; commis, 1000 : Sori, receveur : Bogliasco, receveur : Nervi, receveur : Bocca d'asino, receveur.

Principalité de Génes.

Lafoce, receveur : GÊNES, receveur, 5000 fr. ; contrôleur aux visites sous-inspecteur, 5000 ; commis principal à la navigation, 2800 ; quatre contrôleurs aux entrepôts à 2600 ; neuf receveurs aux déclarations à 2000 ; huit vérificateurs à 2000 ; commis, 1600 ; dix *idem* à 1500 ; huit aide-vérificateurs à 1200 ; commis de recette , 1400 ; *idem* , 1200 : Pont-de-Réale , 900 : Pont-de-Spinola , receveur, 900 : Pont-de-la-Marinella, receveur , 900 : Pont-de-la-Darce , receveur , 900 : St.-Pierre-d'Arena , receveur , 1200 ; visiteur , 900.

Principalité de Voltri

Sestri-du-Ponent , receveur , 1200 f. ; visiteur , 900 : Pegli , receveur : Pra , receveur, 900 : VOLTRI, receveur, 1500; visiteur, 1200 ; commis, 1000 : Arenzano , receveur : Cogoletto , receveur : Varazze , receveur ; 1200 ; visiteur , 900 : Celle , receveur.

Principalité de Savone.

Albissola , receveur, 1000 fr. : SAVONE, receveur, 2600 ; contrôleur aux visites sous-inspecteur , 2400 ; commis principal à la navigation , 2200 ; deux receveurs aux déclarations à 1800 ; trois vérificateurs à 1800 ; deux commis à 1400 ; aide-vérificateur , 1200 : Vado, receveur : Spotorno, receveur : Noli, receveur , 900 : Varigotte , receveur : Final, receveur , 1200 ; visiteur , 900.

DIRECTION DE NICE.

Elle se compose du département des Alpes - Maritimes , et d'une partie des départemens du Montenotte et du Var.

M. D'HERVIGNY , directeur.

M. CHAMBEIRON , receveur à Nice.

Principalité de Port-Maurice.

La Pietra , receveur, 1000 fr. : Loano , receveur, 1000 : Ceriale , receveur : Albenga , receveur, 1000 : Alascio , receveur, 1200 ; visiteur , 900 : Laigueglia , receveur, 1000 : Cervo , receveur : Dian , receveur, 1100 : Oneille , receveur, 1300 ; visiteur, 1000. PORT-MAURICE , receveur, 2600 ; receveur aux déclarations , 1300 ; visiteur , 1600 ; *idem* , 1500 ; deux commis à 1200 ; commis de recette , 1000 : St.-Laurent , receveur : St.-Étienne , receveur.

Principalité de Nice.

L'Arma, receveur, 1000 fr. ; visiteur : San-Remo, receveur, 1800 ; visiteur, 1200 ; commis, 900 : Spedaletti, receveur : la Bordiguière, receveur, 1000 : Vingtimille, receveur, 1200 ; visiteur, 900 : Menton, receveur, 1400 ; visiteur, 900 : Monaco, receveur, 1300 : St.-Hospice, receveur : Villefranche, receveur, 1300 : Nice, receveur, 4000 ; contrôleur aux visites sous-inspecteur, 3000 ; commis principal à la navigation, 2800 ; receveur aux déclarations, 2200 ; *idem*, 2000 ; vérificateur, 2000 ; deux *idem* à 1900 ; deux commis à 1650 ; *idem*, 1600 ; *idem*, 1500 ; aide-vérificateur, 1000 ; commis de recette, 1500 : Cros-de-Cagne, receveur : Antibes, receveur, 1700 ; visiteur, 1350 : Golfe-Jouan, receveur : Cannes, receveur, 1700 ; visiteur, 1350 : Isle Ste.-Marguerite, receveur : Théoules, receveur.

DIRECTION DE TOULON.

Elle comprend la majeure partie des côtes du département du Var.

M. Hains, directeur.

M. Grézard, receveur à Toulon.

Principalité de St.-Tropez.

Agay, receveur, 1000 fr. : St.-Rapheau, receveur, 1000 : Ste.-Maxime, receveur : St.-Tropez, receveur, 1500 ; visiteur, 900 ; commis, 700 : Cavalaire, receveur.

Principalité de Toulon.

Lavandou, receveur, 700 fr. : Léoubes, receveur : les Salins, receveur, 2400 ; visiteur, 1800 ; commis,

1200 : Gien , receveur , 700 : Carqueranne , receveur , 700 : Toulon , receveur , 3000 ; commis principal à la navigation , 2400 ; deux receveurs aux déclarations à 2000 ; deux vérificateurs à 1800 ; trois commis à 1600 : la Seyne , receveur , 900 : Saint - Elme , receveur : le Brusq , receveur , 1000 : Sanary , receveur , 900 : Bandol , receveur , 1200 ; visiteur , 900.

DIRECTION DE MARSEILLE.

Elle comprend les côtes du département des Bouches-du-Rhône , et une petite portion de celles du département du Var.

M. Peilhon , directeur.

M. Desautel , receveur à Marseille.

Principalité de la Ciotat.

Les Lecques , receveur, 900 fr. : La Ciotat, rece-veur , 1500 ; visiteur , 1050 ; commis , 900 : Cassis , re-ceveur , 1000.

Marseille , bureau indépendant.

Receveur , 5000 fr. ; contrôleur aux visites sous-inspecteur , 3400 ; commis principal à la navigation , 3000 ; deux contrôleurs aux entrepôts à 3000 ; huit re-ceveurs aux déclarations à 2000 ; trois *idem* à 1800 ; deux vérificateurs - liquidateurs à 2200 ; *idem* , 2000 ; quatre vérificateurs à 2000 ; cinq *idem* à 1900 ; commis, 1800 ; cinq *idem* à 1600 ; huit aide-vérificateurs à 1000 ; commis de recette , 1500 ; *idem* , 1200.

Principalité des Martigues.

Sur la côte : Carry , receveur, 900 fr. : Les Mar-

Tigues, receveur, 1800 ; visiteur, 1500 ; commis, 1200 :
Port-de-Bouc, receveur, 1200 ; visiteur, 900.

2ᵉ. ligne. Berre *, receveur, 1200 fr. ; visiteur, 900 :
Lavalduc *, receveur, 1500 ; visiteur, 1200 ; *idem*,
1000 : Istres *, receveur, 900 : Bois-Verd *, receveur,
900.

Principalité d'Arles.

Sur la côte : les Saintes-Maries, receveur, 900 fr.

2ᵉ. ligne. Badon *, receveur, 1200 fr. ; visiteur,
900 : Arles, receveur, 2200 ; contrôleur d'entrepôt,
2000 ; visiteur, 1700 ; *idem*, 1500 ; commis, 1200 ;
idem, 1000.

DIRECTION DE CETTE.

Cette direction embrasse les côtes des départemens
du Gard et de l'Hérault.

M. Maillot, directeur.

M. Reynaud, receveur à Cette.

Principalité d'Aigues-Mortes.

Aigues-Mortes, receveur, 2400 fr. ; contrôleur-visiteur, 1800.

Salins : Peccais, contrôleur aux chargemens, 1800 f. ;
deux *idem* à 1500 : Salin-neuf ou la Larbière, contrôleur aux chargemens, 1500.

Principalité de Cette.

Frontignan *, receveur, 1800 fr. ; contrôleur aux
chargemens, 1500 ; contrôleur-visiteur, 1200 : Cette,
receveur, 3600 ; contrôleur aux entrepôts, 2500 ; com-

25

mis principal à la navigation , 2300 ; receveur aux déclarations , 2000 ; *idem* , 1800 ; deux vérificateurs à
185o ; *idem* , 1800 ; commis, 1600 ; deux *idem* à
1500 ; deux aide-vérificateurs à 1000.

Salins : Villeneuve , contrôleur aux chargemens ;
1500 fr. : Pont-Levis , *idem*, 1500.

Principalité d'Agde.

AGDE , receveur , 3000 f.; contrôleur aux entrepôts ,
2400 ; commis principal à la navigation , 2300; receveur aux déclarations , 2000 ; deux vérificateurs à
1850 ; *idem* , 1800 ; deux commis à 1500 ; *idem* , 1400 ;
aide-vérificateur , 1000.

Salins : Quinzième salin de Cette , contrôleur aux
chargemens , 1200 f.; Le Bagnas , *idem* , 1500.

DIRECTION DE PERPIGNAN.

Elle comprend les côtes des départemens de l'Aude
et des Pyrénées-Orientales , et partie des frontières de
ce dernier département.

M. TIFFON St. SURIN , directeur.

M. YARD , receveur à Perpignan.

Principalité de Narbonne.

La Nouvelle , receveur , 1400 fr. ; visiteur , 1200 :
Peyriac * , receveur , 1100 : Séjean * , receveur , 900 :
Salin , près de Séjean * , receveur , 1000 : NARBONNE,
sur un canal tiré de l'Aude , receveur , 2200 ; visiteur-
contrôleur des entrepôts de sels , 1800 ; commis, 1200.

Principalité de Perpignan, maritime et frontière.

Sur la côte : St.-Laurent de la Salanque, receveur : Canet, receveur, 700 fr.

Sur la frontière : 1ere. ligne. Py, receveur, 700 fr.

2e. ligne. Elne, receveur, 700 fr. : PERPIGNAN, receveur, 1800 ; visiteur, 1200 ; commis, 900 : Thuir, receveur : Villefranche, receveur : Olette, receveur, 700.

Principalité de Port-la-Victoire, maritime.

Collioure, receveur, 900 fr. : PORT-LA-VICTOIRE, receveur, 1700 ; visiteur, 1400 : Bagnols, receveur, 900.

Principalité de Céret, frontière.

1ere. ligne. Perthus, receveur, 1200 : St.-Laurent-de-Cerda, receveur : La Manère, receveur, 900 : Prats-de-Mollo, receveur, 700.

2e. ligne. La Roque, receveur, 700 fr. : Le Boulou, receveur, 1200 : CÉRET, receveur, 1500 ; visiteur, 1200 : Arles, receveur, 700 : St.-Martial, receveur, 700.

DIRECTION D'AX.

Cette direction comprend une partie des frontières du département des Pyrénées-Orientales, celles des départemens de l'Arriége et de la Haute-Garonne, et partie des Hautes-Pyrénées.

M. DESMOULINS, directeur.

M. PEYROTTES, receveur à Tarascon.

Principalité des Guinguettes.

1ere. ligne. La Cabanasse, receveur, 950 fr. : Err, receveur, 700 : Palau, recev., 700 : Les Guinguettes, receveur, 1600 ; visiteur, 900 : Estavar, receveur, 600 : Carols, receveur : Portes, receveur, 600.

2e. ligne. Fourmiguères, receveur, 700 fr.

Principalité de Tarascon.

1ere. ligne. Merens, receveur : Ax, receveur, 1000 f. : les Cabannes, receveur, 600 : Siguer, receveur, 600 : Auzat, receveur, 700.

2e. ligne. Prades, receveur, 700 fr. : Tarascon, receveur, 1800 ; visiteur, 1100 ; commis, 900.

Principalité de Seix.

1ere. ligne. Aulus, receveur, 600 fr. : Uston, receveur, 600 : Conflens, receveur : Bordes, receveur, 600 : Orle, receveur, 700 : Sentein, receveur, 600 : St.-Lary, receveur, 700.

2e. ligne. Massat, receveur, 600 fr. : Seix, receveur, 1150 ; commis-visiteur, 1050 : Moulis, receveur.

Principalité de Cierp.

1ere. ligne. Sengoaignet, receveur, 600 fr. : Fos, receveur : Mauléon, receveur, 700 : Bagnères-de-Luchon, receveur : Loudenvielle, receveur, 600 : Vielle, receveur.

2e. ligne. St.-Béat, receveur, 600 fr. : Cierp, receveur, 1600 ; visiteur, 1000 : Arreau, receveur.

DIRECTION DE BASTIA.

Elle se compose de l'île de Corse et des îles d'Elbe et de Capraïa.

M. Eudel (Joseph), directeur.

M. Sapey, receveur à Bastia.

Principalité de Bastia.

Bastia, receveur, 2400 fr. ; commis principal à la navigation, 2000 ; visiteur, 1300 ; *idem*, 1000 : La Padulella, receveur, 900 : Foce de Golo, receveur : Cagnano, receveur, 1000 : Macinaggio, receveur, 1200 ; visiteur, 1000 : Centuri, receveur, 1000 : St.-Florent, receveur, 900 : Isle-Rousse, receveur, 1500 ; visiteur, 1000 : Calvi, receveur, 1100 ; visiteur, 900.

Principalité d'Ajaccio.

Ajaccio, receveur, 2400 fr. ; commis principal à la navigation, 2000 ; visiteur, 1200 : Carghèse, receveur : Propriano, receveur : Tizzano, receveur : Bonifaccio, receveur, 1000 ; visiteur, 900 : Porto-Vecchio, receveur, 1000 : Solenzara, receveur : Aleria, receveur.

Principalité de Porto-Ferrajo.

Porto-Ferrajo, receveur, 1400 fr. ; visiteur : Porto-Longone, receveur, 1000 ; visiteur, 600 : Marciana, receveur ; visiteur, 600 : Rio, receveur, 900 ; visiteur, 600 : Campo, receveur ; visiteur, 600 : St.-Miniato, receveur ; visiteur, 600 : Capraïa, receveur, 900 ; visiteur, 600.

DOUANES INTÉRIEURES,

Pour l'expédition des marchandises qui y sont présentées pour être exportées, et où la vérification et le plombage dispensent de toute autre visite à la sortie.

PARIS. M. Thierriat, receveur.
Receveur, 4000 f.; inspecteur, 4000; deux vérificateurs à 2400; commis, 1800.

LYON. (Cette ville a de plus un entrepôt de marchandises étrangères non prohibées, de denrées coloniales et de sels.)
M. Tiffault, receveur.
Inspecteur, 5400 f., receveur, 5000; contrôleur aux entrepôts, 3000; trois vérificateurs à 2400; receveur aux déclarations, 2400; commis, 1600.

TURIN. (Conservée par arrêté du 5 brumaire an 10, pour certaines expéditions.)
M. Reviglio, receveur.
Receveur, 2400 f.; visiteur, 1400; commis, 1000; idem.

SELS.

Entrepôts dans l'intérieur.

PARIS. M. Huguet, receveur.

Inspecteur, 6000 f.; receveur, 6000; contrôleur aux entrepôts, 4000; trois vérificateurs à 2500; receveur aux déclarations, 2500; commis, 1800; *idem*, 1500; deux aide-vérificateurs à 1500.

LYON. (Voyez *Douanes intérieures*.)

TOULOUSE. M. Dauriol, receveur.

Inspecteur, 4500 fr.; receveur, 4500; vérificateur, 2600; *idem*, 2400; receveur aux déclarations, 2400; commis, 1600.

ORLÉANS. M. de Viella, receveur.

Inspecteur, 4500 f.; receveur, 4500; deux vérificateurs à 2400; receveur aux déclarations, 2400; commis, 1600.

INSPECTEURS.

Traitemens et résidences.

5600 f.	Pauillac.
5000	Rochefort , Vannes , Anvers , Versoix , Gênes.
4800	Caën, Le Havre.
4700	Lauterbourg, Biesheim, Bourg-libre, Port-Maurice, La Ciotat.
4600	Blaye, Saint-Tropez.

4500 fr. Bordeaux (*sédentaire*); Quimper, Granville, Santen, Neuss, Coblentz, Bingen, Pontarlier, Savone, Levanto, Arles, Agde, Céret.

4400   Paimbœuf, Guerrande.

4300   Les Sables, Cherbourg, Ostende.

4200   Calais.

4000   Tarbes, Saint-Jean-de-Luz, Beauvoir, Landernau, Morlaix, Saint-Servan, Honfleur, Dieppe, Anvers (*sédentaire*); Venloo, Worms, Saint-Hyppolite, Casal, Biella, Plaisance, Casatisme, Parme, Sarzanne, Marseille (*sédentaire*).

SOUS-INSPECTEURS.

Traitemens et résidences.

3600 fr. Bordeaux, Rouen, Turnhoult.

3500   Nantes.

3400   Avranches, Gand, Cannes, les Martigues, Aigues-Mortes.

3200   Thonon.

3000   Royan, Saint-Brieux, Aoste, Borgo-Taro, Séjean, Ajaccio.

2800   Morteau.

2600   Marennes.

2400   Saint-Martin (*île de Ré*).

Produit brut des droits de douane et de navigation pendant quinze mois dix jours, à compter du 1er. vendémiaire an 14, 80,630,000 francs.